重庆工商大学思想政治理论课建设费资助

上海商业储蓄银行汉口分行的业务运营与内部管理研究（1923 — 1938）

SHANGHAI SHANGYE CHUXU YINHANG HANKOU FENHANG DE

YEWU YUNYING YU NEIBU GUANLI YANJIU

（1923－1938）

黄传荣 著

西南财经大学出版社
Southwestern University of Finance & Economics Press

中国·成都

图书在版编目(CIP)数据

上海商业储蓄银行汉口分行的业务运营与内部管理研究:1923—1938/黄传荣
著.—成都:西南财经大学出版社,2022.8
ISBN 978-7-5504-5448-4

Ⅰ.①上… Ⅱ.①黄… Ⅲ.①商业银行—储蓄银行—研究—汉口—
1923-1938 Ⅳ.①F832.95

中国版本图书馆 CIP 数据核字(2022)第 125271 号

上海商业储蓄银行汉口分行的业务运营与内部管理研究(1923—1938)
黄传荣 著

责任编辑:李才
责任校对:张岚
封面设计:何东琳设计工作室
责任印制:朱曼丽

出版发行	西南财经大学出版社(四川省成都市光华村街55号)
网 址	http://cbs.swufe.edu.cn
电子邮件	bookcj@swufe.edu.cn
邮政编码	610074
电 话	028-87353785
照 排	四川胜翔数码印务设计有限公司
印 刷	郫县犀浦印刷厂
成品尺寸	170mm×240mm
印 张	14.5
字 数	267 千字
版 次	2022 年 8 月第 1 版
印 次	2022 年 8 月第 1 次印刷
书 号	ISBN 978-7-5504-5448-4
定 价	78.00 元

序言

金融乃百业之首，是国民经济的血液。由于金融的重要地位和作用，学界日益重视金融史的研究。银行史作为金融史的重要组成部分，亦颇受学者们青睐。近年来，银行史的研究成果丰硕，且自成体系。就研究内容而言，既有对银行业整体的探讨，又有对单个银行深入细致的研究；既有对全国金融中心上海银行业的重视，又有对次级金融中心银行业的关注；既有对银行内部发展史的梳理，又有对银行与企业、政府，以及同业关系的分析。从研究方法来看，既有运用历史学、统计学、经济学等研究方法进行研究者，又有尝试运用商业银行经营管理学、投资银行学等多学科交叉研究方法进行研究者。然而，仔细审视近年来的研究成果不难发现，现有银行史研究存在"重总行、轻分行""重上海、轻其他地区""重影响较大的银行、轻名不见经传的银行"的不均衡现象。

设立于1923年的上海商业储蓄银行汉口分行（以下简称"汉行"）是武汉颇具特色且具有较大社会影响的商业银行。该行从设立到逐步成长为影响汉埠金融市场的重要力量之一得益于其灵活的经营管理模式。汉行是如何在不断变化的社会环境中逐步发展壮大的，有哪些经营管理方面的经验教训等，值得研究。然而，目前学界对其关注不多，深入、系统的研究付之阙如。鉴于银行史研究的不平衡性及汉行的特殊发展历程，本书以汉行为研究对象，以史学实证为基础，利用个案分析法、比较研究法、统计法以及商业银行经营管理学的相关理论和方法，从业务运营和内部管理的角度对上述问题予以探讨，以期为当今商业银行的发展提供些许借鉴和思考。本书的主要内容和观点如下。

1923—1938 年是中国政治从无序到有序、政局由动荡到相对稳定、经济由自由放任到政府统制的过渡时期，也是汉行从建立到逐步发展壮大的时期。汉行能够在复杂多变的社会环境中谋求生存和发展，得益于其经营管理方式灵活、善于防范金融风险。

管理有序、经营方式灵活是汉行能够快速发展的重要原因。在管理上，汉行根据业务运营情况调整内部及分支机构的设置，明确行员职责，注重考核和激励，并为行员提供养老和生活保障。汉行的行员考核虽能为薪酬发放提供部分参考，但考核维度单一，标准缺乏弹性，难以体现行员的实际表现及其动态变化情况，无法发掘行员潜力，无法促进其全面发展。该行养老和生活保障覆盖面较窄，具有一定的局限性。在业务经营方面，汉行开拓有方，经营方式灵活。汉行重视吸收存款，推广银圆并用，酌给银圆存款付息，并根据经营环境的变化不断调整存款利息和期限，增设存款品种，使其存款额持续增长。不过，其活期存款额占存款总额的比重较大，资金基础不够稳定。对于放款，汉行根据武汉金融形势及国家政策的变化情况制定放款方针，厘定放款利率，谨慎放款，使其放款额快速增长。

善于降低经营成本和金融风险是汉行运营的一大特点。在汉埠各行中，汉行的整存整取利息偏低，其他种类存款的利息则位居中等，有益于降低存款成本，合理控制存款规模，但不利于招揽存款业务。偏低的放款利息虽使汉行获利减少，但易于其兜揽业务；以押款为主的放款结构及较低的押款折扣则降低了其放款风险。对于市场风险，汉行在不同的发展阶段采取不同的应对措施。建行初期，由于业务尚未充分拓展，汉行除收缩放款外，还在其他行庄停业观望的情况下冒险营业，为其本票、存款兑现，以扩大社会影响。随着业务的扩展、营业额的日增，汉行将防控市场风险的重点放在了确保资金安全上。对于信用风险，汉行从机构设置、制度设计、人事管理、放款的收回等方面严加防范。汉行防范金融风险的核心在于确保资金安全，其风险防范制度设计严密，执行有力，人事管理近乎苛刻，一定程度上降低了金融风险。尽管如此，由于中国近代金融制度不健全，央行定位模糊，职能缺失，故私营商业银行缺乏坚实的后盾。当金融危机来临时，各行只求自保，一有不慎，就只有面临歇业倒闭的命运了。

汉行服务社会主要是通过资金投放来实现的。汉行资金主要投向纺织、路货、食盐等工商业。投资工商业不仅可以提高汉行资金的流动性，加快资金周转速度，使该行获利，而且还可以扩大社会再生产，促进经济发展。汉行设立农业分部，进行棉花运销合作，承做信用社及农村基础设施建设放款业务等。然而，私营商业银行的性质以及中国近代农村经济的特点注定汉行不可能不计成本和收益地向农村投放过多资金。因此，汉行农贷业务进展缓慢。中华农业贷款银行团成立后，汉行裁撤农业分部，逐渐收缩甚至停止农业放款业务。此外，汉行还积极参与各种社会活动，并为之提供金融服务；资助学校建设，支持教育事业；捐款助赈，热心公益事业。虽然汉行所出资金有限，但这一行为表明了其融入社会、服务社会的立场。

汉行恰当处理其与政府的关系，既因而用之或为其所用，又注意保持一定的距离，坚持商业银行的立场。汉行的发展经历了北洋政府、武汉国民政府、南京国民政府三个时期，历届政府均以军政费用缺乏为由，向汉行借款。对此，汉行竭力与政府周旋，尽量避免政府借款；若实在难以逃脱，则与其他行庄共同分摊。同时，汉行尽可能将对政府放款公债化，避免资金呆滞，降低风险。其对政府放款具有数额大、次数频繁、风险高、对社会经济发展作用有限等特点。因此，汉行对政府放款的态度颇为复杂。若对政府过多放款，不仅资金风险极大，而且严重违背商业银行经营原则；若一味抵制，又担心激怒政府，招致封行的厄运。因此，汉行只有设法延宕，暗中抵制。若实在难以避免，也不得不稍微承借。

北洋政府至南京国民政府时期是中国社会急剧变革的转型期，其间政治风云变幻莫测，经济形势日新月异，社会发展变动不居。在此环境下成长起来的汉行，在经营管理、风险防范、社会关系处理等方面均留下了宝贵的经验教训，即便是在近百年后的今天，仍然值得汲取。

黄传荣

2022 年 4 月

目录

第一章 绪论

一、选题意义

金融乃百业之首，可以说是国民经济的血液。由于金融的重要地位和作用，学界越来越重视对金融史的研究。近年来，金融史研究队伍日趋壮大，成果数量逐年增长，所用史料不断推陈出新，研究领域逐渐拓宽。银行史作为金融史的重要组成部分，其既有研究自成体系。从对银行业整体的探讨到对单个银行的深入研究，从对全国金融中心上海的银行业的重视到对次级金融中心的银行业的关注，从银行内部发展史的梳理到银行与企业、政府、同业关系的分析，从历史学、统计学、经济学等研究方法的运用到商业银行经营管理学、投资银行学等多学科交叉研究方法的尝试等，银行史的研究可谓成就显著。然而，仔细审视近年来的研究成果不难发现，现有银行史研究存在"重总行、轻分行""重上海、轻其他地区""重影响较大的银行、轻名不见经传的银行"的情况，银行史仍然是中国近代经济史研究中有待深入开发、纵深拓展的一个领域。

从总体上看，现有银行史研究呈现出明显的不平衡性，还存在一些较为明显的不足和有待扩展的空间。目前，学界研究聚焦于具有较大社会影响力的银行的总行。当然，总行起统摄作用，其运行机制、业务进展、与社会各界的关系等都更具典型性，其对经济、社会的影响也更为直观。对总行加以研究，无疑能更清晰地反映该行发展演变的轨迹，揭示其与社会经济发展间千丝万缕的联系，有助于窥视中国近代经济发展的原始面貌。然而，中国近代银行史的研究若仅限于此，是远远不够的。众所周知，中国近代华商银行设立后，随着业务的拓展，一些发展较快的银行在各地设立了众多分支行处。这些分支机构业务上受总行指导，人事上受总行支配，是总行不可或缺的重要组成部分。然而，不少分支行处地处外埠，当地的人文、地理、经济、金融等情况与总行所在地迥异。这些分支机构在总行的指导下，结合当地实际，逐渐形成了独特的经营方式。由于经营得法，银行业务飞速发展，有的甚至还超过总行，成为当地银行界的翘楚和影响当地政治、经济、社会走向的不可忽视的力量。近年来，学界对银行分支机构的相关研究层出不穷，复旦大学董昕的博士学位论文《中国银行上海分行研究（1912—1937）》即是典型案例①，其他的如上海商业储蓄银行汉口分行②（为行文方便起见，下文统一将"上海商业储蓄银行汉口分行"简称"汉行"）、上海商业储蓄银行南京分行③等亦有学者关注。然而，由于银行研究涉及面广，关注点多，囿于篇幅，不少研究未能充分展开。现有研究的数量和质量与近代银行业数量庞大的分支机构及其在社会发展中的地位和作用显得极不相称。故笔者认为，银行史的研究不仅要聚焦总行，更要关注分行，使总分行的研究相互补充、相得益彰。

现有银行史研究还存着明显的地域性不平衡，具体表现为重上海地区银行业研究而轻其他地区的银行业研究。毋庸置疑，近代以来，上海是浸染欧风美雨的前沿阵地，该地区银行业在全国金融界具有举足轻重的地位，且对内陆具有较大的辐射作用，对我国近代政治、经济、社会的发展起着重要的推动作用。在这些方面，其他地区的银行业难以与之相提并论。研究上海银行业对呈现我国近代银行业的演变轨迹、近代金融业的发展趋势以及透视中国近代经济史乃至中国近代史都具有重要意义。然而，近代银行史的研究若仅限于此，则很难全面反映中国近代银行业的整体发展概况及个体发展特征。近代中国发展极不平衡，各地的人文、地理以及经济社会发展模式不同，使该地银行业的发展有其特点。学者们对上海以外地区的银行业加以研究，相关成果屡有问世。时广东以聚兴诚、四川美丰银行为个案，揭示四川银行业发展的背景与轨迹④，刘俊峰则将汉口华资银行业置于社会变迁的历史背景下，分析其特点，探讨其在社会变迁中的作用⑤。此外，广西⑥、贵州⑦、安徽⑧、湖南⑨等地的银行业也受到学界不同程度的关注。尽管如此，区域银行史研究还有很大的开

① 董昕. 中国银行上海分行研究（1912—1937）[D]. 上海：复旦大学，2005.

② 陈熙坤. 上海商业储蓄银行汉口分行研究（1927—1937）[D]. 武汉：华中师范大学，2010.

③ 徐智. 上海商业储蓄银行南京分行发展历程述略（1917—1937）[J]. 兰州学刊，2012（4）：66-70.

④ 时广东. 1905—1935：中国近代区域银行发展史研究——以聚兴诚、四川美丰银行为例 [D]. 成都：四川大学，2005.

⑤ 刘俊峰. 社会变迁中的汉口华资银行业（1912—1938）[D]. 武汉：华中师范大学，2010.

⑥ 夏彬洋. 广西银行业务研究（1932—1945年）[D]. 桂林：广西师范大学，2013.

⑦ 郑猛. 抗战时期贵州银行研究（1941—1945）[D]. 重庆：西南大学，2014.

⑧ 冯定学. 民国时期安徽地方银行研究 [D]. 合肥：安徽大学，2011.

⑨ 张丽. 1927—1937年湖南银行业研究 [D]. 湘潭：湘潭大学，2011.

拓空间。因此，笔者认为，银行史的研究不仅要关注沿海地区的，还要重视其他地区的，这样才能完整地呈现我国近代银行业发展变化的原始面貌，达到深刻理解近代经济史、深化认识中国近代史的目的。

因此，本书以 1923—1938 年的汉行为研究对象。之所以如此，是因为1923—1938 年是武汉金融市场日臻成熟、金融制度逐步健全以及政局由动荡走向相对稳定的转型期，也是经济、金融、社会的剧烈变革期。选择这一时期作为研究的时间段，更能凸显汉行发展的轨迹、特征和内涵。抗日战争全面爆发后，随着战争的扩大，汉行逐渐进入战时运营时期。1938 年 7 月，该行开始向重庆撤退，11 月撤至重庆。此后，汉行便开始抗战大后方运营，直至1945 年才返回汉口营业。汉行是上海商业储蓄银行（以下简称"上海银行"）旗下的重要分行，之所以选择它作为研究对象，主要是因为它的发展颇具典型性。就其总行而言，上海银行设立于 1915 年，其发展颇具特色。该行凭借服务社会、开拓创新的理念以及灵活的经营管理方式，实现了较快增长，迅速位居"南三行"①之首，在全国私营商业银行中的地位举足轻重。就汉行所处的地理位置及其业务发展情况来看，汉行地处汉口，而汉口居全国中心，地理位置优越，经济贸易繁荣，自古即为四大镇之一。早在清代，汉口就是长江中游的商业重镇和华中地区的交通枢纽，素有九省通衢的美誉。民国时期，汉口高度繁荣，被誉为"东方的芝加哥"。汉口商业发达，甚至一度超过京津而成为全国仅次于上海的第二大金融中心和长江中游及中南地区的金融中心。不仅如此，武汉三镇的综合实力仅次于上海，位居亚洲前列。汉口得天独厚的地理位置及其繁荣的商业贸易，为汉行发展提供了优越的条件。因此，在上海银行的外埠分行中，汉行是经营较成功的一家，其业务发展情况基本上仅次于总行，在全行中占有重要地位，在汉埠各行中亦具有一定的影响。北洋政府至南京国民政府时期，全国政治局势剧烈变动，经济变迁日新月异，社会发展变动不居，汉行是如何在恶劣的环境下谋求生存和发展的？其在生存和发展中遇到了哪些问题？它是如何处理的？它在发展过程中有哪些经验教训值得吸取？研究汉行具有以下理论意义和现实意义。

首先，厘清汉行发展史，有助于丰富上海银行史研究，深化对中国近代银行的认识。汉行是上海银行旗下比较重要的一家分行，它的经营理念、发展模式、内部管理等均受上海银行的影响，是该行的重要组成部分。然而，受汉口地理区位特征的影响，汉行的发展又独具特色。因此，研究汉行发展史，有助

---

① "南三行"是上海商业储蓄银行、浙江兴业银行、浙江实业银行三家私营银行的通称，因这三家银行的总行均设在上海而得名。

于丰富上海银行史研究，揭示总行指导下的汉行具有既与总行同质又有自己特色的本质，从而客观、全面地认识上海银行发展史。上海银行资本微薄，但发展迅速，并坐拥几十个分支机构，创造了中国金融史上的多个第一，是中国近代银行史乃至金融史的重要组成部分。因此，研究上海银行史对认识中国近代银行史乃至金融史均有重要意义。

其次，有助于深化认识中国近代金融史。北洋政府至南京国民政府时期是中国政治、经济、金融的近代化转型期，也是金融业不断新陈代谢、逐步近代化的变革期。汉行作为近代金融机构的典型代表，其发展可谓一波三折。该行为谋求生存和发展，不断地做出种种调整，经历了艰难的蜕变。从某种意义上而言，汉行发展史就是金融变迁史的缩影。因此，本书将汉行置于金融变迁的历史背景下，以深入细致的个案研究，分析金融变迁与汉行发展的关系，为深化认识中国近代金融史提供些许线索。

最后，为当今商业银行应对金融改革、不断开拓创新提供些许借鉴和思考。2013年以来，中国涉及金融改革的政策出台节奏明显加快，改革内容涉及利率与汇率市场化、资本管制放松、多层次金融市场体系构建、金融产品结构完善等，预示着金融改革逐步驶进"深水区"。其中，改革措施对银行业影响最大的是利率市场化。中国的利率若完全由市场调节，市场上的利率高于银行，储户就会从银行提取现金，并将现金投向收益较高的证券；反之亦然。一旦出现这种情况，就会引起"金融脱媒"①，给商业银行的发展带来前所未有的机遇和挑战。针对上述情况，李克强总理在政府工作报告中明确提出，稳步推进由民间资本发起设立中小型银行等金融机构。原有和新设立的商业银行如何适应新的金融环境，不断开拓创新，并在经济改革浪潮中站稳脚跟，是一个值得思考和研究的重大课题。90多年前成立的汉行凭借服务创新的理念、灵活的经营方式不断发展壮大，其管理经营模式、风险防范策略即便是在近百年后的今天，也不无借鉴意义。

二、学术史回顾

（一）银行史研究现状

银行史在中国近代经济史中的地位举足轻重，因而备受学界关注。目前，

---

① 金融脱媒，是指随着直接融资（即依托股票、债券、投资基金等金融工具的融资）的发展，资金的供给通过一些新的机构或新的手段绕开商业银行这个媒介体系，输送到需求单位。这也称资金的体外循环，实际上就是资金融通去中介化，包括存款中的去中介化和贷款中的去中介化。（王廷科，冯嗣全. 中国商业银行转型与国际化研究 ［M］. 太原：山西经济出版社，2007：96.）

学界对银行史的研究既有整体梳理，又有个案剖析；研究内容则涉及银行业务经营，管理制度，监管制度，银行与同业、企业、政府的关系以及银行业同业组织等。学者们对上述内容予以研究，出版了大量的论著，取得了丰硕的成果。

学者对中国近代银行业的关注始于民国初年（1912 年）。时人周葆鉴游学东瀛，发现该国藏有大量有关银行方面的书籍。鉴于我国银行业刚刚起步，没有可供参考的著述，周氏回国后便搜集官书、报册等与银行史相关的资料，编写出《中华银行史》① 一书。尽管该书只是简述清末民初各银行的发展沿革概况，但毕竟是关注银行史的开山之作。该书收录了各银行的章程、制度以及业务等原始资料，是研究银行史必不可少的参考书。随着华商银行数量的不断增加及其在经济社会中的作用日益凸显，学者们对银行史愈加关注，出版了大批著述，如《银行经营论》②《中国重要银行最近十年营业概况研究》③《各国银行制度及我国银行之过去将来》④《中国地方省银行概况》⑤ 等。其间，报刊上也有大量的文章关注银行的发展，如《中国银行业的回顾与前瞻》⑥《中国的银行业》⑦《当前省银行问题》⑧《川帮银行》⑨ 等。除了聚焦银行业的整体概况外，影响较大的银行个案也备受关注，如《中央银行之理论与实务》⑩《中央银行规章汇编》⑪《中国银行报告》⑫《民国初年的中国银行》⑬ 等。从整体来看，这些著作对银行史的探讨还停留在简单介绍层面，但也从另一个角度说明中国学者开始重视中国银行史。

中华人民共和国成立后，持续有学者关注中国近代银行史。张郁兰的

---

① 周葆鉴. 中华银行史 [M]. 上海：商务印书馆，1923.
② 朱斯煌. 银行经营论 [M]. 上海：商务印书馆，1939.
③ 中国银行总管理处经济研究室. 中国重要银行最近十年营业概况研究 [M]. 上海：中国银行总管理处经济研究室，1933.
④ 交通银行总管理处. 各国银行制度及我国银行之过去将来 [M]. 上海：交通银行总管理处，1943.
⑤ 郭荣生. 中国地方省银行概况 [M]. 上海：中央银行经济研究处，1945.
⑥ 吴承禧. 中国银行业的回顾与前瞻 [J]. 经济周报，1946，2（4）：3-5.
⑦ 程尚林. 中国的银行业 [J]. 经济评论，1936，3（3）：68-85.
⑧ 郑逸侠. 当前省银行问题 [J]. 西北经济，1948，1（3）：6-12.
⑨ 白眉. 川帮银行 [J]. 西北经济，1948，1（4）：35-37.
⑩ 陈天表. 中央银行之理论与实务 [M]. 上海：中华书局，1934.
⑪ 中央银行. 中央银行规章汇编 [M]. 上海：中央银行，1935.
⑫ 中国银行总管理处. 中国银行报告 1930—1935 [M]. 上海：中国银行总管理处，1931，1932，1933，1934，1936.
⑬ 鲁传鼎. 民国初年的中国银行 [J]. 通讯（湖南），1947，7（6）：9-13.

《中国银行业发展史》是当时影响较大的著作，该书分"清朝末年""北洋军阀政府时代""十年内战时期"三个时期，分析了中国银行业的兴起背景、公债投机与银行业兴起的关系以及银行资本与产业资本的关系等。正如该书作者所言，它的价值在于很好地回答了中国银行业的发展反映了中国近代社会经济发展的哪些特点，中国银行业对本国资本主义的发展起到了怎样的作用①。由于当时的学术研究受政治影响较大，书中一些观点难免有些片面，如认为银行从产生就带有较强的封建性和买办性等。

改革开放以来，国家政治逐步走向正轨，学术研究也逐渐恢复常态。政府对经济发展的重视推动了学界对经济史的研究。作为经济史重要组成部分的银行史遂成为学界聚焦的重点。这一时期，银行史的研究领域不断扩大，方法逐渐多元化，成果更加丰富，为中国近代金融史、经济史乃至中国近代史做出了重要贡献。

首先，整理出版了一批有关银行史的书刊。如《上海商业储蓄银行史料》②《金城银行史料》③《中国银行行史资料汇编（1912—1949）》④《中国农民银行》⑤《武汉银行史料》⑥《交通银行史料》⑦《稀见民国银行史料》⑧《中央银行史料》⑨等。这些弥足珍贵的资料均是编者在爬梳各银行档案、当时报刊资料的基础上编撰而成的，为研究银行史提供了丰富的原始资料。

其次，出版了大量有相当学术水准的论著。学者对整个银行业加以探讨，出版了不少有分量的学术论。黄鉴晖的《中国银行业史》⑩是一部全面研究中国银行业的通史性著作，该书详细勾勒了中国银行业产生、发展的历程。作者提出中国近代银行或银行业产生于18世纪20至30年代的观点，颠覆了中国近代银行产生于1897年的传统观点，引发了学界的热烈讨论。刘平的《近

① 张郁兰. 中国银行业发展史［M］. 上海：上海人民出版社，1957：3.

② 中国人民银行上海市分行金融研究所. 上海商业储蓄银行史料［M］. 上海：上海人民出版社，1990.

③ 中国人民银行上海市分行金融研究室. 金城银行史料［M］. 上海：上海人民出版社，1983.

④ 该资料分上、中、下三编.［中国银行总行，中国第二历史档案馆. 中国银行行史资料汇编（1912—1949）［M］. 北京：中国档案出版社，1991.］

⑤ 中国人民银行金融研究所. 中国农民银行［M］. 北京：中国财政经济出版社，1980.

⑥ 《武汉金融志》办公室，中国人民银行武汉分行金融研究所. 武汉银行史料［M］. 武汉：武汉金融志编写委员会办公室，1987.

⑦ 交通银行总行. 交通银行史料［M］. 北京：中国金融出版社，2007.

⑧ 刘平. 稀见民国银行史料初编、二编、三编［M］. 上海：上海书店出版社，2014，2015.

⑨ 洪葭管. 中央银行史料［M］. 北京：中国金融出版社，2005.

⑩ 黄鉴晖. 中国银行业史［M］. 太原：山西经济出版社，1994.

代中国银行监管制度研究（1897—1949）》① 是一部以银行监管制度为研究对象，运用多学科交叉的研究方法，从较长的时间段和较宽的地域范围全面系统地研究中国近代银行业监管制度的力作。《近代银行业资金运用研究》② 通过对中国近代银行业与工商业、农村经济、财政以及资本市场关系的考察，指出中国近代银行业具有资金结构畸形、财政依附性强、疏离于工农业发展、投机性显著等一系列与现代金融发展趋势相背离的特征。此外，还有《北四行联营研究（1921—1952）》③《社会变迁中的汉口华资银行业（1912—1938）》④《中国近代银行制度建设思想研究》⑤ 《民国私营银行史（1911 年—1949年）》⑥《中国货币银行》⑦《中国地方银行史》⑧《20 世纪 30 年代世界经济萧条影响下的中资银行业研究》⑨ 《近代中国金融机构变迁研究》⑩《制约与创新：近代中国银行市场化（1905—1949 年）》⑪ 等。学者们对银行业、货币银行、地方银行、华资银行以及银行业监管制度、银行制度、市场化、资金运用等有了基本研究，对透视中国近代银行业的发展变迁做出了有益的尝试和贡献。

除了关注银行业整体的发展，学者们还对银行个案加以研究，并取得了丰硕的成果。《交通银行史》是研究交通银行的大部头著作，全书共有 4 册，约170 万字。作者分析了交通银行的创立、资本构成和组织机构、初期的主要活动和业务经营、辛亥革命时期的发展、民初国家银行特权的获取等，认为交通银行始终坚持责任立业、实业兴邦、改革创新，为经济社会发展做出了巨大贡献⑫。《同床异梦：中华懋业银行的历史 1919—1937》⑬ 将中华懋业银行的发

① 刘平. 近代中国银行监管制度研究（1897—1949）[M]. 上海：复旦大学出版社，2008.

② 王强. 近代银行业资金运用研究 [M]. 北京：中国政法大学出版社，2014.

③ 田兴荣. 北四行联营研究（1921—1952）[M]. 上海：上海远东出版社，2015.

④ 刘俊峰. 社会变迁中的汉口华资银行业（1912—1938）[D]. 武汉：华中师范大学，2010.

⑤ 程霖. 中国近代银行制度建设思想研究 [M]. 上海：上海财经大学出版社，1999.

⑥ 钟思远，刘基荣. 民国私营银行史（1911 年—1949 年）[M]. 成都：四川大学出版社，1999.

⑦ 姚会元. 中国货币银行 [M]. 武汉：武汉测绘科技大学出版社，1993.

⑧ 姜宏业. 中国地方银行史 [M]. 长沙：湖南出版社，1991.

⑨ 代春霞. 20 世纪 30 年代世界经济萧条影响下的中资银行业研究 [D]. 天津：南开大学，2012.

⑩ 杨志勇. 近代中国金融机构变迁研究 [D]. 太原：山西财经大学，2014.

⑪ 尧秋根. 制约与创新：近代中国银行市场化（1905—1949 年）[D]. 北京：中国社会科学院，2003.

⑫ 牛锡明. 交通银行史 [M]. 北京：商务印书馆，2015.

⑬ 蒲嘉锡. 同床异梦：中华懋业银行的历史 1919—1927 [M]. 北京：北京大学出版社，2014.

展史置于中美关系的大语境中，通过梳理中华懋业银行乱事频仍发展史，描述了诸多合资公司的经历，为研究银行史提供了一个更加广阔的视角。《金城银行的放款与投资（1917—1937）》[①] 对金城银行的资金流向进行了深入系统的研究。作者指出，金城银行通过资金投放与工商界建立了紧密的联系，在辅助农、工、商业发展，开发建设交通及公共事业等方面，做出了一定的积极贡献，在华北乃至全国金融界发挥着重要作用。个案研究的成果还有《中国农民银行》[②]《中国中央银行研究（1928—1949）》[③]《中央银行史话》[④]《中国银行上海分行史（一九一二——一九四九年）》[⑤]《汇丰——香港上海银行》[⑥] 等。此外，在复旦大学吴景平教授指导的博士学位论文中，有多篇是有关银行史个案研究的，如《从官办、官商合办到商办：浙江实业银行及其前身的制度变迁（1908—1937）》[⑦]《南京国民政府中央银行研究（1928—1937 年）》[⑧]《交通银行研究》[⑨]《中国银行上海分行研究（1912—1937）》[⑩]《上海商业储蓄银行研究（1915—1937）》[⑪] 等。同时还有大量的硕士学位论文问世，如姜帅的《四川美丰银行研究（1922—1950）》[⑫]、辜雅的《川康平民商业银行研究》[⑬]、夏彬洋的《广西银行业务研究（1932—1945 年）》[⑭]、黄艳的《聚兴诚银行的经营理念和特色（1937—1945）》[⑮]、费久黎的《抗战前江苏省农民银行研究（1928—1937）》[⑯]、李海涛的《论"满洲中央银行"的金融政策

① 诸静. 金城银行的放款与投资（1917—1937）[M]. 上海：复旦大学出版社，2008.

② 中国人民银行金融研究所. 中国农民银行 [M]. 北京：中国财政经济出版社，1980.

③ 刘慧宇. 中国中央银行研究（1928—1949）[M]. 北京：中国经济出版社，1999.

④ 寿充一，寿乐英. 中央银行史话 [M]. 北京：中国文史出版社，1987.

⑤ 中国银行上海国际金融研究所行史编写组. 中国银行上海分行史（一九一二——一九四九年）[M]. 北京：经济科学出版社，1991.

⑥ 毛里斯，柯立斯. 汇丰——香港上海银行 [M]. 中国人民银行总行金融研究所，译. 北京：中华书局，1979.

⑦ 何品. 从官办、官商合办到商办：浙江实业银行及其前身的制度变迁（1908—1937）[D]. 上海：复旦大学，2006.

⑧ 石涛. 南京国民政府中央银行研究（1928—1937 年）[D]. 上海：复旦大学，2010.

⑨ 张启祥. 交通银行研究 [D]. 上海：复旦大学，2006.

⑩ 董昕. 中国银行上海分行研究（1912—1937）[D]. 上海：复旦大学，2005.

⑪ 薛念文. 上海商业储蓄银行研究（1915—1937）[D]. 上海：复旦大学，2004.

⑫ 姜帅. 四川美丰银行研究（1922—1950）[D]. 重庆：西南大学，2013.

⑬ 辜雅. 川康平民商业银行研究 [D]. 重庆：西南大学，2014.

⑭ 夏彬洋. 广西银行业务研究（1932—1945 年）[D]. 桂林：广西师范大学，2013.

⑮ 黄艳. 聚兴诚银行的经营理念和特色（1937—1945）[D]. 重庆：西南大学，2011.

⑯ 费久黎. 抗战前江苏省农民银行研究（1928—1937）[D]. 南京：南京大学，2012.

（1931—1936）》①、石安的《上海花旗银行研究（1945—1956）》② 等。这些个案研究，对于揭示各银行发展、变化的特点，丰富和发展银行史研究做出了重要贡献。

除了整体研究与个案分析之外，银行业与钱业、政府、企业、内债、外资银行业的关系，银行业同业组织，银行立法，金融地理等方面均有学者关注。《近代中国银行与钱庄关系研究》③ 是一部深入探讨银行业与钱庄的关系的著作。作者认为，政府是影响抗战前银行与钱庄关系的重要力量，二者的关系长期处于既相互竞争、排斥，又相互合作、支持的动态变化中，双方在竞争中获得了双赢。关于华资银行业与外资银行业的关系，现有研究不多，易棉阳对其做了探讨。他指出，20世纪初华资银行与外资银行的关系具有特殊性，他们既合作又竞争，既对抗又依赖④。《上海金融业与国民政府关系研究（1927—1937）》⑤《近代中国银行与企业的关系（1895—1945）》⑥《上海银行业与国民政府内债研究（1927—1937）》⑦ 等著作分别涉及银行业与国民政府、企业以及与内债的关系。作为维护银行业利益、推动银行业发展的自发性组织，银行业同业公会备受学界关注，相关研究取得了长足进展。《上海银行公会改组风波（1929—1931）》⑧《"九一八"事变至"一·二八"事变期间的上海银行公会》⑨《上海银行公会研究（1927—1937）》⑩《上海银行公会研究（1937—1945）》⑪ 等等，均是较高水准的论著。《川渝地区金融地理研究（1890—1949）》⑫ 则从

① 李海涛. 论"满洲中央银行"的金融政策（1931—1936）[D]. 长春：东北师范大学，2008.

② 石安. 上海花旗银行研究（1945—1956）[D]. 上海：上海师范大学，2014.

③ 李一翔. 近代中国银行与钱庄关系研究 [M]. 上海：学林出版社，2005.

④ 易棉阳. 20世纪初期华资银行与外资银行关系略论 [J]. 湖南工程学院学报，2003（1）：20-23.

⑤ 吴景平. 上海金融业与国民政府关系研究（1927—1937）[M]. 上海：上海财经大学出版社，2002.

⑥ 李一翔. 近代中国银行与企业的关系（1895—1945）[M]. 台北：东大图书有限股份公司，1997.

⑦ 蒋立场. 上海银行业与国民政府内债研究（1927—1937）[M]. 上海：上海远东出版社，2012.

⑧ 吴景平. 上海银行公会改组风波（1929—1931）[J]. 历史研究，2003（2）：107-122.

⑨ 吴景平，王晶. "九一八"事变至"一·二八"事变期间的上海银行公会 [J]. 近代史研究，2002（3）：121-145.

⑩ 王晶. 上海银行公会研究（1927—1937）[M]. 上海：上海人民出版社，2009.

⑪ 张天政. 上海银行公会研究（1937—1945）[M]. 上海：上海人民出版社，2009.

⑫ 栾成斌. 川渝地区金融地理研究（1890—1949）[D]. 重庆：西南大学，2014.

金融地理学的角度探讨金融机构分布状况以及金融制度、法规、意识、管理的区域差异等，其研究方法及视角对研究近代银行史具有借鉴意义。同时，还有大量的学术论文涌现，如易棉阳、姚会元全面梳理了1980年以来中国近代银行史的研究概况，认为中国近代银行史的研究还需要加强对银行立法、制度建设、中外银行关系、革命政权银行、伪政权银行等领域的研究，同时还要不断进行理论、方法的创新，这样才能使中国近代银行史的研究再上新台阶①。

可以说，近年来银行史的研究领域不断扩展，方法渐趋多元化，取得了丰硕的成果。首先，突破了以金融机构为主体的研究框架。既有研究关注金融市场、组织、立法、思想、制度、地理等方面，从多角度审视银行史；又有通过对证券、信托、保险、票据等与银行业密切相关的行业的考察，从侧面呈现银行业的演变轨迹。其次，研究方法渐趋多元化。银行史是经济学、金融学和历史学的交叉学科，要求研究者不仅要具有深厚的史学功底，而且还须具备一定的金融学、经济学、银行学等学科的理论和方法，这无疑给历史学出身的研究者带来了困难。近年来，有不少学者尝试运用历史学、金融地理学、商业银行经营管理学、区域经济学等多学科交叉的方法探讨银行史，力图突破这一瓶颈，并做出了有益的尝试。尽管如此，我们依然可以发现，现有银行史的研究还存在诸多不足，对银行分行、支行、分理处（简称"分支行处"）、次级金融中心银行的研究乃薄弱环节，对汉行缺乏深入系统的研究即是例证。

（二）上海银行史研究动态

成立于1915年的上海银行是一家颇具传奇色彩的私营商业银行。它创业艰难而发展迅速，短短20年即从一家仅有七八万元资本的"小小银行"成长为全国第一大私营商业银行，拥有几十乃至百余个分支机构②，创造了中国金融史上的多个第一，在中国近代金融史上的地位举足轻重。学界对陈光甫、上海银行及其分支机构均有研究，相关成果既有专题性资料出版，又有大量论著涌现，内容则涉及银行管理、业务、与各界的关系、陈光甫经营管理思想等。若从时间上划分，学界对上海银行的研究可分为三个阶段：第一个阶段为上海银行建立到1949年中华人民共和国成立，第二个阶段为1949年到20世纪80年代，第三个阶段为20世纪80年代至今。

尽管上海银行成立时资本微薄，屡受同行耻笑，但早在建行初期，该行就

---

① 易棉阳，姚会元. 1980年以来的中国近代银行史研究综述［J］. 近代史研究，2005（3）：252-282.

② 上海银行的分支机构是不断变化的，这里指分支机构最多时的数据。

引起了时人的关注。《上海商业储蓄银行之今昔观》①是最早关注上海银行的文章，该文介绍了上海银行各分支行处的设立、重要行员、结账报告等。1923年，徐沧水撰写《上海商业储蓄银行之事业批评》②，介绍上海银行的组织、资本、业务等，认为上海银行迅速发展的原因在于总经理陈光甫学识渊博、善于交际、开拓进取、融合新旧。随后他又在《上海银行公会事业史 银行周报第四百号纪念增刊》③中多次提到陈光甫。《上海商业储蓄银行之进步观》④则介绍了上海银行的存款、利润及负债业务。《银行周报》《银行杂志》《金融周报》以及上海银行的内部刊物《海光（上海1929）》等报刊上也有不少与上海银行相关的文章，如营业报告、分支行处的设立、业务报告等。《上海商业储蓄银行二十年史初稿》⑤是值得一提的著作。该书系宋春舫根据上海银行档案及当事人口述资料编纂而成，曾藏于上海市档案馆，后由邢建榕、冯俊军整理，并发表在《档案与史学》上，供研究者参考。该书分七章介绍了上海银行的成立背景、发展过程、管理运作、制度建设、企业文化等，是研究上海银行的宝贵的一手资料。*Banking and Finance in China*⑥是一部整体研究中国银行业与金融市场的著作，其中涉及上海银行。此外，当时出版的一些专著如《中国的银行》⑦《最近上海金融史》⑧《上海金融市场论》⑨《最近上海金融史附刊》⑩《中国之储蓄银行史》⑪《中国金融资本论》⑫《上海银行业概况》⑬等均不同程度地涉及上海银行。从整体上看，这一时期的研究还停留在简单介绍层面，深入系统的研究成果不多。但从另一个层面说明，上海银行已经引起了学界的关注。

　　中华人民共和国成立后至20世纪80年代，由于受历史条件限制，国内学

①　佚名.上海商业储蓄银行之今昔观［J］.银行周报，1917，1（22）：17-20.
②　徐沧水.上海商业储蓄银行之事业批评［J］.银行周报，1923，7（12）：35-37.
③　徐沧水.上海银行公会事业史 银行周报第四百号纪念增刊［M］.上海：银行周报社，1925.
④　龙.上海商业储蓄银行进步观［J］.钱业月报（特刊），1925（5）：130-158.
⑤　宋春舫.上海商业储蓄银行二十年史初稿（一～六）［J］.档案与史学，2000：（1-6）.
⑥　TAMAGNA F M. Banking and finance in China［M］. New York：International Secretariat Institute of Pacific Relations Publications Office，1942.
⑦　吴承禧.中国的银行［M］.上海：商务印书馆，1934.
⑧　徐寄庼.最近上海金融史［M］.上海：商务印书馆，1926.
⑨　银行周报社.上海金融市场论［M］.上海：银行周报社，1923.
⑩　永嘉徐.最近上海金融史附刊［M］.上海：华丰铸字所，1933.
⑪　王志莘.中国之储蓄银行史［M］.台北：文海出版社，1988.
⑫　王承志.中国金融资本论［M］.上海：光明书局，1936.
⑬　中央储备银行调查处.上海银行业概况［M］.上海：中央储备银行调查处，1945.

界对上海银行的研究几乎处于停滞状态。20世纪80年代以来，学术研究渐趋恢复常态，学界从不同角度对上海银行予以探讨，取得了丰硕的研究成果。

相关资料得以整理出版。《上海商业储蓄银行史料》①的整理出版为研究上海银行奠定了坚实的资料基础。该书以上海市档案馆现存的、与上海银行相关的大量档案资料为基础，并辑录《银行周报》《海光》《申报》等重要报纸杂志中的相关资料以及当事人的口述资料编纂而成。其中，上编是银行业务发展史料，包括银行经营方针、业务概况、陈光甫的经营理念及其社会活动等；下编是银行内部管理史料，包括业务、会计、成本、分行、人事、附属事业的经营管理以及陈光甫的经营思想等。该史料的出版为研究者提供了大量的原始资料，为深化拓展上海银行史研究奠定了扎实的史料基础。然而，其中涉及分支机构的史料不多，且相关史料只是在提及总行时附带涉及。《武汉银行史料》②是研究武汉银行业必备的参考资料。其中有不少资料涉及汉行建立、发展、业务以及与钱业、外资银行、政府的关系，为研究汉行提供了大量的一手资料。

相关论著层见叠出。《上海商业储蓄银行研究（1915—1937）》是目前所见的唯一一部专文研究上海银行的著作。该书梳理了上海银行的发展历程，深入细致地考察了其主要经营活动。作者认为，上海银行发展速度快，业务多元化，经营稳健，是一个富有理想的商业银行。该行以细致周到的服务赢得社会各界的信任，其业务经营注意服务社会、辅助工商。作者指出，该行所处的社会环境使它无法摆脱政府的影响，但它与政府的关系并不密切，是一个以商业化经营取胜的私营商业银行③。但该书主要论述上海银行的发展概况，涉及其分支机构的内容不多。《社会信用与近代上海银行业的发展——以上海商业储蓄银行为中心》④考察了上海银行的信用意识与信用制度，认为上海银行信用制度的有效运作无法摆脱社会系统性因素的制约。《1927—1937年上海商业储蓄银行的农贷活动》⑤分试办、整理集中、审慎推进三个时期梳理了上海银行的农贷活动，认为该行的农村改良工作推进了农村近代化步伐，体现了服务社

① 中国人民银行上海市分行金融研究所. 上海商业储蓄银行史料 [M]. 上海：上海人民出版社，1990.

② 《武汉金融志》办公室，中国人民银行武汉分行金融研究所. 武汉银行史料 [M]. 武汉：武汉金融志编写委员会办公室，1987.

③ 薛念文. 上海商业储蓄银行研究（1915—1937）[M]. 北京：中国文史出版社，2005.

④ 陈文彬. 社会信用与近代上海银行业的发展——以上海商业储蓄银行为中心 [J]. 学术月刊，2002（11）：54-60.

⑤ 薛念文. 1927—1937年上海商业储蓄银行的农贷活动 [J]. 民国档案，2003（1）：39-43.

会的宗旨。此外，还有《近代中国商业银行的激励机制探析——以上海商业储蓄银行为例》①《旧中国上海银行的经营管理》②《论近代银行防弊制度的设计——以上海商业储蓄银行为中心》③《商业银行兴衰的关键——上海商业储蓄银行经营管理的剖析》④ 等。除了专文探讨上海银行以外，不少金融史、银行史的论著中也涉及上海银行，刘俊峰的《社会变迁中的汉口华资银行业》⑤以汉口华资银行为研究对象，以社会变迁为视角，揭示了华资银行的发展过程、原因和特征，其中涉及汉行。在《武汉通史·中华民国卷》⑥ "现代金融业的发展" 一节，作者梳理了新式银行兴起、旧式金融机构衰落的过程，分析了金融机构兴衰交替的原因，其中提及 1931 年水灾对汉行的影响。还有《近代武汉城市史》⑦《中国金融通史》⑧《困惑与诱惑：中国近代化进程中的投资理念与实践》⑨ 等。这些研究从经营管理、社会信用、激励制度、防弊制度设计等方面探讨上海银行，为丰富上海银行史的研究做出了贡献。

作为上海银行的总经理，陈光甫将该行视为其一生事业的核心，不断开拓进取，使该行获得较快发展。近年来，学界对陈光甫展开研究，相关成果层出不穷。

首先，学界整理出版了一批珍贵的书刊。《陈光甫日记》⑩ 是一部反映1928—1950 年陈光甫的日常生活、政治立场、社会关系的图书。《陈光甫与上海银行》⑪ 是银行界前辈回忆陈光甫文章的辑录，书中涉及陈光甫的为人、经营理念及开拓创新举措等内容。《陈光甫先生言论集》⑫ 分人生哲学、服务哲学、银行哲学三部分辑录了陈光甫的言论。上述资料为研究陈光甫提供了丰富

① 兰旭日. 近代中国商业银行的激励机制探析——以上海商业储蓄银行为例 [J]. 南方论丛，2007（2）：118-122.

② 徐鼎新. 旧中国上海银行的经营管理 [J]. 学术月刊，1981（9）：23-28.

③ 孙建国. 论近代银行防弊制度的设计——以上海商业储蓄银行为中心 [J]. 河南大学学报（社会科学版），2009，49（1）：8-15.

④ 洪葭管，卢盛春. 商业银行兴衰的关键——上海商业储蓄银行经营管理的剖析 [J]. 国际金融研究，1991（3）：60-61.

⑤ 刘俊峰. 社会变迁中的汉口华资银行业（1912—1938）[D]. 武汉：华中师范大学，2010.

⑥ 皮明麻. 武汉通史·中华民国卷 [M]. 武汉：武汉出版社，2006.

⑦ 皮明麻. 近代武汉城市史 [M]. 北京：中国社会科学出版社，1993.

⑧ 洪葭管. 中国金融通史：第4卷 [M]. 北京：中国金融出版社，2008.

⑨ 施正康. 困惑与诱惑：中国近代化进程中的投资理念与实践 [M]. 上海：上海三联书店，1999.

⑩ 上海市档案馆. 陈光甫日记 [M]. 上海：上海书店出版社，2002.

⑪ 吴经砚. 陈光甫与上海银行 [M]. 北京：中国文史出版社，1991.

⑫ 上海商业储蓄银行. 陈光甫先生言论集 [M]. 上海：上海商业储蓄银行，1949.

的一手资料。此外，专著、硕博士毕业论文及期刊论文大量涌现。黄江华的《服务·信用·创新——爱国银行家陈光甫之研究》① 分析了陈光甫创办上海银行、中国旅行社以及在抗战期间赴美借款等主要社会活动及陈光甫的贡献和阶级局限性。蒋慧的《陈光甫研究》② 将陈光甫置于中国近现代史的大背景下，通过研究不同时期的陈光甫，全面地勾勒其人生轨迹和历史贡献，并揭示其与中国政治、金融发展的关系。王专的《陈光甫与中国近代旅游业》③ 考察了中国旅游业开创、发展的历史进程，认为"以服务树企业品牌、制度化管理、稳健创新的经营风格、规模化的发展战略"是中国旅行社经营成功的秘诀，肯定了"中国旅游之父"陈光甫在中国近代旅游业发展中的作用。江绍贞《略论陈光甫对上海银行的经营管理》④ 总结了陈光甫经营上海银行的成功经验，认为善于创新、推崇服务是其成功的重要因素。李玉《略论陈光甫的"银行服务社会"观》⑤ 分析了陈光甫通过业务设计、人才培养贯彻其服务社会理念，并不断改进服务效果，指出其服务社会是互利的，服务社会就是发展自己。还有《陈光甫传稿》⑥ 《中国金融创新思想的先驱（1912—1949）》⑦ 《陈光甫的旅行社管理思想研究》⑧ 《实用理性超越——陈光甫经营管理思想研究》⑨ 《论中国金融企业家精神——以陈光甫为例》⑩ 等。

此外，还有大量描述性的文章介绍陈光甫。如《培养精明干练的业务能手——回忆上海商业储蓄银行培训行员的片断》⑪ 《上海商业储蓄银行：一生事业的"起跑点"》⑫ 《撷拾陈光甫在同仁聚餐会上的几次谈话》⑬ 《陈光甫：

① 黄江华. 服务·信用·创新——爱国银行家陈光甫之研究 [M]. 北京：中国言实出版社，2013.

② 蒋慧. 陈光甫研究 [D]. 长沙：湖南大学，2007.

③ 王专. 陈光甫与中国近代旅游业 [D]. 苏州：苏州大学，2009.

④ 江绍贞. 略论陈光甫对上海银行的经营管理 [J]. 近代史研究，1988 (5)：172-187.

⑤ 李玉. 略论陈光甫的"银行服务社会"观 [C]. 第四届中国近代社会史国际学术研讨会，2011.

⑥ 郑焱，蒋慧. 陈光甫传稿 [M]. 长沙：湖南师范大学出版社，2009.

⑦ 童丽. 中国金融创新思想的先驱（1912—1949）[D]. 上海：复旦大学，2004.

⑧ 张艳青. 陈光甫的旅行社管理思想研究 [D]. 济南：山东大学，2011.

⑨ 薛念文. 实用理性超越——陈光甫经营管理思想研究 [J]. 同济大学学报（社会科学版），2006，17 (4)：119-124.

⑩ 李培德. 论中国金融企业家精神——以陈光甫为例 [J]. 档案与史学，2000 (2)：62-68.

⑪ 徐光明. 培养精明干练的业务能手——回忆上海商业储蓄银行培训行员的片断 [J]. 中国金融，1982 (17)：48-49.

⑫ 王树年. 上海商业储蓄银行：一生事业的"起跑点" [N]. 上海金融报，2015-07-24 (A14).

⑬ 王之可. 撷拾陈光甫在同仁聚餐会上的几次谈话 [J]. 上海金融，1991 (12)：44-45.

"中国的摩根"》①《陈光甫与上海商业储蓄银行》②《以服务换酬报——倡导"服务社会"的银行家陈光甫》③《上海商业储蓄银行与陈光甫》④ 等。这些成果为全面了解陈光甫的经营理念、管理思想，推动上海银行史的研究做出了重要贡献。

近年来，上海银行的分支机构引起了学者的关注。北京金融史料"银行篇"《上海商业储蓄银行专辑》⑤ 收录了北京上海银行设立、发展变化、经营方针、营业范围、业务概况、业务管理等相关史料，但资料搜集不够全面，且该书仅限于粗略地介绍银行本身发展和经营情况，但它的整理出版，为研究北京上海银行提供了部分资料。陈熙坤的《上海商业储蓄银行汉口分行研究（1927—1937）》⑥ 是目前所见的较为全面探讨汉行的论文。该文利用武汉市馆藏汉行档案，对汉行内部管理、业务经营及其与地方社会的关系予以讨论，为研究这一论题提供了线索。但该文对汉行与其他银行、钱庄以及政府的关系等问题的研究没有涉及。徐智的《上海商业储蓄银行南京分行发展历程述略（1917—1937）》⑦ 梳理了南京上海银行从设立到内迁的发展历程，认为其发展与政治局势、经济状况密切相关，其经营特征与南京的区位特征不无关系。《上海银行汉口分行及郑州分行》⑧ 则简单地介绍汉口分行及郑州分行的情况。上述成果丰富了上海银行史研究，为全面认识该行提供了新的角度。然而，由于银行涉及面广，关注点多，囿于篇幅等原因，作者对上海银行各分行的研究还不够系统和深入。

（三）既有研究的不足之处

从整体上讲，有关上海银行的研究成果颇多，研究内容涉及内部管理、业务经营、银行信用、防弊制度、企业文化、与社会各界的关系以及陈光甫等，为深入认识上海银行史做出了突出贡献。然而，现有研究还存在以下不足

---

① 左玉河. 陈光甫："中国的摩根" [J]. 同舟共进, 2011 (4)：41-44.

② 张公浩, 常石. 陈光甫与上海商业储蓄银行 [J]. 金融博览, 2012 (8)：18-19.

③ 李银芬. 以服务换酬报——倡导"服务社会"的银行家陈光甫 [J]. 中国城市金融, 2013 (5)：72-73.

④ 松兰. 上海商业储蓄银行与陈光甫 [J]. 银行家, 2002 (5)：159.

⑤ 中国人民银行北京分行金融研究所,《北京金融志》编委会办公室. 上海商业储蓄银行专辑 北京金融史料 银行篇1 [M]. 北京：中国人民银行北京分行金融研究所, 1990.

⑥ 陈熙坤. 上海商业储蓄银行汉口分行研究（1927—1937）[D]. 武汉：华中师范大学, 2010.

⑦ 徐智. 上海商业储蓄银行南京分行发展历程述略（1917—1937）[J]. 兰州学刊, 2012 (4)：66-70.

⑧ 马公瑾. 上海银行汉口分行及郑州分行 [J]. 武汉文史资料, 2006 (4)：39-41.

之处。

第一，对上海银行旗下的诸多分支行处缺乏深入、系统的研究。上海银行业务繁忙时，其分支行处多达 110 多个，遍布全国各大重要城市。有些分支行处发展迅速，在当地金融界具有重要影响。然而，检索《全国报刊索引》不难发现，关注这些分支机构的文章寥寥无几，仅有的几篇文章有些是描述性质的，专文研究也不够深入，更不用说专著了，既有研究与上海银行庞大的分支机构极不相称。因此，加强对上海银行重要分支行处的研究，不仅是丰富上海银行史的需要，也是丰富中国近代银行史乃至中国近代金融史的需要。

第二，从研究的时间段来看，既有上海银行史研究多集中于民国初年至全面抗战爆发这一时期，尤其是 1927 至 1937 年，其他时段则涉及较少。因为此时期是国家政局渐趋稳定、经济沿着资本主义道路快速发展的黄金时期，银行业的发展挑战和机遇并存。因而，上海银行的变化特征更为明显，内涵也更加丰富。学者们把主要精力放在这一时期，是可以理解的。日本全面侵华战争爆发后，随着战争的扩大，北平、天津、上海、武汉等地相继沦陷，大量银行档案被炸毁，剩余的也支离破碎、残缺不全，给研究工作带来了巨大的困难。由于资料搜集困难，目前尚无专文论及全面抗战爆发后的上海银行史。但我们不能因此忽略对这一时期上海银行史的研究，因为它毕竟是历史发展过程中的一个重要环节，沦陷时期的上海银行史是我们无法回避的课题。此外，中华人民共和国成立并不是上海银行史研究的最低时间界限。尽管 1949 年后国家对私营工商业的政策发生了重大变化，但银行发展的前因后果间有着自然的联系，上海银行的发展并未因中华人民共和国的成立而发生巨大转折，1949 年前的问题可能会遗留到 1949 年后，1949 年后的病根可能会在 1949 年前找到渊源，人为地割裂这段历史，将不利于全面考察上海银行的全貌。

第三，在史料运用上，既有研究缺乏对分支行处档案、相关期刊资料的发掘利用。上海银行的档案主要藏于上海、台湾、香港以及各分支行处所在地档案馆。除藏于香港、台湾的资料因受条件限制不便查找外，我国其他各地档案馆所藏资料是比较容易查阅的。目前，上海市档案馆收藏的有关上海银行的档案资料大部分被发掘利用，但该馆还藏有大量的有关分支行处的档案资料未被充分发掘，如各分支行处呈报总行的行务会议记录、营业报告、业务往来等资料。此外，各分支行处所在地档案馆所藏的资料也亟待挖掘，如武汉市档案馆就藏有大量的有关汉行的档案资料。民国时期的报刊资料也非常丰富，如《汉口商业月刊》《银行杂志》《汉口民国日报》《银行周报》《钱业月报》《中行月刊》等，都是可以利用的资料。

总之，近年来上海银行史研究取得了显著的成绩，但还有较大的拓展空间。只有充分运用与银行史研究相关的各种理论和方法，不断转换视角，拓展领域，挖掘史料，才能推动上海银行史的研究向纵深方向发展。

三、研究方法

银行史是经济学、金融学与历史学的交叉学科，银行史研究要求研究者在理论与方法上不断创新。这样，银行史的研究才能既有经济学、金融学的深度，又有历史学、文献学的厚度。有鉴于此，本书以历史学实证研究为基础，尝试运用比较分析法、个案研究法、统计学研究法以及商业银行经营管理学的相关理论和方法展开研究。

作为一部史学著作，史学实证将是本书的研究基础。笔者曾来往于武汉、上海两地查阅资料，做了大量的资料搜集整理工作。武汉市档案馆藏有汉行1918—1953 年的档案 1 468 卷。其中，文书档案 1 143 卷，会计 325 卷，内容涉及银行组织、人事、会议、服务、金融法规、银行业务、财务产权、情报等。笔者阅读了与本课题相关的资料，抄录、复制了 340 多卷档案。在武汉期间，笔者还前往湖北省档案馆查阅资料，遗憾的是该馆所藏资料与本研究相关者甚少。在武汉市图书馆和湖北省图书馆则收获颇丰，这两个图书馆藏有不少民国时期的报刊，如《武汉日报》《汉口民国日报》《银行杂志》《汉口商业月刊》《武汉文史资料》等，笔者抄录了与本选题相关的资料。2015 年 7 月，笔者又前往上海市档案馆查阅文献。该馆藏有大量的关于上海银行的档案资料，其中部分资料涉及汉口分行，笔者阅读了本选题相关部分，并予以抄写和复制。这些资料为研究本课题奠定了扎实的史料基础。

运用个案研究法、统计法以及比较研究法对汉行进行专题性个案研究。目前，学界对上海银行的研究已经比较系统和深入，对其所属重要分支机构的研究则涉及较少，既有研究要么停留在描述层面，要么论述不够深入。因此，笔者选择 1923—1938 年的汉行作为研究对象，通过爬梳相关档案、报刊等资料，重建汉行发展历史。数据是反映汉行业务发展情况的重要载体，搜集、统计、分析数据不可避免地会使用统计法和比较法。笔者在大量搜集汉行各项业务数据、分析数据内涵的基础上，揭示汉行业务变化趋势及其原因。同时，通过纵向比较其存款、放款、投资、盈余等，分析其不同时期的业务变化情况；通过横向比较，揭示其与上海银行的其他分支处及汉埠其他银行的异同，呈现汉行的特点。

尝试运用商业银行经营管理理论和方法分析汉行的业务经营管理。尽管总经理陈光甫时刻强调银行要服务社会，然而正如李玉教授所言，"服务社会其实就是发展自己"①，一语道破了其中的玄机，商业银行终究难以摆脱追逐高额利润的本性。在汉行的各项业务中，有些业务发展迅速，有些则无多大进展。当然，其中固然有中国社会经济发展不平衡、政府政策导向等因素的影响，但与汉行的性质亦不无关系。本书拟尝试运用商业银行经营管理学的相关理论和方法分析汉行的业务发展情况，总结经验教训，为当今私营商业银行的发展提供些许借鉴。

四、拟解决的问题

鉴于汉口优越的地理位置，1919 年 5 月 4 日，上海银行在该地设立分理处，1923 年 4 月改分理处为分行。1929 年 10 月 28 日，汉行添设汉正街办事处。1932 年 1 月 10 日，设汉景街办事处。1934 年 6 月 1 日，汉分行改为汉管辖行，管辖武昌、长沙两分行，沙市、宜昌两支行，汉景街、长沙中山路二办事处，池口、岳家庄二寄庄，随后其管辖区域不断变化。本书所讨论的汉行是指 1923 年成立于汉口的上海银行，其所属分支机构有武昌分行②、汉正街办事处、汉景街办事处。改为汉管辖行后，汉管辖行所辖范围也发生了变化。本书主要讨论汉行及其所属分支机构，兼论汉管辖行的部分情况。因此，本书以1923—1938 年汉行的业务运营与内部管理为研究对象，剖析其业务经营特点、风险防控效果等，以期为中国近代金融史的研究做些拾遗补阙的工作。通过本课题的研究，拟回答以下问题：

第一，论述汉行经营管理的利弊及风险防范的措施及效果，分析该行能够在恶劣的社会环境中生存和发展的内因。

第二，厘清汉行发展与当时政治、经济、金融形势以及政府、其他行庄的关系，分析其发展中所遇到的问题及其应对措施。

第三，弄清汉行资金投向及该行与工、农、商的关系，剖析汉行性质及其在区域经济变迁中所扮演的角色。

第四，分析汉行经营管理特点、社会关系状况及风险防控措施，总结经验教训，为当今私营商业银行的发展提供些许借鉴。

---

① 李玉. 略论陈光甫的"银行服务社会观"[C]. 第四届中国近代社会史国际学术研讨会会议论文，2011.

② 武昌分行系汉口分行在武昌设立的支行，亦称鄂行。

第二章 上海商业储蓄银行汉口分行的存款业务

存款是指货币持有者将其节余或闲置不用的货币存入商业银行的一种信用活动，它是商业银行最主要的资金来源和开展各种资产业务的基础，也是其业务的主要组成部分。对于商业银行来说，具有重要意义的始终是存款，吸收存款的情况将直接影响其规模。鉴于存款的重要地位和作用，从建行开始，汉行就致力于拓展存款业务。在全行的努力下，汉行存款数额快速增长。在推动存款业务较快发展的同时，汉行还调整存款结构和存款准备金占存款总额的比例，灵活制定存款利息，以充分利用资金，降低经营成本，提高抵御风险的能力。

第一节 存款额的变化趋势与存款结构

受主客观因素的影响，汉行各年存款额有增有减。整体而言，其存款额呈增长趋势。在汉行的存款总额中，活期存款所占的比例较大，定期存款所占比例较小。汉行存款的构成有利于降低存款成本，不利于提高资金基础的稳定性。

一、存款额的快速增长

受主客观因素的影响，汉行各期存款额有增有减，但整体上呈增长趋势。1919年，汉分理处（简称"汉处"）设立。斯时，政局动荡，战争频繁，汉处存款业务进展缓慢。其存款额随时局变化而变化，详情见图2-1。

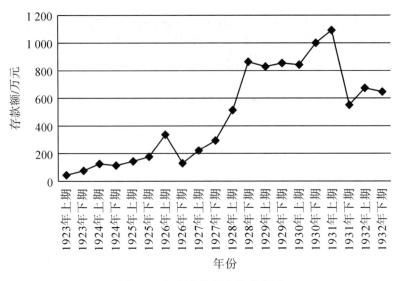

图 2-1　汉行存款额变化趋势图

[资料来源：周苍柏. 汉行十年来之回顾 [J]. 海光（上海1929），1932, 4（11）：11.]

1923 年，汉分理处改组为分行，此时汉行存款额已达 50 万元左右。1923 年，湘省军兴，各埠急需现款，沪埠申汇，拆息高昂，而汉埠金融形势相对稳定，本年下期汉行存款额增至 80 万元。1924 年春季，武汉政局相对稳定，本年上期汉行存款额约为 130 万元。入夏以后，长江流域洪水成灾，农业产量减少，汉埠交通阻塞，金融呆滞。秋季的江浙战争引发了上海金融震荡，汉埠金融亦备受影响，比期①金融呈现恐慌之象，本期汉行存款额约降至 120 万元。1925 年，汉埠金融仍不景气，但汉行所受影响不大，本年上期其存款额约增至 150 万元，下期又增加 30 万元。1926 年，汉行存款额继续增长，全年存款额达 470 万元左右。北伐军入汉后，受战争及工潮影响，汉地各业停顿，金融枯竭，金融界要人均纷纷迁避，汉行经理周苍柏遭眷独留，汉行仍照常营业。集中现金令实施后，汉行要求洋商尽量提走存于汉行之款，无论到期、未到期存款，均如数付给本息。现金解禁后，市面纸币充斥，现银急缺，客户争相提取现款，汉行一律按其存入时的市价付现。存户们喜出望外，愈加信任汉行，遂将提出之款又重新存入汉行，汉行存款额反而与日俱增，截至 1927 年下期，其存款额增至 300 万元②。时局稳定后，汉行存款额迅速增加，1928 年 1 月，汉行存款数额为 2 287 000 元，10 月底陡增至 9 397 000 元，10 个月就增加了

---

① 指钱业结算之期。

② 周苍柏. 汉行十年来之回顾 [J]. 海光（上海1929），1932, 4（11）：8.

3倍多。1929年，武汉政局动荡，汉行存款有所下降。1930年下期至1931年上期，汉行存款额突飞猛进，突破1 000万元大关，创其存款的历史最高纪录①。

突如其来的水灾及外敌入侵使汉行存款额陡然直下。1931年夏季，长江流域洪水成灾，武汉市全浸水中长达一个多月。洪水刚刚退去，"九一八"事变爆发。受水灾及外敌入侵的影响，武汉百业停顿，金融枯竭，汉行生意清淡，存款额陡降，半年之间猛降500多万元。不仅如此，当年年底汉行和第一区分行的存款额在全行的排名及占全行存款总额的比例均大大下降，详情见表2-1。

表2-1 1930—1931年第一区各行处存款额比较表

行名	时间					
	1930年12月底		1931年3月底		1931年12月底	
	数额/元	占全行存款比例/%	数额/元	占全行存款比例/%	数额/元	占全行存款比例/%
第一区分行总数	13 092 400	15.44	13 642 700	13.53	9 494 200	10.25
汉口	10 727 500	12.65	10 266 000	10.18	5 193 500	5.60
正街	165 700	0.19	334 400	0.33	178 000	0.19
武昌	496 400	0.59	789 000	0.78	791 200	0.85
长沙	944 900	1.11	1 249 100	1.24	1 447 800	1.56
沙市	217 100	0.26	241 100	0.24	151 600	0.16
九江	532 600	0.63	731 200	0.73	569 000	0.61
南昌	8 200	0.01	31 900	0.03	199 700	0.23
宜昌					251 700	0.28
开封					406 000	0.44
郑州					258 200	0.28
陕州					47 500	0.05

资料来源：佚名. 上海商业储蓄银行各种业务统计图表［A］. Q275-1-2200，上海：上海市档案馆，1931.

1930年12月底，总行存款总数②为48 987 100元，总行存款③有39 706 000元，上海各分行为9 768 500元，第一区分行为13 092 400元，第二区分行共6 123 100元，其他分行计6 820 700元，第一区分行存款额在全行排名第三。汉行存款总额为10 727 500元，在全行各行处中位居第二，在第一区

---

① 周苍柏. 汉行十年来之回顾［J］. 海光（上海1929），1932，4（11）：9.

② 总行总数是指包括总行、上海各分支行处的存款。

③ 仅指上海银行总部的存款。

分行中排名第一①。1931年3月底，全行存款总额计100 830 700元，第一区分行存款总数共13 642 700元，总行存款总数计55 842 500元，总行存款数为45 370 500元，第二区分行存款总额为8 239 900元，其他分行存款额计9 463 700元，上海各分行存款总数为3 641 900元，第一区分行存款总额在总行及各区分行中位居第三。汉行存款总数为10 266 000元，在各处中仅次于总行，排名第二，在第一区分行亦属最多。1931年12月底，全行存款总数共92 668 100元，总行存款总数计52 827 700元，总行存款额为42 241 500元，上海各分行存款数为13 852 900元，第一区分行总数为9 494 200元，第二区分行总数为6 941 900，其他分行存款总数为9 506 400元，第一区分行存款数额在全行位居第四位，汉行存款总额为5 193 500元，由原来的第二名下降到第三名。除了存款额在全行的排名下降外，汉行存款数额也呈下降趋势。1930年12月底，汉行存款总额为10 727 500元，1931年3月底降至10 266 000元，1931年底受长江流域水灾及日本侵华的影响，汉行存款总额猛降至5 193 500元，9个月间减少了500多万元。此外，汉行存款数占上海银行存款总额的比例也直线下降，从12.65%降至10.18%，再降至5.6%，一年之间陡降7个多百分点。

水灾过后，"一·二八"事变爆发。天灾人祸的影响使沪埠商业不振，银根松弛，拆息骤降。汉埠受沪战影响较小。1932年，汉行存款额比1931年有所增加。1933年汉行存款额继续增加，当年8月即增至770万元，在全行中仅次于总行商业部和储蓄部，排名第三②。1934年，汉行存款额持续攀升，详情见图2-2。

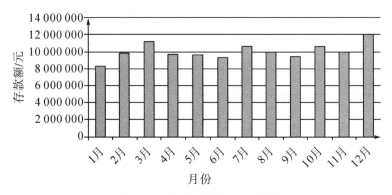

图 2-2　1934 年汉行每月存款额

（资料来源：佚名.上海商业储蓄银行全行业务报告[A].Q275-1-131,上海:上海市档案馆,1931.）

---

① 佚名.上海商业储蓄银行各种业务统计图表[A].Q275-1-2200,上海:上海市档案馆,1931.

② 佚名.经理致武昌分行密字通函[A].LS61-1-0134,武汉:武汉市档案馆,1930.

1934 年 1 月存款额达 8 353 716 元，2 月增至 9 821 609 元，3 月突破千万元大关。此后，其每月存款额在 9 323 166 元和 10 611 458 元之间波动，12 月其存款额达 12 140 917 元，1934 年全年存款额高达 120 877 786 元。1935 年汉行存款总额增长势头依然强劲，其存款利率虽有所降低，但存款额仍有增无减①。1935 年第一周汉行存款额为 1 820.1 万元，第二周为 1 776.3 万元，第三周为 1 754 万元，第四周为 1 739.7 万元，1 月份存款总额达 7 091.1 万元。本年各周存款额基本上保持在 1 100 万~1 800 万元，本年存款高达 52 800 万~86 400 万元②。此后，汉行存款额继续增加。1937 年 1—7 月，其每周存款额基本保持在 1 240 万~1 590 万元③。抗日战争全面爆发后，随着战事的扩大，汉行存款业务急剧紧缩。武汉沦为战区后，汉行于 1938 年 11 月撤退至重庆。

二、存款结构

若按性质划分④，汉行的存款可分为定期存款（定存、定储）、活期存款（活存、往来、行庄、外埠、暂存、票存、活储）和储蓄存款（定期、活期、礼券）三种类型⑤。在汉行的存款中，活期存款的地位举足轻重，其变化趋势直接影响存款总额的变化趋势。1934 年 1—12 月，汉行定、活期存款及存款总额有增有减，但整体上各项存款呈增长趋势，如图 2-3 所示。

---

① 佚名. 上海银行关于总分行处经副襄理及主任的函件 [A]. LS61-1-0565, 武汉：武汉市档案馆，1935.

② 汉口管辖行. 关于所属各行会议记录 [A]. LS61-1-0810, 武汉：武汉市档案馆，1935.

③ 佚名. 关于会议记录及函件 [A]. LS61-1-0809, 武汉：武汉市档案馆，1937.

④ 根据不同标准，可将商业银行的存款划分为不同类型。若按性质划分，商业银行的存款可分为定期存款、活期存款和储蓄存款。（陈文彩，张春波. 金融制度与业务比较 [M]. 北京：专利文献出版社，1997：188.）

⑤ 佚名. 上海商业储蓄银行 1932 至 1945 年度营业报告 [A]. Q275-1-1512, 上海：上海市档案馆，1935. 陈惕如. 汉行储蓄处经历概况 [J]. 海光（上海 1929），1931, 4（11）：18. [活期存款是存户不受时间限制，可随时存入和提取并经常保持一定周转金额的存款。活期存款流动性强，存取频繁，银行经常要为其提供较多的服务。因此，活期存款利息较低，甚至有的银行不支付利息。定期存款是由存户存放银行并事先确定期限，以取得较高利息的存款。定期存款流动性差，有利于银行的业务活动。因此，定期存款利息较高，且存期越长，利息越高。储蓄存款是个人为积蓄价值和取得利息收入而存入的零星款项，分为活期和定期，利息以复利计算。（殷孟波. 商业银行学 [M]. 成都：西南财经大学出版社，1994：34-39.）]

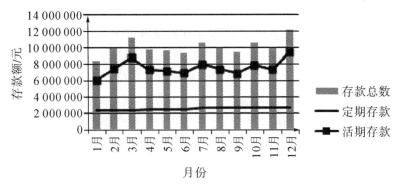

图 2-3　1934 年汉行存款变化趋势图

（资料来源：佚名. 上海商业储蓄银行全行业务报告［A］. Q275-1-131，上海：上海市档案馆，1931.）

具体而言，汉行存款总额由 1 月的 8 353 716 元增至 12 月的 12 140 917 元，增加 3 787 201 元，增加了约 45.3%。各月定期存款额在 2 384 488 元和 2 693 483元之间浮动，且持续增长，1 月为 2 384 488 元，12 月即增至 2 670 108 元，增加 285 620 元，增加了约 12%。活期存款有增有减，但基本在 6 014 633 元和9 470 809 元之间波动。从整体变化趋势来看，存款总额和活期存款额的变化趋势基本相同，定期存款对存款总额的影响较小。

同时，汉行活期存款额占存款总额的比例远大于定期存款额所占的比例，详见图 2-4。

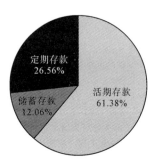

图 2-4　汉行各类存款占比分析比较图（1932 年 6 月）

［资料来源：周苍柏. 汉行十年来之回顾［J］. 海光（上海 1929），1932，4（11）：11.］

1932 年 6 月底汉行的存款总额中，活期存款占 61.38%，定期存款占26.56%，储蓄存款占 12.06%。活期存款是定期存款的 2 倍多，是储蓄存款的5 倍多，定期存款是储蓄存款的 2 倍多。不仅如此，1934 年汉行每月定、活期存款额占当月存款总额的比例也表明，该行活期存款占存款总额的比例较大。

1934 年 1—12 月，汉行活期存款额占存款总额的平均百分比高达 74.8%，最低为 72%，最高达 78.7%；而定期存额占存款总额的平均百分比为 25.2%，最低为 21.3%，最高为 28%。活期存款占存款总额的比例大，有利于降低存款成本，但存户存取频繁，增加了行员的工作量，不利于银行资金的稳定。

此外，汉行资金基础的稳定性较差。存款结构比率为活、定期存款的比值，是反映商业银行资金基础稳定性的重要指标。该比率上升，说明银行资金的稳定性降低，需要存入更多的流动资金。据此来看，汉行存款结构比率偏高，资金基础不够稳定，详见图 2-5。

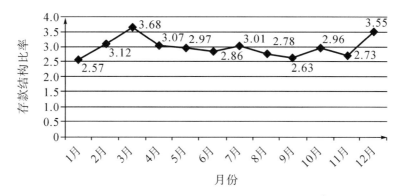

图 2-5　汉行 1934 年存款结构比率变化趋势图

（资料来源：佚名.上海商业储蓄银行全行业务报告 ［A］. Q275-1-131，上海：上海市档案馆，1931.）

1934 年 1—12 月，汉行存款结构比率变化趋势一波三折，但总体上呈上升趋势。具体而言，1 至 3 月，汉行存款结构比率持续攀升，3 月即飚至 3.68，4 至 6 月呈下降趋势，7 月又升至 3.01，8 至 9 月略微下降，10 月升至 2.96，11 月降至 2.73，12 月增至 3.55。本年汉行存款结构比率平均为 2.997，最低为 2.57，最高达 3.68。尽管存款结构比率受季节性、周期性因素的影响较大，但汉行存款结构比率的变化趋势一定程度上反映出其资金基础的稳定性较差。

定、活期存款额占存款总额的比例以及它们之间的比例是衡量汉行存款构成及资金稳定性的重要指标，而定、活期存款中不同类别存款所占的比例则是定、活期存款构成的微观反映。汉行的定、活期存款又可分为不同类别。其中，定期存款可分为定存和定储①，活期存款则可分为活存、往来、行庄、外

① 定期存款是存户存款时约定提取期限的存款。定期储蓄存款是指约定存取款期限的储蓄存款。

埠、暂存、票存、活储几类。在汉行的定期存款中，定存所占的比例较大，定储所占比例则相对较小，详见表 2-2。

表 2-2　汉管辖行各种存款统计表（1935 年 1 月）　　单位：千元

行名	定期			活期							
	定存	定储	小计	活存	往来	行庄	外埠	暂存	票存	活储	小计
汉管辖行总数	4 331	431	4 762	3 784	695	5 248	212	458	647	3 739	14 783
汉行	2 496	225	2 721	1 929	522	4 153	196	182	581	1 630	9 193
景街	97	14	111	144	21			1	6	212	384
正街	14		14	7	85	68		5	57	51	273
武昌	581	27	608	592	36	45		2		827	1 502
长沙	847	146	993	659		592		252		724	2 227
中山路	84	9	93	46	30	8		3		118	205
沙市	59	6	65	278		215	16	7	3	86	605
宜昌	153	4	157	119		75		1		88	283
岳口				7		1		1			9
衡阳				3		91		4		3	101
沙洋						1					1

资料来源：佚名. 上海商业储蓄银行 1932 年至 1945 年度营业报告［A］. Q275-1-1512，上海：上海市档案馆，1935.

1935 年 1 月，汉管辖行定期存款总额共 4 762 000 元。定存为 4 331 000 元，定存额约占定期存款总额的 90.9%；定储额为 431 000 元，约占 9.1%。汉行定期存款总额计 2 721 000 元。定存额为 2 496 000 元，定存额约占定期存款总额的 91.7%；定储额为 225 000 元，约占 8.3%。汉管辖行所辖各行处定存额占定期存款总额的比例高达 85% 以上，最高者达 97%。在汉管辖行活期存款总额中，活存、活储、行庄存款额所占的比例较大。1935 年 1 月，汉管辖行活期存款总额为 14 783 000 元。其中，活存额为 3 784 000 元，约占活期存款总额的 25.6%；行庄存款额为 5 248 000 元，约占 35.5%；活期储蓄额为 3 739 000 元，约占 25.3%。此外，汉行活储、行庄存款额占活期存款额的比例较大①。汉行活期存款额共计 9 193 000 元。其中，活存额为 1 929 000 元，

---

① 外埠存款 196 000 元，约占 2.1%；暂存 182 000 元，约占 1.98%；票存 581 000 元，约占 6.3%；往来 522 000 元，约占 5.7%。

约占活存总额的21%；行庄存款额为 4 153 000 元，约占 45.2%；活储额为 1 630 000 元，约占 17.7%。汉管辖行所辖各行处的各项活期存款情况不同，但大体上活存、活储在各行处活期存款中占有一定的地位。行庄存款额占活期存款总额的比例较大，表明汉行与同业间业务往来频繁，相互联系紧密。1932 年 6 月汉行活期存款分类比较图（图 2-6）显示，汉行活存额占活期存款总额的比例最大。

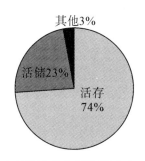

图 2-6 汉行活期存款分类比较图（1932 年 6 月）

［资料来源：周苍柏. 汉行十年来之回顾［J］. 海光（上海 1929），1932，4（11）：11.］

1932 年 6 月汉行活期存款总额中，活存所占的比例高达 74%，活储为 23%，其他为 3%。活存是活储的 3 倍多，是其他类别存款的 24 倍多。

1935 年，汉行不但活存占存款总额及活期存款额的比例大，而且活期存款存入额大于支出额，见图 2-7。

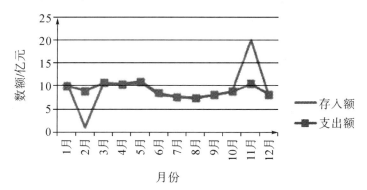

图 2-7 1935 年汉行活期存款存入支出比较图

（资料来源：佚名. 关于银行汇款、信用透支平均表和本行押款沪汉口宏昌桐油行火险赔款的有关证件［A］. LS61-1-1049，武汉：武汉市档案馆，1930—1938.）

1935 年，汉行活期存款支出额大于存入额的月份较多，但活期存款存入总额大于支出总额。汉行活期存款仅有 1 月、7 月和 11 月的存入额大于支出额。其中，1 月存入额高于支出额 60 016 751 元，7 月多 6 244 691 元，11 月多 958 447 620 元。其余各月支出额则大于存入额，多出数额在 1 257 981 和 35 630 365 元之间浮动。尽管如此，汉行本年存入总额大于支出总额。就存户数量变化而言，1935 年新开活期存户 306 户，减少活存户 229 户，新开户比减少户多 77 户。本年底共有活存户 792 户，去年年底有 888 户，减少 96 户①。从整体上看，新增的活存户和减少的活存户相差不大，存户总数的变化也不大。各项数据显示，汉行活期存款额占其存款总额及活期存款额的比例均非常高，这表明汉行存款成本低，资金流动性较强，但资金基础不够稳定。

第二节　储蓄存款

储蓄存款是城乡居民将暂时不用或结余的货币收入存入银行或其他金融机构而形成的存款，可分为活期储蓄存款和定期储蓄存款。储蓄存款可吸收社会闲散资金，积少成多，且各户存款期限不同，此取彼存，可使银行经常保持稳定的存额，是银行放款资金的重要来源。因此，汉行采取各种措施吸收储蓄存款，促使其储蓄存款额持续增长。在汉行的活期储蓄总额中，活期储蓄额所占的比例较大，定储所占的比例则较小。汉行储蓄存款的结构有利于降低存款成本，但增加了行员的工作量，不利于银行资金稳定。

一、储蓄存款额的波动

汉行十分重视储蓄存款。改组为分行后，汉行就设立了储蓄处，专门办理储蓄存款业务。汉行刚刚建立时，由于缺乏良好的社会信誉，社会各界对其颇不信任，但其储蓄存款额仍持续增长，详见图 2-8。

1923 年上期，汉行储蓄存款额约为 4 万元，下期增至 7 万元，比上期增长 3 万元，增长 75%。1924 年上期，汉行储蓄存款额为 11 万元，下期增至 14 万元，增长 3 万元，约增长 27.27%。1925 年上期，汉行储蓄存款额为 18 万元，下期增加 11 万元，约增长 61.11%。1926 年上期，汉行储蓄存款额为 34 万元，比 1925 年下期增加 5 万元，约增长 17.24%。

---

① 佚名. 关于银行汇款、信用透支平均表和本行押款沪汉口宏昌桐油行火险赔款的有关证件 [A]. LS61-1-1049, 武汉：武汉市档案馆, 1930—1938.

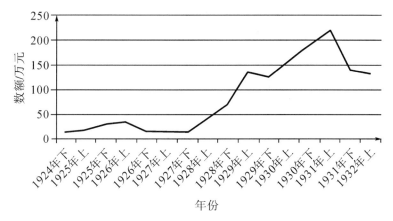

图 2-8　汉行历年储蓄存款变化趋势图

[资料来源：陈惕如. 汉行储蓄处经历概况 [J]. 海光（上海1929），1931，4（11）：18.]

北伐军入汉给汉行储蓄存款业务的发展带来了机遇和挑战。1926 年 9 月，北伐军入汉，受战争和集中现金政策实施的影响，汉行储蓄存款数额持续下降，由 1926 年上期的 34 万元下降至下期的 14 万元，半年之间下降了 20 万元，约下降 58.82%。1927 年上期，汉行储蓄存款额下降至 13 万元。时局变化给汉行带来灾难的同时，也给其带来了发展机遇。禁现令实施过程中，汉行通过购买进口商的汇票，获得了利润，活跃了武汉金融市面。现金解禁后，汉行对所有存款一律付现。汉行因此赢得了社会的认可和信赖，一时名声大噪，以至于"国内国外，无人不知上海银行之名"①。

随着影响的扩大和社会信誉的提高，汉行储蓄存款额与年俱增。1927 年下期，汉行储蓄存款仅有 13.4 万元，1928 年上期即增至 39 万元，增加了 25.6 万元，增加近 2 倍。1928 年底，汉行储蓄存款额达 76 万元，1929 年上期增至 134 万余元，增加 58 万元，约增加 76.32%。1929 年下期，汉行储蓄存款降至 122 万余元。对此，汉行在总结原因时指出，1929 年下期，商业资本极为活跃，商人存入的大额营业用款被提走，加上婉拒不符合规定的储蓄存款、同业高利兜揽等原因，致使汉行储蓄存款数量减少。然从储户变化、收付次数及收付金额来看，本期储蓄存款业务尚有进步。1929 年 8 月 17 日至 9 月 13 日，汉行共增加储户 133 户，平均每日增加 4 户多，且平均每天收款次数比付款多 17 次，平均每次收款额为 108.65 元，每次付款额为 180.55 元；收款次数多，数额少，符合储蓄存款的特点，付款次数少而数额大，提取额大于存入额，致

① 上海银行. 陈光甫先生言论集 [M]. 上海：上海商业储蓄银行，1949：15.

使储蓄存款总数减少①。1930—1931 年，汉行储蓄存款额继续增加，1930 年底为 190 万元，1931 年上期增至 218 万元。截至 1931 年 7 月大水前，汉行储蓄存款总数高达 224 万余元，是汉行储蓄存款业务的全盛期。

20 世纪 30 年代初期的天灾人祸使汉行的储蓄存款业务再度跌入低谷。1931 年秋，长江流域洪水泛滥，武汉全市浸水中长达一个多月，武汉工商业者均以生产停顿为由，纷纷提取存款，以应急需；外埠存户见报载汉埠灾情严重，担心存款发生意外，亦在各地支取存款，导致汉行储蓄存款总数逐日减少。"九一八"事变发生后，全国各地金融形势严峻，汉埠金融形势亦不乐观。此时，汉埠日租界戒备森严，人心惶恐不安，存户亦提取现金，准备迁避。1931 年下期，汉行储蓄存款总额下降至 139 万余元。然而，祸不单行，1932 年"一·二八"事变发生后，沪汉申汇停止，汉市金融再度紧张，储户提存更加严重。局势稳定后，沪汉申汇开通，各业照常收付，人心逐渐安定，以前提取的存款又重新存入，故 1932 年 2 月汉行储蓄存款额有所增加，3 月份稍有减少，4 月又开始逐渐增加②。1932 年上期结账时，汉行储蓄存款已达 130 余万元，比 1931 年 7 月储蓄存款最多时减少近 100 万元。此后，汉行储蓄存款继续增加，1934 年增至 188.5 万元，但这一数额超出了《储蓄银行法》对储蓄存款额的规定。对此，汉行拟将 40 万元的储蓄存款转存于总行储蓄部，期限半年，月息 7 厘。总行认为，7 厘利息过高，无力承担，同意给息 6.5 厘③。尽管汉行储蓄存款额持续增加，但汉行仍要求营业员根据客户需求推介业务，广泛宣传储蓄存款的种类、手续和好处，提高服务质量，兜揽储蓄存款业务④。在汉行的努力下，1935 年，汉行储蓄存款额又增加 20 余万元⑤。1937 年上期，汉行储蓄存款达 170 万元。1937 年下期"七七"事变爆发，举国震动。随着战争的扩大，汉行储蓄存款日益萎缩⑥。

二、储蓄存款的构成

在汉行的储蓄存款总额中，活期存款额所占的比例较大，且直接影响储蓄

① 佚名. 机团及个人来函、汉口堆栈总办事处来函 [A]. LS61-01-0150，武汉：武汉市档案馆，1929.

② 陈惕如. 汉行储蓄处经历概况 [J]. 海光（上海 1929），1931，4（11）：18.

③ 佚名. 有关业务方面的来函 [A]. LS61-1-0145，武汉：武汉市档案馆，1934.

④ 佚名. 关于会议记录及仓库存货报告 [A]. LS61-1-0790，武汉：武汉市档案馆，1935.

⑤ 佚名. 上海银行关于总分行处经副襄理及主任的函件 [A]. LS61-1-0565，武汉：武汉市档案馆，1935.

⑥ 佚名. 关于会议记录及函件 [A]. LS61-1-0809，武汉：武汉市档案馆，1937.

存款额的变化趋势；定期存款所占的比例较小，对储蓄存款总额的影响不大。

汉行的储蓄存款可分为定期储蓄存款和活期储蓄存款。废两改元①前，汉行活期存款可分为活期洋存户（简称"洋户"）和活期银存户（简称"银户"）。1929年，汉行各月储蓄存款额有增有减，但整体上呈增长趋势，且活期洋户存额的变化趋势和储蓄存款总额的变化趋势相同，活期银户存额和零存整取额也呈增长趋势。零存整取额虽大幅增长，但由于存额较小，对储蓄存款总额的影响不大。详见图2-9。

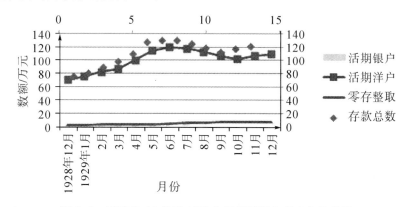

图2-9　1928年12月及1929年汉行储蓄存款变化趋势图

〔资料来源：陆君毅. 汉行储蓄处十八年份营业概况〔J〕. 海光(上海1929)，1930, 2(3)：4.〕

　　1929年1—7月为汉行储蓄存款额的增长期。1月，汉行储蓄存款总额为81万元，2月为90万元，7月即增至130万余元，增加近49万元，7个月约增长60.49%。8—10月为汉行储蓄存款额的减少期。8月，汉行储蓄存款总额为125万元，10月降至113万余元，下降了12万元，下降了9.6%。11—12月为增长期。11月汉行储蓄存款额升至118万元，12月增至121万余元，增加了3万元，约增加2.54%。废两改元前，汉行的活期存户有银存户和洋存户两种。洋存户存额的变化趋势与储蓄存款总额的变化趋势相同。其中，1—6月为汉行洋户活存额的增长期。1月，汉行洋户活存额约为75万元，2月为82万元，3月约为87万元，6月即增至120万，半年之内增加45万元，增加60%。7—10月为汉行洋户活存额的下降期。7月，汉行洋户活存额约为118万元，10即下降至102万元，下降16万元，约下降13.56%。11—12月为汉行洋户活存额的增长期。11月，汉行洋户活存额约为107万元，12月增至110万元，增加3万元，约增长2.8%。汉行银户活存额变化不大，基本在1万元

---

① 1933年3月10日，中国币制开始废用银两，改用银元。

和4万元之间浮动。1—5月为汉行银户活存额的增长期，洋户活存额由1万元增至4万元，增长了3倍。6—7月、8—12月为下降期，存额由4万元降至1万元，降低了300%。零存整取是指个人定期将一定金额的货币存入银行，约定存款期限，到期一次支付本息的一种定期储蓄，存期一般为1~5年。1929年，汉行每月零存整取额呈增长趋势，各月存额一般在2万元和8万元之间浮动，存额由1月的2万元增至12月的8万元，增加6万元，增长了3倍。

从储户的变化趋势来看，汉行活期储户的变化趋势与储户总数的变化趋势相吻合。1929年，汉行储户总数、定期储户数、活期储户数均呈增长趋势，活期储户和储户总数的变化趋势相同，二者增长幅度较大，定期储户的增长幅度较小，详情见图2-10。

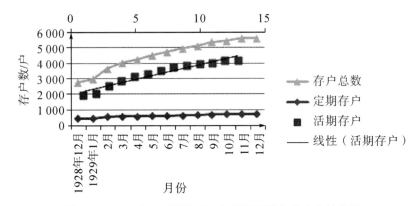

图2-10 1928年12月及1929年汉行储蓄存户变化趋势图

[资料来源：陆君毅. 汉行储蓄处十八年份营业概况 [J]. 海光（上海1929），1930，2（3）：6.]

具体而言，1929年汉行每月储户总数在2 498和4 891户之间波动，其中12月份比1月份增加了2 393户，约增加95.8%。汉行每月活储户在2 045和4 180户之间波动，12月比1月增减了2 135户，约增加1.04倍。每月定期储户数在427和727户之间波动，11月比1月增加300户，约增加70.26%。同时，汉行活期储户数占储户总数中的比例在81.79%和85.74%之间浮动，定期储户所占的比例则在14.26%和18.21%之间波动。

汉行的活储户又有活存洋户和活存银户之分，而定储户则可分为零存整取户和整存零取户。在汉行的活储户中，活存洋户所占的比例较大，活存银户则较小；定期储户中，零存整取户所占的比例较大，整存领取户则较小。详见表2-3。

表 2-3　汉行储蓄存户月计表　　　　　　单位：户

月份	活期洋户	活期银户	零存整取	整存零取	存户总数
1928. 12	1 883	35	426	1	2 345
1929. 1	2 010	35	452	1	2 498
1929. 2	2 502	36	552	1	3 091
1929. 3	2 852	42	543	1	3 438
1929. 4	3 054	52	569	1	3 676
1929. 5	3 262	55	594	1	3 912
1929. 6	3 484	54	599	1	4 138
1929. 7	3 664	52	617	1	4 334
1929. 8	3 764	52	650	2	4 468
1929. 9	3 920	53	691	3	4 667
1929. 10	3 964	51	702	3	4 720
1929. 11	4 096	54	724	3	4 877
1929. 12	4 130	50	708	3	4 891

资料来源：陆君毅. 汉行储蓄处十八年份营业概况［J］. 海光（上海 1929），1930，2（3）：9.

　　1929 年，汉行每月活储洋户为 2 502~4 130 户，各月活储洋户占活储户的百分比在 98% 以上，而活存银户为 36~55 户，占活储户的百分比为 1.2%~1.82%。定储户中，零存整取户为 452~724 户，占定储户的百分比高达 99%，整存零取仅有 1~3 户，占定储户的百分比仅有 0.17%~0.42%。不仅如此，活储洋户的数量远远比活储银户多，而零存整取户则远比整存零取多。活存洋户的数量是活存银户的数量的 54~82 倍；零存整取存户数是整存零取存户数的 234~599 倍。此外，和 1928 年底相比，1929 年底，汉行各类储蓄存款额、存户数量较大幅度增加，见表 2-4。

表 2-4　储蓄存款、存户比较表

类别	存款比较		存户比较	
	1928 年底	1929 年底	1928 年底	1929 年底
活期洋户	100%	161%	100%	219%
活期银户	100%	197%	100%	143%
零存整取	100%	199%	100%	166%
整存零取	100%	271%	100%	300%

表2-4（续）

类别	存款比较		存户比较	
	1928 年底	1929 年底	1928 年底	1929 年底
盒租	100%	174%	100%	
礼券	100%	254%	100%	
总数	100%	164%	100%	209%

资料来源：陆君毅. 汉行储蓄处十八年份营业概况［J］. 海光（上海1929），1930，2（3）：10.

若以1928年底汉行各类存款数即100%为基准，则1929年活期洋户存款增加61%，活期银户存款增加97%，零存整取增加99%，整存零取增加171%，盒租增加74%，礼券储金增加154%，存款总数增加64%。若以1928年底各类储户数即100%为基准，则1929年底活期洋户增加119%，活期银户增加43%，零存整取增加66%，整存零取增加200%，存户总数增加109%。

盒储及礼券储金是上海银行适应社会需求而设立的新储蓄品种，在总行的推动下，汉行也设立盒储、礼券储金等新储蓄品种，尽可能地吸收社会闲散资金。鉴于社会各界礼尚往来，相互馈赠礼物，耗费颇多，陈光甫议设创办礼券储金，并于1924年7月正式发行礼券储金存券。礼券储金存券分1元、2元、4元、10元四种，存券给息优厚，印制美观，且各分支行处均可发行收兑，因而颇受存户欢迎[①]。1924年7月22日，上海银行制定礼券储金存券收付及记账办法，规定存券等同现金，各分行均可发行；存户凭券兑现，银行给周息四厘，若该券转为定期存款，从转账日起按定期存款计息[②]。盒储是上海银行为推广储蓄创设的又一新储蓄品种。上海银行储蓄存款开户以一元为起点，对于不满一元的存户，上海银行发给储蓄盒，存户可将铜圆、银毫存于盒内，集有成数后交给银行，开立储蓄存折[③]。为推广储蓄，汉行亦设有礼券储金和盒租。汉行每月礼券储金额和盒储额虽较小，但增长较快，详见图2-11。

---

① 葛士骘. 二十八年来服务之回忆［J］. 海光（上海1929），1937，8（7）：36.
② 中国人民银行上海市分行金融研究所. 上海商业储蓄银行史料［M］. 上海：上海人民出版社，1990：113-114.
③ 中国人民银行上海市分行金融研究所. 上海商业储蓄银行史料［M］. 上海：上海人民出版社，1990：111.

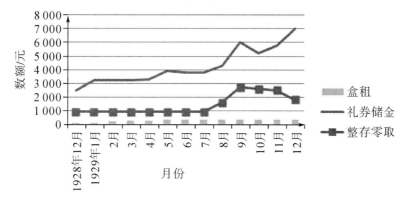

图 2-11 汉行各类储蓄存款变化趋势图

［资料来源：陆君毅. 汉行储蓄处十八年份营业概况［J］. 海光（上海 1929），1930，2（3）：5.］

1929 年 1—9 月，汉行整存零取额逐月增长。1929 年 1—7 月为 87 107 元，8 月为 164 061 元，9 月即增至 280 121 元，增长 3 倍多。10 月为 258 831 元，比 9 月略为下降，11 月为 248 831 元，12 月下降至 235 831 元，但和 1 月相比，还增加 2 倍多。汉行盒租额也呈增长趋势。1 月，汉行盒租额为 16 310 元，12 月即增至 27 910 元，约增加 71.12%。汉行盒储属于零星存款，存入起点低，但从铜圆、银毫积累至此数，已实属不易，足见汉行兜揽储蓄存款用心良苦。汉行礼券储蓄额亦增长较快。1—5 月，汉行每月礼券储金额基本上呈增长趋势，1 月为 3 160 元，5 月即增至 3 434 元，6 月为 2 263 元，稍有减少，7 月又增至 3 373 元。此后逐月增加，直到 12 月底，礼券储金增至 6 961 元，比 1 月份约增加 1.2 倍。

1929 年 1—12 月，汉行各类储蓄存款均呈增长趋势，然其在储蓄存款总额中所占的比例却各不相同，详见表 2-5。

汉行 1929 年 1—12 月储蓄存款月计表显示，其各月活期洋户存额占当月储蓄存款总额的比例高达 88.9% 以上，在各类储蓄存款中占居首位。其中，3 月份的洋户活存额所占比例最低，为 88.9%，2 月份最高，约为 92.1%。每月零存整取额所占的比例次之，为 0.59%～5.8%，3 月份零存整取额所占的比例最低，为 0.59%，12 月最高，为 5.8%，其余各月则基本在 4% 和 5.76% 之间浮动。整存零取额所占的比例在 0.066 5% 和 0.24% 之间波动，位居第三。6 月，整存领取额所占的比例最低，为 0.066 5%，9 月最高，为 0.24%。盒租额所占的比例在 0.018% 和 0.025% 之间，位居第四。礼券储金所占的比例在 0.001 7% 和 0.005 7% 之间，几乎可以忽略不计。

表 2-5 汉行储蓄存款月计表

时间	类别						
	活期洋户	活期银户	零存整取	整存零取	盒租	礼券	储蓄存款总数
1928.12	68 863 723	1 558 802 两 2 178 924 元	3 568 693	87 107	16 010	2 734	74 987 857
1929.1	74 671 435	1 965 820 两 2 808 314 元	3 806 886	87 107	16 310	3 160	81 706 052
1929.2	82 901 153	1 800 908 两 2 572 725 元	4 072 254	87 107	20 010	3 183	89 972 849
1929.3	86 931 039	4 153 221 两 5 933 173 元	574 296	87 107	24 510	3 152	97 865 325
1929.4	99 207 120	4 258 918 两 6 084 169 元	4 776 831	87 107	24 110	3 207	110 500 037
1929.5	116 376 880	3 958 821 两 5 655 459 元	5 090 303	87 107	24 210	3 434	127 577 359
1929.6	120 221 023	3 527 596 两 4 944 489 元	5 326 594	87 107	25 010	2 263	130 940 523
1929.7	118 473 866	4 019 295 两 5 741 850 元	5 699 844	87 107	25 910	3 373	130 365 877
1929.8	113 297 174	3 894 753 两 5 563 940 元	5 925 490	164 061	26 610	4 234	125 400 675
1929.9	107 313 202	2 832 732 两 4 046 760 元	6 200 727	280 121	27 610	5 981	118 466 520
1929.10	103 335 039	2 611 096 两 3 730 137 元	6 419 090	258 831	27 010	5 135	114 284 507
1929.11	107 108 506	2 407 155 两 3 438 793 元	6 809 181	248 831	27 410	5 372	118 169 921
1929.12	111 111 355	2 195 902 两 3 069 474 元	7 094 021	235 831	27 910	6 961	122 234 691

注：废两改元前，银行存款有银元存户和银两存户。表中"元"为银元，"两"为银两。为表述简明，表中的数据未标明单位者，单位皆为"元"。

资料来源：陆君毅. 汉行储蓄处十八年份营业概况［J］. 海光（上海 1929），1930，2（3）：7-8.

　　1932 年 6 月汉行储蓄存款分类百分比比较图同样表明，汉行活期储蓄占储蓄存款总额的百分比较高，定期及礼券储蓄额所占的比例较低，详见图 2-12。

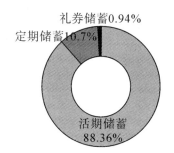

礼券储蓄0.94%

定期储蓄10.7%

活期储蓄
88.36%

图 2-12 汉行各类储蓄存款所占百分比图（1932 年 6 月）

[资料来源：陈惕如. 汉行储蓄处经历概况 [J]. 海光（上海 1929），1931，4 (11)：18]

1932 年 6 月底汉行储蓄存款总额中，定期储蓄存款额为 10.7%，礼券储蓄额为 0.94%，活期储蓄额为 88.36%。活期储蓄额是定期储蓄额的 8 倍多，是礼券储蓄额的 94 倍。汉行储蓄存款总额中活期存款额所占的比例高，定期存款额所占的比例较低。定期存款利息较高，存取频率较低；而活期存款利息低，但存取频繁。汉行储蓄存款的定活结构虽然有利于降低储蓄存款成本，但是极易增加行员工作量，不利于银行资金稳定。

第三节 存款利息

存款利息是银行向存款人支付的利息，利息的高低直接影响商业银行的融资成本和筹资能力。汉行根据营业环境的变化情况不断调整存款利息，以适应形势的变化，合理控制存款规模，降低放款成本和风险。在汉埠各银行中，汉行的各类存款利息基本上位居中等。偏低的存款利息有利于降低汉行经营成本，但不利于其兜揽存款业务。

一、相关储蓄政策的颁布与汉行存款利息的厘定

建行伊始，汉行的存款利息较低。随着业务的拓展及同业竞争的加剧，汉行存款利息也逐渐提高，而相关储蓄政策的颁布使汉行不得不按照规定适当降低活期存款利息，调整存款期限，增减存款品种。

作为上海银行旗下的重要分行，汉行的存款利息深受总行的影响，且其存款利息与总行相差不大。存款是银行资金来源的重要渠道。因而，汉行给银圆存款酌付利息，以招徕存款业务。给银圆存款户酌付利息是上海银行的首创。早在创立初期，上海银行就推广银圆、银两并用，并给银圆存款付息，大力吸

收存款。在上海银行的倡导下，汉行废除钱业陋习，酌给银圆存款利息。废两改元前，钱业惯例向以九八规元为记账单位，银圆存取须按当时洋厘市价折合成银两，钱业则从银圆兑换中收取手续费。当时，钱庄承做银圆存款业务，不但不给利息，反而还要收取兑换手续费。对此，汉行认为，银两成色、重量难以鉴别，货币统一是必然趋势，待货币统一后，银圆使用将更加广泛，故汉行根据顾客的意愿，既可开规元户，亦可开银圆户，同一存户既可开规元户，又可开银圆户①，并酌给银圆存款付息。银、两并用开户存款实施后，汉行银圆兑换手续费收入于无形中消失，行员的工作量也大大增加。不仅如此，汉行还要为银圆存款支付部分利息，提高了其经营成本②。但该措施的实施为顾客提供了方便，赢得了客户的信赖，提高了汉行的社会信誉。

汉行还根据汉埠金融市况，调整存款利率，兜揽存款业务③。汉埠各华商银行相继设立后，同业竞争日趋激烈，汉行切实贯彻"不能以高利相竞争，则唯有端顾我行同人服务之努力"的经营方针④，不断增设存款新品种，调整存款利率。在全行的积极努力下，汉行存款种类与日俱增，各类存款的利息也有所提高。1932—1934年，汉行的存款分普通存款⑤、行庄存款和不计利息存款⑥。由于数据零散，我们无法得知汉行存款利息的具体变化情况，但表2-6所提供的数据可为了解汉行存款利息情况提供参考。上海银行各类存款平均利息是指上海银行各分支行处存款利息的平均值，其中亦包括汉行的存款利息。

表2-6　1932—1934年上海银行各类存款平均利息表　单位：厘/周

年份	定　存	活　存	普通存款	行庄存款	平均利息
1932	8.19	3.9	5.89	2.6	4.55
1933	8	3.89	5.76	2.95	4.58
1934	7.91	4.12	5.89	2.94	4.72

资料来源：中国人民银行上海市分行金融研究所. 上海商业储蓄银行史料［M］. 上海：上海人民出版社，1990：425-426.

---

① 中国人民银行上海市分行金融研究所. 上海商业储蓄银行史料［M］. 上海：上海人民出版社，1990：94-96.

② 上海银行. 陈光甫先生言论集［M］. 上海：上海商业储蓄银行，1949：29.

③ 中国人民银行上海市分行金融研究所. 上海商业储蓄银行史料［M］. 上海：上海人民出版社，1990：97.

④ 佚名. 关于会议记录及仓库存货报告［A］. LS61-1-0790，武汉：武汉市档案馆，1935.

⑤ 即定存、活存。

⑥ 股本、公债、汇款、结余等。

1932—1934 年，上海银行的各类存款利息均呈增长趋势。其中，定存、活存、普通存款、行庄存款的平均周息分别为 8 厘、3.97 厘、5.85 厘、2.83 厘，各年平均存款利息为 4.62 厘。定期存款利息最高，普通存款次之，活期存款再次之，行庄存款利息最低。就各项存款的利息变化情况而言，定期存款的利息逐年下降，由 1932 年的 8.19 厘降至 1934 年的 7.91 厘；活存利息逐年增加，由 1932 年的 3.9 厘增加至 4.12 厘；普通存款利息变化不大，1933 年稍有降低，1934 年则有所回升；行庄存款利息呈增长趋势，由 1932 年的 2.6 厘提至 2.94 厘；各种存款的平均利息亦逐年增加，由 1933 年的 4.55 厘增至 1934 年的 4.72 厘。从上海银行平均存款利息变化情况来看，汉行的各类存款的平均利息呈增长趋势。

20 世纪 30 年代初，汉行存款利息呈增长趋势，而《储蓄银行法》的颁布使其不得不稍微降低存款利息。1934 年 7 月，《储蓄银行法》颁布。法令规定，储蓄银行每户活期存款额不得超过 5 000 元，定期存款额则不得超过 2 万元，且定、活期存款额不得超过存款总额的 20% 和 40%[①]。上海银行活期储蓄总额占存款总额的比例高达 76% 以上，与新颁布的法令相抵触。对此，上海银行反复讨论，最后决定由活存部创办特别活期存款，将已满 5 000 元、开户时一次存入 5 000 元以及陆续存满 5 000 元的存户转入特别活期存款，利息为周息 4 厘，6 个月内每日结数均满 100 元的存户，则按周息 5 厘计息，取消储户 6 个月内每日结数满 500 元给周息 5 厘的规定[②]。同时，上海银行还恢复整存整取业务[③]，并根据存款期限的不同调整存款利息，详见表 2-7。

表 2-7　1934 年上海银行整存整取利息表

期限	利率	期限	利率
3 个月	4.5 厘	4 年	8 厘
6 个月	5.5 厘	5 年	8 厘
8 个月	6 厘	6 年	8.5 厘
10 个月	6.5 厘	7 年	8.5 厘
1 年	7 厘	8 年	8.5 厘

①　熊光前. 金融法规［M］. 上海：大东书局，1946：49-50.
②　中国人民银行上海市分行金融研究所. 上海商业储蓄银行史料［M］. 上海：上海人民出版社，1990：436.
③　整存整取业务之前因利率太高停止办理。

表2-7(续)

期限	利率	期限	利率
2年	7.5厘	9年	9厘
3年	8厘	10年及10年以上	9厘

资料来源：中国人民银行上海市分行金融研究所.上海商业储蓄银行史料［M］.上海：上海人民出版社，1990：437.

整存整取存款的期限为3个月至15年，利率最低为4.5厘，最高为9厘，每年计复利一次，首次存款额在10元和2万元之间，短期定存额不得低于2万元。新制定的整存整取存款利息平均为7.5厘，低于1932—1934年平均定存利息，有利于降低银行存款成本。此外，上海银行还推广无限定性零存整取①业务，以方便顾客存款，提高存款业务的灵活性。无限定性零存整取要求客户每次存款额不少于1元，但存款总数不得超过2万元，存款期限为1~5年，未到期者不得提取，存款利率满1年给周息6厘，2年6.5厘，3年7厘，4年7.5厘，5年8厘，每半年计复利一次，存款期限为1~5年②。小组委员会将讨论结果呈报副总经理杨介眉，杨介眉除认为定期存款数额限制2万元以内不太妥当且一年整存整取、一年存款给复利不合实际外，对其余各项均表示赞同。

总行利息调整方针确定后，汉行按照总行所定原则修订各项存款利息。汉行活期储蓄数额较大，有违新法令的相关规定，加上其活储利息最高可加至周息7厘，与定存9个月给周息7厘的规定相冲突。总行要求汉行将活储利率改为最高给周息6厘，以减轻利息负担，适当转移定期存款③。对此，汉行将特别活期存款利息拟定为100~1 000元给周息5厘，1 000~5 000元给周息5.5厘，5 000元以上给周息6厘。对于汉行所订特别活储利息，总行认为其不符合利率增加原则，要求汉行按照6个月内每日均结满1 000元加息1厘计算，重新拟订利率。汉行遂按照总行的要求，将特别活期存款利息拟订为通常5厘，每日结数均满1 000元给周息6厘，取消5.5厘一级，定期存款利息则按照总行订立的标准执行。总行批准了汉行所订利息，并要求汉行所属武昌分行、汉正街办事处、汉景街办事处的活储利息均按上述办法办理，不能有所差

---

① 即上海银行的乙种存款。该类存款对存款数额、时间均无限定，存户有款即存，无款可不存，款多可多存，款少亦可少存。

② 中国人民银行上海市分行金融研究所.上海商业储蓄银行史料［M］.上海：上海人民出版社，1990：438-439.

③ 佚名.关于存、放款，押汇等来函［A］.LS61-1-0749，武汉：武汉市档案馆，1934.

异①。总行措辞严厉，显然是对汉行不按规定拟订利率不满。汉行新订的利息体现了其降低活期存款数额、兜揽定期存款业务、尽量符合法令规定的思路。

重新厘定利息后，汉行清理到期存款，并按照新定标准对尚未到期的存款重新计算利息。汉行华鄂记定期存款 7 207.95 元，该款初存第一年汉行给周息 6.5 厘，到期后转期半年，汉行乃改利息为 5.5 厘，后又到期续转 5 次，汉行均给周息 5.5 厘。1931 年 8 月 27 日，该款到期，存户要求再改存 1 年，双方协商后，汉行给周息 7 厘。1932 年 8 月 27 日，该款到期后又改存半年，利息则改为周息 5.5 厘，1933 年到期后又改存 1 年，汉行给息 7 厘。1934 年 7 月重订利息后，汉行通知该户来行调换新存券，办理相关手续②，并按照新规定将许金声的定期存款利息调整为周息 7 厘。

二、汉行存款利息的调整及其与汉埠其他银行的比较

1935 年，上海银行第二次行务会议召开。会议提出，不少行处存款章程问题颇多，难以适应实际需要。因而，总行要求各行处结合当地金融市况，重订存款章程，调整存款利息③。1935 年 9 月，汉行根据本行及汉埠金融情况，参照汉地同业存款利息，在总行所定原则的基础上，重新拟订存款利息（见表 2-8）。

表 2-8　汉行整存整取利息表（1935 年 9 月）

存款期限	总行所订利率	汉行拟改为
3 个月	5 厘	
6 个月	6 厘	
9 个月	7 厘	
1 年	8 厘	7.5 厘
2 年	8.5 厘	2 年：8 厘
3~4 年	至 9 厘	3 年：8.5 厘 4 年：9 厘
5 至 6 年	至 9.5 厘	9.5 厘
7 年以上	10 厘	10 厘

资料来源：佚名. 关于存款章程、营业报告、各种存款利率表［A］. LS61-1-0807，武汉：武汉市档案馆，1935.

---

① 佚名. 关于存、放款，押汇等来函［A］. LS61-1-0749，武汉：武汉市档案馆，1934.

② 佚名. 总行致汉行业务函件［A］. LS61-1-0083，武汉：武汉市档案馆，1934.

③ 佚名. 津行修改存款章程［J］. 海光（上海1929），1935，7（3）：40.

就整存整取的利率来看，表 2-9 显示，上海银行所订利率比汉埠各行都低。

表 2-9　汉口各行整存整取利率表　　　　　　单位：%

行名	存款期限														
	1年	2年	3年	4年	5年	6年	7年	8年	9年	10年	11年	12年	13年	14年	15年
川康殖业	10	10.5	11	11.5	12	12.5									
金城	9	9.6	9.6	10.2	10.2	10.2	10.8	10.8	10.8	11.4	11.4	11.4	12	12	12
四明	7	8	9	10											
农工		9	9.5	9.5	10	10	10.5	10.5	11	11	11.5	11.5	12	12	
浙江兴业	6.5	7	7	7.5	8		8.5	8.5	9	9.5					
中南		9	9	9.5	9.75	10	10.25	10.5	10.75	11	11	11	11	11	11
大陆		9	9	9.5	9.5	10	10	10.5	10.5	11	11	11.5	11.5		12
聚兴诚	9	10	11												
中国国货		7.5	6.3	8.5	9	9.5	10	10		10.5	10.5				
浙江实业			6.3	6.6	6.9	7.2	7.5	7.8	8.1	8.4	8.7	9	9.3	9.6	9.9

资料来源：佚名. 关于存款章程、营业报告、各种存款利率表［A］. LS61-1-0807，武汉：武汉市档案馆，1935.

上海银行对整存整取存 1 年的存款给周息 8 厘，而汉口川康殖业银行给周息 10 厘，高出上海银行 2 厘，金城和聚兴诚均给 9 厘，高出上海银行 1 厘，四明和浙江兴业银行则比上海银行低。整存整取存 2 年，上海银行给周息 8.5 厘，川康殖业银行给周息 10.5 厘，比上海银行高 2 厘，聚兴诚给 10 厘，比上海银行高 1.5 厘，金城给 9.6 厘，比上海银行高 1.1 厘，农工、中南、大陆均给 9 厘，也比上海银行略高，只有四明、浙江兴业和中国国货银行所给利息比上海银行略低。整存整取 3~4 年，上海银行给息最高不超过 9 厘，川康殖业银行给息 11~11.5 厘，金城给息 9.6~10.2 厘，四明给息 9~10 厘，农工、中南、大陆给息 9~9.5 厘，这些银行所给利息均比上海银行高。整存整取存款 5~6 年，上海银行最高给息 9.5 厘，而川康殖业、金城、农工、中南、大陆给息在 9.5~12.5 厘。其中，川康殖业银行给息最高，高出上海银行 3~3.5 厘；金城次之，高出 0.7 厘，农工、中南、大陆比上海银行稍高，只有浙江兴业和浙江实业的利率比上海银行低。整存整取 7 年以上，上海银行给息 10 厘，除川康殖业、金城、中南给息稍高外，其他各行或与上海银行相等，或略低于上海银行。根据总行提供的标准，汉行重新修订存款利息，但新拟订的利息与总行所订标准相差不大。汉行将整存整取1年8厘改为7.5厘，将2年8.5厘改为8厘，将3~4年最高不得超过9厘改为存款3年给息8.5厘，4年9厘，仅将模糊的地方具体化，利息数额并没有太大的变动。不过，汉行整存整取存款期限有3个月、6个月、9个月三个类别，而其他银行存期均在1年及1年以上，且汉行整存整取7年以上不再增加利息，而汉埠有部分银行仍在增加。汉行这样制订整存整取利率的目的在于鼓励短期存款，减少长期存款，降低长期储蓄存款数额。

汉行存本取息、零存整取及整存零取所给利息相同，在汉埠各行中位居中等，详见表2-10。

表2-10　定期存款利息表

存款期限	总行所订利率	汉行拟改为
1 年	7.5 厘	8 厘
2 年	8 厘	8.5 厘
3 年	8.5 厘	至 9 厘
4 年	9 厘	至 9 厘
5~6 年	9.5 厘	至 9.5 厘
7 年以上	10 厘	10 厘

资料来源：佚名.关于存款章程、营业报告、各种存款利率表［A］.LS61-1-0807，武汉：武汉市档案馆，1935.

上海银行规定，全行存本取息1年给息7.5厘，2年给8厘，3年8.5厘，4年9厘，5~6年9.5厘，7年以上10厘。汉行在此基础上略加修改，将存款1年7.5厘改为8厘，2年8厘改为8.5厘，仅将存款1年、2年利率稍微提高了0.5厘，其他的则基本没有变化。尽管如此，汉行所给利息仍然低于汉埠其他银行，见表2-11。

単位：%

表 2-11　汉埠各行存本付息利率表

存款期限

行名	1年				2年				3年				4年				5年			
	1	3	6	12	1	3	6	12	1	3	6	12	1	3	6	12	1	3	6	12
川康殖业	8.5	9	9.5	10	9	9.5	10	10.5	9.5	10	10.5	11	10	10.5	11	11.5	10.5	11	11.5	12
聚兴诚	8.4	9	9.5	10	9	9.5	10	10.5	9.6	10	10.5	11.5	9.9	10.5	11	11.5	10.5	11	11.5	12
四明						8.75	9	9.25		9	9.25	9.5		9.25	9.5	9.75		9.5	9.75	10
中国农工	8	8.25	8.5	9	9	9.25	9.5	10	10	10.25	10.5	11								
浙江兴业									7.1	7.4	7.7	8	7.6	7.9	8.2	8.5	8.1	8.4	8.7	9
中南5行					9		9.25	9.5	9		9.25	9.5	9.3		9.5	9.7	9.3		9.5	9.75
大陆5行	8	8.25	8.5	9	9	9.25	9.5	10												
中国5行	7				7.25				7.5				7.75				8			
金城5行	两年以上数目1 000元以上周息9厘																			
中国国货5行									8	8.25	8.5	8.5	8.5	8.75	9	9		9	9.25	9.5
浙江实业5行										7.5	8	8.5		8	8.5	9		8.5	9	9.5

资料来源：佚名．关于存款章程、营业报告、各种存款利率表［A］．LS61-1-0807，武汉：武汉市档案馆，1935.

就存本付息利率来看，存款 1 年，川康殖业、聚兴诚均给息 10 厘，汉行仅给 8 厘，相差 2 厘，中国农工、大陆 5 行给 9 厘，也比汉行高出 1 厘。存款 2 年，川康殖业和聚兴诚给息 10.5 厘，中国农工、大陆 5 行给 10 厘，金城 2 年给 9 厘，中南 5 行给息 9.5 厘，四明给 9.25 厘，而汉行给 8.5 厘。存款 3 年，汉行给息 9.5 厘，聚兴诚给 11.5 厘，比汉行高出 2 厘；川康殖业与中国农工给 11 厘，比汉行高出 1.5 厘；中南 5 行与四明与汉行相同，浙江兴业、浙江实业 5 行比汉行低 1~1.5 厘。存款 4 年，汉行给息 9 厘，川康殖业、聚兴诚比汉行高出 2.5 厘，中南 5 行与四明比汉行略高，浙江兴业、中国 5 行则低于汉行。存款 5 年汉行给息 9.5 厘，汉埠除浙江兴业、中国 5 行比汉行略低外，其他各行均等于或高于汉行。就存本付息的期限而言，汉埠其他各行对存款 1~5 年中每存 3 个月、6 个月、12 个月又给予不同的利息，这种规定有利于方便存户存取款，银行也可以此吸收更多存款，但是存取手续繁杂，增加了行员的工作量，降低了工作效率。而与其他各行不同，汉行规定存款期限不得低于 1 年，且利息以年为计息单位，有利于简化存取手续，提高工作效率。

整存零取有利于银行资金稳定，各行对此均比较重视。表 2-12 提供的数据显示，汉行整存零取利息在汉埠各行中基本位居中间。

表 2-12　汉口各行整存零取利率表（1935 年 9 月）　　单位:%

行 名	存款期限													
	1 年	2 年	3 年	4 年	5 年	6 年	7 年	9 年	10 年	11 年	12 年	13 年	14 年	15 年
川康殖业	9.5	10	10.5	11	11.5	12								
四 明			8.5	9	9.5	10								
中国农工		8	8	8.5	8.5	9	9	9.5	10	10	10.5	10.5	11	11
浙江兴业			6.9	7.2	7.5	7.8	8.1	8.7	9					
中 南		9	9.25	9.5	9.75	10	10.25	10.5	10.5					
大 陆		8.5	8.5	9	9	9.5	9.5	10	10.5	10.5	11	11	11.5	11.5
金 城	9	10	11											
中国国货		7.5	8	8.5	9	9.5	10		10.5					
浙江实业			6.3	6.6	6.9	7.2	7.5	8.1	8.4	8.7	9	9.3	9.6	9.9

资料来源：佚名. 关于存款章程、营业报告、各种存款利率表［A］. LS61-1-0807, 武汉：武汉市档案馆, 1935.

存款1年，汉行给息8厘，川康殖业和金城各给9.5厘和9厘。存款2年，汉行给息8.5厘，除中国国货给7.5厘，低于汉行外，其他如川康殖业和金城10厘、中南9厘、大陆8.5厘均等于或高于汉行。存款3年，汉行给息9厘，只有川康殖业、中南、金城高于汉行，其他各行则比汉行还低。存款4年，汉行亦给息9厘，川康殖业、四明、中南、大陆等于或高于汉行，其他各行比汉行低。存款5~6年，汉行给息9.5厘，只有浙江实业、浙江兴业、中国农工比汉行低，其他各行则高于汉行。存款7年以上，汉行给息10厘，中南略高于汉行，中国国货与汉行相同，其他行则低于汉行。在存款期限的设置上，汉行规定7年以上一律给息10厘，中国农工、大陆、浙江实业则7~15年逐年增加利息，不过这几个银行给息起点较低，存款15年最高给息11.5厘。

综合以上比较，汉行存款期限的设置比较简单，整存整取以3个月为最低计息单位，存款7年以上不再加息；存本取息、零存整取及整存零取均以1年为最低计息单位，存款7年以上利率固定，这在简化存取手续、提高办事效率的同时，还能有效控制存款规模和各种存款的比例。此外，汉行整存整取所给利率偏低，其他类型的存款则居于中间，有利于汉行控制整存整取规模，降低存款成本。

国民政府实施法币改革后，金融市场筹码与日俱增，放款利率逐渐降低，金融业逐渐步入低利运营时期。有鉴于此，上海银行拟降低存款利率，重订存款章程。但鉴于当时公债收益、同业存款利率均变化不大，若存款利息过低，同业竞争激烈，不利于兜揽存款业务。上海银行反复讨论后，于1937年重订各项存款利息。整体来看，新订存款利息比1935年所订利息低，详见表2-13。

表2-13　1937年上海银行所订存款利息表

类别	类别	周息
储蓄存款	定期	定期、特别定期最高8厘
	整存整取	3个月5厘，6个月6厘，9个月7厘，1~4年8厘，5年以上9厘
	整存零取	1年7厘，2年7.5厘，3年以上8厘
	存本取息	1年7厘，2年7.5厘，3年以上8厘
	团体储金	1年7厘，2年7.5厘，3年8厘，4年8.5厘，5年以上9厘
	婴孩储金	8厘，结算时结息一次，并入本金，利上生利

资料来源：中国人民银行上海市分行金融研究所. 上海商业储蓄银行史料 ［M］. 上海：上海人民出版社，1990：429-430.

1937 年，上海银行整存整取利息 1~4 年给周息 8 厘，5 年以上给周息 9 厘，而 1935 年的整存整取利息为 1 年给周息 8 厘，2 年 8.5 厘，3~4 年给息 9 厘，5~6 年 9.5 厘，7 年以上 10 厘。1935 年，上海银行整存零取、零存零取、存本取息给息标准相同：1 年给周息 7.5 厘，2 年 8 厘，3 年 8.5 厘，4 年 9 厘，5~6 年 9.5 厘，7 年以上 10 厘；而新订利息 1 年 7 厘，2 年 7.5 厘，3 年以上 8 厘。新订利息简化了给息方式，降低了利息标准。在此标准的指导下，汉行按照总行要求进一步降低利息。汉行改订利息后不久，抗日战争全面爆发，全行各项业务紧缩，随着战事进一步扩大，汉行逐渐进入战时营运时期。

第四节　存款准备金

存款准备金是金融机构为保证客户提取存款和资金清算需要而准备的资金。它由两部分构成：一部分为银行库存现金，即自存准备金；另一部分是银行按照规定向央行缴纳的准备金，即法定准备金[1]。法定准备金占银行存款总额的比率即为存款准备金率，一般由央行规定。受国内环境及认识水平的影响，截至抗日战争全面爆发，中国并没有真正实施存款准备金制度。在存款准备金制度并未实施的情况下，汉行自行提存并保存存款准备金。随着经营环境的变化，汉行不断地调整存款准备金额占存款总额的比例，以合理控制存款准备金规模，降低存款成本和风险。

一、中国近代存款准备金制度的演进

存款准备金制度始于 18 世纪的英国，以法律形式规定金融机构须向中央银行缴存准备金则始于美国。起初，存款准备金制度的作用在于保持银行存款的支付和清算，有效规避金融风险，后逐渐演变为货币政策工具。央行通过调整存款准备金率来影响金融机构的信贷资金供应能力，间接调控货币供应量[2]。根据存款准备金的保管对象不同，存款准备金制度可分为集中准备制和分散准备制，由央行保管的为集中准备制，由各银行自行保管的则为分散准备制[3]。

受环境及认识水平的影响，抗日战争全面爆发前，中国并没有真正建立并

---

① 佚名. 经济金融领域热词解析 [J]. 秘书工作，2011 (6)：60.

② 刘隆亨. 现代经济法辞典 [M]. 北京：北京大学出版社，1992：222.

③ 黎明. 货币银行学 [M]. 台北：台湾开明书店，1994：155.

实施存款准备金制度。中华民国建立至南京国民政府成立，中国军阀割据，政局动荡，各军阀统治区的财政、金融独立，加之国民政府成立的历届中央银行①均名不副实，集中保管存款准备金未能真正实施。南京国民政府"统一"全国后，即着手整顿财政金融，并于1928年重设中央银行。1928年10月，南京国民政府颁布《中央银行条例》，规定由理事会议决，央行总裁执行中央银行"准备集中之规划"等事宜，但就如何具体实施这一规划，条例并没有做出详细说明②。此后，南京国民政府颁布系列金融法规，着手加强金融统制。1931年3月，国民政府公布《银行法》，规定无限责任制银行须缴纳一定数额的保证准备金，有限责任制银行须提取其存款总额的1/10作为公积金，若公积金已达到其资本总额的一倍，就不再另行提取③，但未提及存款准备金问题。1934年7月，国民政府颁布《储蓄银行法》，规定储蓄银行须将不低于其储蓄存款总额1/4的资产④交存中央银行，由中央银行特设保管库保管各行所交资产⑤，为各行偿还储蓄存款提供保障。法令颁布后，银行界极为不满，多次函呈财政部，要求修改相关条例。财政部同意银行界的要求，但前提条件是银行业须执行第九条法令⑥。对此，银行公会以"如交央行保管，将来移动时颇觉不便"为由，要求设立储蓄存款保管会，保管各行所缴保证准备金⑦。财政部同意了银行业的要求，并决定先在上海成立储蓄存款保管会进行试点，然后再推广到其他地区。1934年9月8日，储蓄存款保管会成立，其成员大都为金融界大亨以及政界要人⑧。尽管集中保管储蓄存款与集中存款准备金相去甚远，但毕竟迈出了第一步。1935年5月，国民政府颁布的《中央银行法》规定，收管各银行法定准备金是中央银行的主要业务，但却没有明确规定具体收管办法⑨。事实上，中央银行并没有真正开展这项业务，各行的存款准备金仍未被集中起来。

---

① 指广东中央银行、汉口中央银行。

② 中国银行总管理处经济研究室. 全国银行年鉴（1935）[M]. 上海：中国银行总管理处经济研究室，1935：18.

③ 张学，潘金生. 金融信托法规资料汇编：上 [M]. 北京：北京科学技术出版社，1989：190.

④ 包括政府公债、库券及其他担保可靠之资产。

⑤ 彭明，洪京陵. 中国现代史资料选辑（1931—1937）：第4册 [M]. 北京：中国人民大学出版社，1999：181；杜恂诚. 近代中国的政府公债与金融市场 [J]. 财政经济研究，2012（9）：40.

⑥ 储蓄银行对于第七款、第八款的放款总额不得超过其存款总额的五分之一。

⑦ 佚名. 储蓄法第九条银行公会呈复财政部遵办 [J]. 银行周报，1934，18（32）：1.

⑧ 佚名. 储蓄存款保管会正式成立 [J]. 银行周报，1934，18（36）：1.

⑨ 张宪文，方庆秋，黄美真. 中华民国史大辞典 [M]. 南京：江苏古籍出版社，2002：258.

二、汉行存款准备金额的变化

在存款准备金制度并未真正实施的情况下，汉行根据本行存款情况自行提取并保管存款准备金。设立伊始，汉行没有独立的账目，各项账目均附设于总行账下，存款准备金亦由上海银行根据全行营业情况统一提取。随着业务的扩展，汉行开始单独设立账簿，自行结算，自负盈亏，并根据总行的要求自行提取存款准备金。

存款准备金是银行应付客户提存、提高清算能力的保障。因而，汉行非常重视提取存款准备金，并根据经营环境及业务进展情况不断调整存款准备金数额。20世纪30年代初，在厚积准备、稳健经营方针的指导下，汉行存款准备金额占其存款总额的比例较高。1930年，汉行存款准备常达38%，有时甚至高达40%[1]。较高的存款准备金额固然有利于银行应付客户提存、规避金融风险，但存款准备金额过高，不仅不利于银行充分利用资金、开展各项业务，而且还会增加银行的经营成本。因此，汉行根据经营环境以及业务进展情况不断调整存款准备金数额。和30年代初相比，30年代中后期汉行的存款准备额大大减少。1935年1月，汉管辖行所辖行处的存款准备金额大都尚未达到规定数额，详见表2-14。

表2-14　汉管辖行存款准备金额占存款总额的百分比情况表（1935年1月）

行名	准备总数占存款总数的百分比/%	应存准备总数占存款总数的百分比/%
汉管辖行总数	14.8	29.2
汉口	11.1	32.7
汉景街	15.4	17.8
汉正街	55.1	43.6
武昌	17.8	16.4
长沙	15.4	27.1
中山路	18.1	16.8
沙市	38.9	30.1
宜昌	17.9	20.0
岳口	122.2	33.3

---

① 佚名. 行务会议记录 [A]. LS61-1-0760，武汉：武汉市档案馆，1930.

表2-14(续)

行名	准备总数占存款总数的百分比/%	应存准备总数占存款总数的百分比/%
衡阳	10.8	49.5
沙洋	540.0	

资料来源：佚名.上海商业储蓄银行1932年至1945年度营业报告［A］.Q275-1-1512，上海：上海市档案馆，1935.

汉管辖行存款总额为19 545 000元，准备总数为2 894 000元，准备总数占存款总数的14.8%，而其应存准备总数占存款总数的百分比则为29.2%，约相差15个百分点。汉行实际存款准备金占存款总数的百分比为11.1%，而规定的百分比为32.7%，约相差22个百分点。此外，汉景街办事处、长沙分行、宜昌支行、衡阳办事处四个行处存款准备额均不足。岳口寄庄、沙洋寄庄、沙市支行、中山路办事处、武昌分行、汉正街办事处，其实际准备额远超过其应存额。值得注意的是，这几个行处业务进展缓慢，其资金大都未能得到充分运用。

白银风潮的发生本应使汉行增加存款准备金数额，但其实际存款准备金额却与规定数额相去甚远。白银风潮发生后，金融市面紧急，谣言风波不断，上海银行要求各分行厚积准备，并以不低于存款总额30%的比例提取存款准备金①。尽管总行三令五申，但汉行的存款准备金额远远达不到总行的要求。汉行存款准备金情况见表2-15。

表2-15　汉行存款准备金情况表

时间	存款额/千元	准备额/千元	占存款的百分比/%	时间	存款额/千元	准备额/千元	占存款的百分比/%
1935.1.9	18 201	4 049	22	1937.1.6	14 166	3 366	23
1935.1.23	17 540	2 867	36	1937.1.13	12 792	2 590	20.2
1935.2.20	17 802	3 306	19	1937.1.20	13 251	2 414	18
1935.3.20	18 710	4 454	24	1937.3.3	13 602	1 931	21
1935.6.26	15 929	3 093	19	1937.5.12	14 390	2 484	17
1935.7.10	15 201	3 739	25	1937.5.19	15 907	2 574	16
1935.9.18	15 619	5 201	33.3	1937.6.2	15 129	2 680	17

① 佚名.总经理处通函、处罚办法、保险业法、银行法、印花税法［A］.LS61-1-0872，武汉：武汉市档案馆，1934.

表2-15（续）

时间	存款额/千元	准备额/千元	占存款的百分比/%	时间	存款额/千元	准备额/千元	占存款的百分比/%
1935.10.30	12 684	1 918	15	1937.6.9	15 287	3 048	19
1935.11.20	12 701	1 931	15	1937.6.16	14 948	2 773	16
1935.11.27	12 402	2 311	19	1937.6.23	15 123	2 731	16
1935.12.4	13 006	1 863	14	1937.7.7	15 210	2 481	16

资料来源：佚名. 关于会议记录及函件［A］. LS61-1-0809，武汉：武汉市档案馆，1937.；汉口管辖行. 关于所属各行会议记录［A］. LS61-1-0810，武汉：武汉市档案馆，1935.

现有统计数据表明，1935年，汉行存款准备金额占存款总额的比例在14%和36%之间浮动，平均值为21.9%。此外，只有1月23日和9月18日的存款准备金额占存款总额的百分比分别为36%和33.3%，达到了总行不低于30%的规定，其他时间大都在25%以下，更低的仅有14%，比30%这一目标还相差16个百分点。不仅如此，1937年汉行存款准备金额占其存款总额的百分比更低，基本在16%和23%之间浮动，平均值为18.1%。汉行存款准备金严重不足，这虽然有利于银行充分运用资金拓展业务，但不利于其应付大规模的提存风潮，降低了其防控金融风险的能力。

商业银行的存款准备金可分为库存现金和存放行庄两部分，因这两部分资金无从生息或利息微薄，故银行在保持足够流动性的同时，会尽量减少这类资产①。汉管辖行的存款准备金亦分为现金准备和存放行庄，其现金准备额占存款总额的比重较大，存放行庄则相对较小，详见表2-16。

表2-16　汉管辖行存款、准备情况表（1935年1月）

行名	存款 本月底/千元	准备 库存现金/千元	准备 占准备总数的百分比/%	准备 存放行庄/千元	准备 占准备总数的百分比/%	准备 准备总数/千元
汉管辖行总数	19 545	1 470	50.79	1 424	49.21	2 894
汉口	11 914	387	29.32	933	70.68	1 320
汉景街	495	76	100	0	0	76

① 银行的流动性是指银行立即提供现金以满足客户对现金的需求的能力。资产的流动性是指资产在不发生资本损失或价格贬值的前提下能够转换为现金的能力。（舒新国，林放. 西方商业银行财务会计［M］. 北京：企业管理出版社，1997：60.）

表2-16(续)

行名	存款	准备				
	本月底/千元	库存现金/千元	占准备总数的百分比/%	存放行庄/千元	占准备总数的百分比/%	准备总数/千元
汉正街	287	147	93.04	11	6.96	158
武昌	2 110	337	89.87	38	10.13	375
长沙	3 220	261	52.73	234	47.27	495
中山路	298	25	46.30	29	53.70	54
沙市	670	124	47.51	137	52.49	261
宜昌	440	46	58.23	33	41.77	79
岳口	9	10	90.91	1	9.09	11
衡阳	101	3	27.27	8	72.73	11
沙洋	1	54	100	0	0	54

资料来源：佚名. 上海商业储蓄银行1932年至1945年度营业报告［A］. Q275-1-1512，上海：上海市档案馆，1935.

1935年1月，汉管辖行的现金准备额计1 470 000元，占存款准备总额的50.79%；存放行庄1 424 000元，占存款准备金额的49.21%。汉行库存现金为387 000元，占存款准备额的29.32%；存放行庄933 000元，占70.68%。其余各行处的库存现金在3 000和337 000元之间波动，占存款准备金总额的百分比为27.27%~100%；存放行庄0~234 000元，所占的百分比为0~72.73%。具体而言，衡阳办事处、中山路办事处、沙市分行三行处库存现金数额较少。衡阳办事处库存现金所占的比例最小，为27.27%，汉行为29.32%，中山路和沙市各为46.30%和47.51%。其余各行处现金准备额占准备金总额的比例相对较大，沙洋、汉景街为100%，汉正街和岳口各为93.04%、90.91%，武昌分行为89.87%，长沙、宜昌分行各为52.73%、58.23%。汉景街办事处、汉正街办事处、沙洋寄庄、岳口寄庄存放行庄占存款准备金的比例极低，其中沙洋寄庄和汉景街办事处均为零，汉正街办事处为6.96%，岳口寄庄为9.09%。值得注意的是，有些行处存放行庄或现金准备高达100%，但这并不能得出其准备金率高、抵御金融风险能力强的结论，因为这些行庄的资金并没有真正运用，业务根本就没有展开，谈不上准备和风险。

事实上，存款准备金额的多少是衡量银行抵御金融风险能力的重要指标之一，准备金过高，不仅不利于银行充分利用资金开展各项业务，而且极易增加银行的经营成本；过低则不利于抵御金融风险。因此，在中国近代央行制度不健全的情况下，各商业银行只有根据当时经济、金融情况，结合自身实际，合理提取存款准备金，实现合理控制准备金规模，达到便利开展业务及防控金融风险的目的。

存款额、存款结构、利息及准备金是构成汉行存款业务的基本要素，这些要素的构成及变化趋势是衡量汉行资金基础、实力、经营成本的重要指标。

汉行各年存款额有增有减，但整体上呈增长趋势。在汉行的存款总额中，活期存款所占比重较大，定期存款则较小，存款结构比率偏高。汉行存款的结构特点表明其存款成本低，资金流动性较强，资金基础不够稳定。储蓄存款是汉行存款的重要组成部分，汉行十分重视并竭力推广储蓄存款业务。尽管汉行储蓄存款额随时局变化而一波三折，但整体上呈增长趋势。活储额占储蓄存款额的比重较大，定储所占的比重则较小；活储户占储户总数的比例较大，定储户所占的比例较小。此外，汉行还设有盒储、礼券储金等新储蓄品种，以尽可能地吸收社会闲散资金。虽然礼券储金和盒租每月存额较小，但增长较快。汉行储蓄存款的构成有利于降低储蓄存款成本，但极易增加行员的工作量，不利于资金稳定。

受时局及认识水平的影响，直到抗日战争全面爆发前，我国尚未真正建立并实施集中存款准备金制度。在集中存款准备金制度并未真正实施的情况下，汉行根据本行的营业情况自行提取并保管存款准备金。建行初期至20世纪30年代初，由于基础薄弱、抵御金融风险的能力有限以及各项业务并未充分展开等原因，汉行存款准备金数额在存款总额中常占有较高的比例。随着业务规模的扩大、基础的稳固、社会信誉的提高，汉行的存款准备金额占存款总的比例常低于总行的规定。这虽然有利于汉行充分利用资金、拓展业务，但降低了其防控金融风险的能力。汉行的库存现金额占存款总额的比例较大，存放行庄的比例则相对较小。库存现金充裕，有利于抵御金融风险，但此类准备金属于应急资金，不能生息，一定程度上会增加银行的资金运用成本。

存款利息直接影响银行的融资成本和筹资能力，因而汉行灵活制订存款利息。建立伊始，由于资本微薄，基础薄弱，汉行存款利息稍低于同业。随着汉埠华商银行次第建立，同业竞争激烈，汉行不得不适当提高存款利息。随着存款业务的迅速发展，汉行各类存款额快速增长。《储蓄银行法》颁行后，汉行的存款构成严重不符合法令规定。因此，汉行不得不通过调整存款利息、种类、期限等适当转移不合规定之存款。随着形势的发展，汉行现行存款利息难以适应实际需要，重订存款利息便提上议事日程。汉行新订的存款利息仅有整存整取偏低，其他存款利息在汉埠同业中基本位居中等，但其存款期限设置、加息方式均比较简单，有利于有效控制存款规模和存款结构，简化存取手续，提高办事效率，降低存款成本。

第三章 上海商业储蓄银行汉口分行的放款业务

放款也称"贷款",是商业银行按照一定的贷款原则和政策,以还本付息为条件,将一定数量的货币资金提供给借款人使用的一种借贷行为,是商业银行最主要的盈利资产和实现利润最大化的重要手段。按放款的保障条件,放款可分为信用放款、担保放款和票据贴现①。由于武汉近代票据市场不发达,汉行的放款主要有担保放款和信用放款,且以担保放款为主。按照放款对象划分,汉行的放款可分为工商放款、农业放款和政府放款。汉行根据环境变化调整放款方针,经营方式灵活。在合理方针的指导下,汉行的放款额呈增长趋势。

第一节 稳妥推进放款业务的发展

受时局及金融制度不健全的影响,中国近代金融市场常动荡不安。在变动不居的形势下,汉行根据环境变化情况不断调整放款方针,稳妥推动其放款业务不断发展。

一、环境变化与放款方针的调整

放款是汉行的基本业务,也是其获得收入的重要途径。因此,汉行十分重

---

① 银行凭借贷款人的信用而发放的贷款,对此类放款贷款人无须提供抵押品,因而风险大、利率高。担保贷款是银行凭借贷款人提供的财产担保或第三人担保而发放的贷款。票据贴现是指银行以购买尚未到期商业汇票的方式而发放的贷款。(蔡鸣龙. 商业银行信贷管理 [M]. 厦门:厦门大学出版社,2014:20.;何鹏. 论我国贷款管理法律制度的完善——以《贷款通则》为例 [D]. 北京:北京工商大学,2006:3.)

视放款业务，并根据环境的变化情况不断调整放款方针。

汉行的放款方针是在总行的指导下制定的。建立之初，上海银行没有统一的放款章程，上海银行各分支行处的放款手续不一，各行处屡因放款不能收回而遭受损失。1926年4月30日，上海银行制定放款办法，严格放款手续，加强业务管理，以降低风险。根据新定的放款办法，汉行可以承做定、活期抵押放款，押汇、贴现，往来、活存抵押透支，定、活期信用放款，往来、活存信用透支，购入票据，本外埠行庄信用存款、透支等业务。抵押放款是对物的信用，若押品市价跌落，银行就可能遭受损失。因此，承做押款前，汉行会先调查押品市价、质量以及流动性等，在全面了解押品及押户信息的基础上，填写放款申请表，并将申请表交经管部门主任、调查员及总经理签字核准后，才付款给客户。对于急需用款且信誉良好的老客户，汉行先将其贷款申请呈报总经理，获总经理批准后可先付款，再要求客户补齐所需手续。信用放款是对人的信用，承做信用放款前，汉行会先调查客户资产、信用、营业等情况，在详细了解客户信息的基础上填写调查表，报总经理批准额度后，才贷给款项。一般来说，定期押款期限为1~3个月，如客户商请转期，须上报总经理批准后，才可以转期，且转期次数不得超过两次。活存、往来抵押透支于年终清结，如年终不能清结，须转为定期押款，所欠利息则每月、每三个月或每半年清结一次。活存、往来信用或担保透支于年终清结，如年终拖延未结，来年则拒绝开户，所欠利息则每月、每三月或半年清结一次[①]。

经济不景气时，汉行调整放款利率，降低放款成本。1931年9月，世界主要资本主义国家为应对经济危机，相继放弃金本位，导致银价回涨，中国物价普遍下跌。"九一八"事变及水灾使中国经济惨遭破坏，金融市场动荡，银行信用收缩。在此情形下，汉行收缩信用放款，积极承做押汇，迅速处置到期未赎押品，确保资金安全[②]。合理制订利率、降低成本是获得放款盈余的前提和基础。根据1932年全行存放款情况，上海普通存款、商业活存、往来及定期存款的平均利息为6厘，储蓄处活存、定存、行员定活储及礼券存款的平均利息为5.7厘，商业部与储蓄处的平均存款利息为5.8厘，同业存款的平均利息为2.6厘。而押款、放款、透支、押汇及贴现等各项放款的平均利息为10.8厘，证券购置的利息为4.9厘，房地产押款的平均利率为3.6厘，同业放款为

① 中国人民银行上海市分行金融研究所. 上海商业储蓄银行史料［M］. 上海：上海人民出版社，1990：146-148.

② 佚名. 有关印花税条例、保证人身份、物价跌落的程度表、国内土货转口统计表等件［A］. LS61-1-0546，武汉：武汉市档案馆，1933.

2.8 厘，各项盈利性放款的平均利息为 8.4 厘。各项开支数额接近于存款总数的 2%。因此，汉行放款利息必须高于 7.5 厘才够支付存款利息及各项开支，高出的部分即为纯利润①。

此外，汉行还根据政府的政策变化情况调整资金流向，并成立放款机构，专门研究放款业务。1933 年 5 月，南京国民政府重新修订进口税率，以限制舶来品、制造品的输入，保护民族工业。新修税率对各业的影响不一。对此，汉行充分研究各业税率变动情况，调整抵押放款方针。汉行议决，尽量多做棉织厂、针织厂、毛织厂、翻砂铁工厂、电器材料厂等国货工业押款，少做洋货、棉布业、洋纸字号等业货物押款，以支持民族工商业②。1934 年 5 月，上海银行成立放款委员会，全面调查客户、市场以及押品等信息，为制定放款方针提供参考。放款委员会以总分行各部门主任及重要职员为委员、总经理为主席，于每周星期四上午开会，报告上周各部门新做、收回、取消等放款情况及证券买卖等事项，讨论下周放款、投资方针，收回呆账办法等，并根据金融市况改订存放款利率，决定押款押汇折扣及押品的选择等事宜③。总行放款委员会成立后，汉行亦成立放款委员会，并根据总行放款委员会章程的精神制定放款委员会简则八条，规定放款委员会以管辖行经理为主席，以汉管辖行及所辖各行处经理、副经理、襄理和主任为委员，每周星期一开会讨论放款及其他与放款有关的事务④。

金融形势恶化时，汉行以紧缩放款、确保资金安全为放款基本原则。1935 年，白银风潮席卷全国，中国金融市场剧烈震荡。在此形势下，汉行收缩放款，并采取措施，确保资金安全。汉行规定，如非特殊情况，尽量不承做房地产、股票、证券、他行存单押款以及钱庄定期、军政、教育机关、个人等类放款，以限制信用放款⑤。对少数信誉较好的客户，汉行承做信用放款前，详细调查客户信用，严格限定放款额度；款项放出后，密切关注客户的营业、资产以及同业放款等情况。同时，按照新修订的押款办法办理押款业务，尽量选择流动易售货物作为押品，呆滞商品及其他行庄的存单、存折、证券、股票、房

① 佚名. 经理致武昌分行密字通函 [A]. LS61-1-0134，武汉：武汉市档案馆，1930.
② 佚名. 有关印花税条例、保证人身份、物价跌落的程度表、国内土货转口统计表等件 [A]. LS61-1-0546，武汉：武汉市档案馆，1933.
③ 中国人民银行上海市分行金融研究所. 上海商业储蓄银行史料 [M]. 上海：上海人民出版社，1990：499-500.
④ 佚名. 汉行成立放款委员会 [M]. 海光（上海 1929），1937，8（5）：47.
⑤ 中国人民银行上海市分行金融研究所. 上海商业储蓄银行史料 [M]. 上海：上海人民出版社，1990：501.

地产以及外栈货物等均不能作为押品。押品选定后，汉行还详细调查押品生产、运输、市价、消费等情况以及押品经营者的相关信息，做到知己知彼。汉行规定押品折扣不得高于八折，押款月息不得低于九厘，长期押款期限不得超过三个月①。此外，汉行还积极改变信用放款方式。汇票承兑有出票人和承兑人的连带关系，有切实保障，流动性强，且短期内可以收回。银行承做票据贴现放款后，如急需款，可以将票据转让予同业，或向中央银行重贴现，不会有资金缺乏之虞。故汉行以承兑汇票代替信用放款，并采取简化手续、降低利息、限制额度等措施，吸收票据贴现放款②，在保障资金安全的同时，增加放款的流动性。1937年6月，日本增兵华北，国内形势严峻，局面令人担忧。在此形势下，汉行收缩放款业务，仅给信用良好且已签订合同的老客户适当放款；减少或收回信誉较差客户的放款，以确保资金安全。同时，暂时停止承做战区各类押款，严格限定大宗押款③。日本侵华战争扩大后，各地相继沦陷，汉行也进入战时营运时期。

二、放款额的变化趋势

放款额是衡量银行放款业务进展情况的重要指标。放款额增加说明银行放款业务获得发展，放款额减少则表明此项业进展情况不佳。从整体上看，汉行的放款额呈增长趋势，并在总行各分支行及第一区分行（汉管辖行）中占据重要地位。

从纵向看，汉行的放款额随时局变化而经历了一个变化过程。尽管汉行每年放款额有增有减，但整体上呈增长趋势，详见图3-1。

1923年，汉分理处改组为汉分行。改组当年，汉行放款额就达50万元。此后，内战频仍，政局动荡，汉埠金融风潮频发，汉行放款业务进展缓慢。截至1926年下期，其放款额已达250万元。1927年上期，受工人运动及集中现金令颁行的影响，汉行放款额降至210万元，半年之间下降40万元。集中现金令实施过程中，汉行措置得当；现金解禁后，汉行对所有存款一律兑现，此举使汉行赢得了社会的信任，其放款额快速增加。1927年下期，汉行放款额

① 佚名.关于存款章程、升级加薪、承押汇办法等函 [A].LS61-1-0745，武汉：武汉市档案馆，1935.

② 中国人民银行上海市分行金融研究所.上海商业储蓄银行史料 [M].上海：上海人民出版社，1990：501-502.

③ 佚名.总行经理与汉行经理之间有关人事业务往来函 [A].LS61-1-0034，武汉：武汉市档案馆，1937.

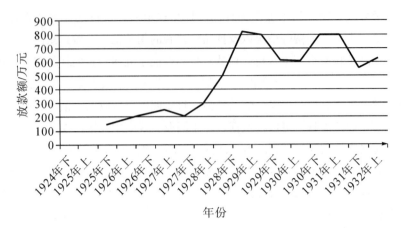

图 3-1　汉行历年放款变化趋势图

[资料来源：周苍柏. 汉行十年来之回顾［J］. 海光（上海 1929），1932，4（11）：11.]

猛增至 300 万元，比同年上期增加了 90 万元。1928 年，武汉局势相对稳定，汉行放款额持续攀升。截至 1928 年下期，其放款额高达 820 万元。1929 年上期至 1930 年上期，武汉局势不稳，汉行放款额有所下降。1930 年上期，汉行放款额下降至 610 万元，一年半间下降了 190 万元。1930 年下期至 1931 年上期，武汉局势稳定，汉行放款额持续增加。1931 年上期增至 800 万元。受水灾及日本侵华的影响，武汉金融形势严峻，汉行放款额大幅度下跌。1931 年下期降至 560 万元，半年之间减少了 220 万元。1932 年"一·二八"事变发生，上海金融市场震荡，虽沪汉汇兑不通，但武汉所受影响不大。1932 年上期，汉行放款额增加至 625 万元。国内局势相对稳定后，汉行放款额继续增加，1934 年 1—12 月汉行各月放款额在 8 267 808 元和 11 881 359 元之间波动。1935 年，汉管辖行各周放款额在 9 956 000 元和 18 343 000 元之间浮动[1]。抗日战争全面爆发前，汉行各周放款额在 1 100 万元左右浮动。抗日战争全面爆发后，汉行继续收缩放款。随着战事的不断扩大，汉行几乎完全停止放款业务，以确保资金安全。

从横向看，汉行的放款额在上海银行的各分支行及第一区分行（汉管辖行）中均占有一定的地位。汉行放款额在全行放款总额中亦占有一定的比例，详情见表 3-1。

---

① 佚名. 关于会议记录及仓库存货报告［A］. LS61-1-0790，武汉：武汉市档案馆，1935.；汉口管辖行. 关于所属各行会议记录［A］. LS61-1-0810，武汉：武汉市档案馆，1935.

表 3-1　1934 年汉行各类放款额占第一区分行（汉管辖行）
以及全行放款总额的百分比

月份	抵押放款		信用放款		放款总数	
	占第一区分行（汉管辖行）的百分比/%	占全行抵押放款额的百分比/%	占第一区（汉管辖行）的百分比/%	占全行信用放款额的百分比/%	占第一区分行（汉管辖行）的百分比/%	占全行放款额的百分比/%
1	39.61	25.41	32.83	20.52	38.01	2.42
2	44.85	23.89	38.67	20.64	43.43	23.15
3	46.12	24.38	35.28	24.52	42.80	24.41
4	45.95	22.26	25.11	16.29	38.97	20.63
5	42.73	19.91	26.16	14.91	37.36	18.50
6	42.52	18.68	28.56	11.12	38.38	16.25
7	60.10	17.39	45.76	14.34	55.88	16.54
8	62.99	19.18	44.41	13.00	57.11	17.17
9	58.48	19.37	45.89	12.77	54.95	17.28
10	56.81	18.79	42.82	11.73	52.85	16.51
11	61.12	20.63	34.62	14.76	52.66	19.04
12	65.43	21.73	49.34	25.61	60.97	22.49

注：1—6 月为汉行放款占第一区分行总数的百分比，7—12 月为汉行放款占汉管辖行放款的百分比。

资料来源：佚名. 上海商业储蓄银行全行业务报告［A］. Q275-1-131，上海：上海市档案馆，1931.

　　1934 年，汉行各月放款额占全行各月放款总额的平均百分比为 17.87%，最低为 2.42%，最高为 24.41%。抵押放款额占全行抵押放款额的平均百分比为 20.97%，最高为 25.41%，最低为 17.39%。信用放款额占全行信用放款总额的平均百分比为 16.68%，最高为 25.61%，最低为 11.12%。1934 年，全行共有 40 多个分支行处，汉行放款额占全行放款的百分比近 20%，这充分说明汉行在全行中的地位举足轻重。此外，汉行各类放款额在第一区分行（管辖行）中也占据重要地位。1934 年，汉行各月平均放款额为 11 404 567 元，占第一区分行（汉管辖行）平均放款额的百分比为 47.78%。平均抵押放款额为 7 634 425.417 元，平均信用放款额为 2 611 518.75 元，分别占第一区分行（汉管辖行）平均放款额的百分比分别为 52.22% 和 37.45%。其中，抵押放款额占第一区分行（汉管辖行）放款额的百分比最高为 65.43%，最低为 39.61%，信用放款额所占的比例最高为 49.34%，最低为 25.11%；每月放款额所占的比例最高为60.97%，最低为38.01%。汉行抵押、信用以及各月放款额在第一区分行（汉管辖行）所占的比例分别为50%左右、40%左右、50%左右。各项数据显示，汉行放款业务发展较好，在上海银行全行及第一区分行（汉管辖行）中的地位举足轻重。

三、放款结构

放款结构是衡量放款资金风险大小的重要指标。汉行以抵押放款为主、信用放款为辅，资金风险较小，放款比较安全。

按照担保的类别可将放款分为抵押放款和信用放款。在汉行的放款额中，抵押放款额所占的比例较大，信用放款额则相对较小。从宏观上看，1934年1—12月，汉行抵押放款额与放款总额的变化趋势大致相同，押款额的波动直接影响放款总额的走向，信用放款额的变化对放款总额的影响则不大，详见图3-2。

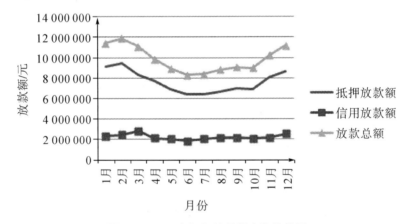

图3-2 1934年汉行放款额变化趋势图

（资料来源：佚名. 上海商业储蓄银行全行业务报告 ［A］. Q275-1-131，上海：上海市档案馆，1931.）

微观层面的情况详见图3-3。汉行抵押放款额占放款总额的比例较高，信用放款则相对较低。汉行抵押放款额占各月放款额的平均百分比为77.43%，最高为79.7%，最低亦有74.7%。信用放款所占的比例平均为22.57%，最高为25.3%，最低为20.3%。1935年1月，汉行抵押放款额占放款总额的百分比高达80.8%，信用放款额仅占19.2%。抵押放款具有担保可靠的特点，若借款人不能偿还贷款，银行可变卖押品抵偿欠款，有利于降低放款风险。因而，汉行抵押放款的构成有利于减少放款损失，保障资金安全。

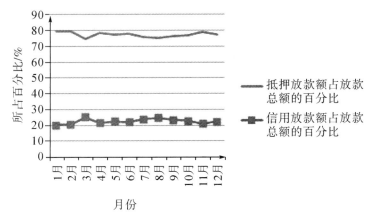

图 3-3　1934 年汉行各月各类放款占放款总额的百分比

（资料来源：佚名. 上海商业储蓄银行全行业务报告［A］. Q275-1-131，上海：
上海市档案馆，1931.）

此外，汉行的抵押放款和信用放款又可分为不同的类别。抵押放款可分为
定期押款①、活期押款、抵押透支②、抵押汇款③和仓库储押④，信用放款则可
分为定期放款、活期放款、信用透支、外埠透支、贴现及购票。表 3-2 提供的
数据反映了 1935 年 1 月汉管辖行的放款情况。

表 3-2　汉管辖行放款分类统计表（1935 年 1 月底）　　单位：千元

行名	抵押放款						信用放款					
	定押	活押	押透	押汇	储押	小计	定放	活放	信透	外埠透支	贴现	购票
汉管辖行	2 140	817	4 292	1 344	2 342	10 935	71	452	1 328	16	85	304
汉行	116	798	2 819	1 131	2 112	6 976	17	106	1 025	11		59

---

①　即定期抵押放款，指贷款者凭货物价值、贷款人本身及保证人的信用向银行贷款，并按
照约定日期偿还贷款。（厉鼎模. 银行实务详解汇编：第 3 集［M］.［出版地不详］：［出版者不
详］，1933：21.）

②　存户以固定资产、有价证券、股票或金银等财务作为抵押，并签订抵押透支契约后，在
透支限额、期限内进行透支，是透支的一种形式。（李伟民. 金融大辞典［M］. 哈尔滨：黑龙江人
民出版社，2002：1546.）

③　押汇指售货商以其所开汇票连同全部货单为担保，向银行借押周转资金，而银行则凭全
部货运单据转向购货商收回其押款本息，具有押款和汇款的双重性质。押汇可分为进口押汇和出
口押汇。（黄汉江. 投资大辞典［M］. 上海：上海社会科学院出版社，1990：531.）

④　储押是借款者以农业仓库中的农产品为抵押向银行借的款，是银行为避免农民因农作物
受季节性影响跌价受损失而推出的一项业务。（东明. 农业仓库及农产储押业务经营之讨论［J］.
浙光，1938，4（5）：5-6.）

表3-2(续)

行名	抵押放款						信用放款					
	定押	活押	押透	押汇	储押	小计	定放	活放	信透	外埠透支	贴现	购票
景处	7		9			16	49		21			
正处	1	8	371			380			15		1	
鄂行	13		14			27	2		17			
长沙	936		20		230	1 186	2	346	176	5	75	30
中山路											4	2
沙市	1 030		937	196		2 163	1		18			108
宜昌	22		38	12		72			17			40
衡阳	4					4			21		5	22
沙洋		9				9						
漯河	11		80			91			6			26
驻马店		2	4	5		11			12			17

资料来源：佚名.上海商业储蓄银行业务统计月报［A］.Q275-1-1559,上海：上海市档案馆,1935.

在汉行的押款总额中，押透额、押汇额和储押额所占的比例较大，信用透支额占信用放款额的比例较大。其中，抵押透支额、储押额、定押额占汉管辖行押款总额的百分比分别约为39.25%、21.4%、19.57%。信用透支额、活期放款额、购票额分别约占信用放款总额的58.87%、20.04%、13.48%。在汉行的抵押放款总额中，押透额、储押额和押汇额分别约占40.41%、30.28%和16.21%，定押额、活押额所占的比例则相对较小。信用放款额中，信用透支额约占84.15%，活期放款额约占8.7%，购票额约占4.84%，定放、外埠透支、贴现等信用放款额所占的比例较小。1935年1月的数据同样表明，汉行定押额、押透额、储押额以及信透额、购入票据额分别占抵押放款额、信用放款额的比例较大，详见表3-3。

表 3-3　汉行各种放款统计表（1935 年 1 月）　　　　单位：千元

类别		行名				
		汉管辖行总数	汉口	汉景街	汉正街	武昌
抵押放款	定押	5 351	3 951	19	1	4
	活押	61	7		41	
	押透	5 885	3 089	8	227	19
	押汇	732	520			
	储押	2 062	1 373			
	小计	14 091	8 940	27	269	23
信用放款	定放	412	16	67	1	11
	活放	444	201			
	信透	1 584	1 027	37	90	75
	外埠透支	10	2			
	贴现	691	46		12	
	购票	1 554	601			
	暂欠	53	27			8
	催收	532	347			
	小计	5 280	2 267	104	103	94
农业放款	抵押	10				
	信用	23	23			
	小计	33	23			
投资	证券					
	房地产					
	小计					

资料来源：佚名. 上海商业储蓄银行业务统计月报［A］. Q275-1-1559，上海：上海市档案馆，1935.

其中，汉管辖行抵押透支额、定押额、储押额占该行押款额的百分比分别约为 41.76%、37.97%，14.63%，活押额、押汇额所占的比例较小；信用透支额、购入票据额、贴现额占信用放款额的百分比分别约为 30%、29.43% 和 13.09%。汉行押透额、储押额、定押额占该行押款额的百分比分别约为 34.55%、15.36%、44.19%；信透额、购入票据额占汉行信用放款额的百分比分别约为 45.30%、26.51%。

此外，商品押款在汉行押款中占有举足轻重的地位，见表3-4。

表3-4　汉管辖行抵押放款分类统计表（1935年1月底）单位：千元

行名	押品					抵押放款总数		
	商品	厂基①	证券	房地产	存单	本月底	上月底	上年同时
汉管辖行总数	11 647	1 059	73	957	364	14 100	13 257	14 915
汉口	7 666	80	59	956	178	8 939	8 674	9 118
汉景街	14				13	27	17	77
正街	267		2		1	270	35	
武昌	10				13	23	67	389
长沙	1 586		12		152	1 750	1 667	2 786
中山路	137				3	140	139	
沙市	1 760	979				2 739	2 431	2 357
宜昌	136			1	4	141	182	188
岳口	4					4	17	
衡阳	59					59	25	
沙洋	8					8	3	

资料来源：佚名. 上海商业储蓄银行业务统计月报［A］. Q275-1-1559，上海：上海市档案馆，1935.

1935年1月，汉管辖行商品押款额占押款总额的百分比约为82.6%，厂基押款额约占7.51%，房地产押款额约占6.79%。汉行商品押款额约占85.76%，房地产押款额约占10.69%；厂基、证券、存单等押款额所占的比例则较小。商品押款流动性强，资金周转速度快，有利于资金在不断流转中生息，从而为银行集聚财富。在汉行的商品押款额中，农产品押款额所占的比例最高，典货和盐次之，详见表3-5。

表3-5　1934年汉行商品押款额占各月押款总额的百分比统计表　单位:%

月份	商品												
	麦粉	杂粮	棉花	纱布	丝麻	煤油汽油	煤	盐	典货	油饼及植物油	五金	茶	其他
3	6.2	2.5	37.1	1.0	0.2	7.5	1.1	19.4	14.2	0.0	0.0	2.0	8.8
4	7.5	2.7	32.4	1.1	0.2	5.9	0.8	19.3	16.3	3.7	0.0		10.1

---

① 厂基是指工厂的设备房屋基地，包括机器等动产及基地房屋等不动产。厂基押款是指银行以工厂的动产和不动产为抵押对工业进行的放款。

表3-5（续）

月份	商品												
	麦粉	杂粮	棉花	纱布	丝麻	煤油汽油	煤	盐	典货	油饼及植物油	五金	茶	其他
5	8.8	0.6	28.3	1.7	0.2	7.2	0.6	20.4	18.9	3.9	0.0	0.0	9.4
6	11.8	0.0	17.7	1.6	0.3	6.5	0.8	22.8	22.4	5.0	0.0	0.0	11.2
7	18.2	0.5	4.9	1.8	0.5	6.4	1.4	23.1	24.5	4.9	7.3	0.5	6.1
8	19.1	2.0	2.3	2.3	0.4	5.7	1.2	20.7	25.1	3.7	6.6	0.5	9.7
9	16.5	4.8	14.6	1.9	0.4	4.2	0.1	14.4	23.9	2.7	4.9	1.0	8.8
10	16.5	4.3	26.9	1.1	0.4	2.6	0.6	13.0	21.8	1.5	3.6	0.9	5.9
11	14.6	3.2	45.6	0.9	0.3	1.0	1.2	6.1	17.0	0.6	3.6	0.8	5.9
12	1.3	0.3	4.6	0.0	0.0	0.1	0.1	0.5	1.4		0.3	0.1	0.8

资料来源：佚名.上海商业储蓄银行全行业务报告［A］.Q275-1-131，上海：上海市档案馆，1931.

据统计，1934年3—12月，汉行农产品押款额占各月押款总额的平均百分比为35.60%，农产品押款又以麦粉和棉花为大宗。其中，麦粉押款额占各月押款总额的百分比为1.3%～19.1%，棉花押款额占2.8%～45.6%。此外，典货押款额占押款总额的平均百分比为18.55%，盐押款额为15.96%，其他押品押款额为7.68%，丝麻、纱布、煤油汽油、煤等押款额所占的比例极小。表3-6的统计数据同样表明，汉行农产品、盐、典货等押款额占本月押款总数的比例较大。其中农产品押款额约占69.57%，盐约占5.09%，典货约占11.13%。农产品押款又以棉花和麦粉为大宗，棉花押款额约占汉行本月押款总额的57.55%，麦粉约占10.34%。

表3-6　汉管辖行商品押款分类统计表（1935年1月）　单位：千元

	行名	汉管辖行总数	汉口	景街	正街	武昌	长沙	中山路	沙市	宜昌	岳口	衡阳	沙洋
商品	稻米	933	71		1		579	131	98			53	
	麦粉	793	793										
	杂粮	147	58				15		69			5	
	棉花	5 277	4 412			31	93		718	23			
	纱布	312	34		1		92		178		4		3
	丝茧	4	4										
	煤油汽油	63	49	8			6						

表3-6(续)

行名		汉管辖行总数	汉口	景街	正街	武昌	长沙	中山路	沙市	宜昌	岳口	衡阳	沙洋
商品	土烟叶	6	3										3
	煤	53	47			6							
	盐	1 711	390				547		691	82			1
	典货	1 076	853		223								
	糖	107					86			20			1
	植物油	60	50				5		1	4			
	五金	867	217	7	6	4	122	6	3	1	1		
	茶	44	44										
	其他	696	642		4		40	1	2	6			1
本月底		12 149	7 667	15	266	10	1 585	138	1 760	136	5	59	8
上月底		10 819	7 407	6	33	56	1 517	136	1 448	174	17	25	
上年同时		12 525	7 925	44		386	2 617		1 374	179			

资料来源：佚名. 上海商业储蓄银行业务统计月报［A］. Q275-1-1559, 上海：上海市档案馆, 1935.

汉行抵押放款出现上述特点与汉口地理区位特征密切相关。汉口为武汉重镇，历史上就商贾云集，贸易繁荣，是华中地区最大的商业中心。开埠通商后，汉口与外界的联系加强，内陆各省的农产品云集汉口，再由汉运沪出口，从上海运来的洋货则通过汉口转销内地。贸易中转站的地位使汉口形成了以转口贸易为主的商业模式。受汉口商品集散地的影响，汉行押款以农产品押款为主。但易受季节性因素的影响，其产量并不稳定，价格也因丰歉情况起伏不定，这给汉行评估农产品市价、销售等情况带来了一定的困难，增加了放款风险。此外，湖北盐区常称鄂岸，是长江沿岸四大盐区之一，鄂岸盐销往汉口、武穴、新堤、外岸十二分局[1]等4个区域。1929年，以上4区共销淮盐、精盐119.9万余担（1担＝50千克。下同）。其中，汉口销淮盐27.97万余担，精盐44.3万余担[2]。盐斤运销汉口为汉行承做盐斤押款提供了契机。因此，汉行盐斤押款额占押款总额的比例也不小。由于汉口各栈大都沿江而设，历年长江流域洪水为灾，保护押品免遭水淹便成为汉行的艰巨任务。

---

① 十二分局指麻城、罗田、黄安、黄陂、花园、广水、德安、浙河、长江埠、仙桃镇、沙洋、樊城。

② 田秋野，周维亮. 中华盐业史［M］. 北京：商务印书馆，1979：476.

第二节 工商放款

工商放款不仅使银行资金周转速度快，且银行可以此获得厚利。加之，工商业是盈利性产业，银行工商放款还可以促进扩大社会再生产。因此，汉行积极推进工商业放款，在盈利的同时辅助民族工商业。汉行的工商放款以抵押放款为主、信用放款为辅。抵押放款又以商品押款为主、厂基押款为辅。汉行的工商放款主要有棉商放款、纱厂放款、路货及盐业放款。

一、棉商放款

湖北是我国重要的产棉区，该省棉田面积及棉产量均在全国占据重要地位。据统计，1920—1932 年，湖北平均每年棉花种植面积为 7 183 018 亩（1 亩≈666.67 平方米。下同），约占全国每年棉田平均面积的 23%，平均每年棉产量为 1 849 889 担，占全国每年平均棉产总量的 25%①。每年秋季，棉花丰收，中间商②纷纷前往棉产区收购棉花，并将所购棉花转售给纱厂或出口商。中间商采购棉花需用大笔资金，向银行贷款便是其主要资金来源。因此，汉行抓住机会兜揽棉花押款、押汇业务，为棉商提供资金融通。

湖北所产棉花除供本地消费外，还运销上海。棉花采购、运输均需大笔资金，棉商往往通过押汇在银行获得资金。汉行亦承做部分棉花押汇业务。上海银行派员代客送花、与纱厂建立合作运销棉、纱，为汉行拓展棉花押款、押汇业务提供了方便。鉴于银行承做的押汇到期后，不少棉商无现款赎取押品，使银行无从收回放款，棉商的业务进展受阻，给银行和棉商均带来了极大的不便，上海银行派专员办理代客送花业务。具体流程为棉花押汇到沪后，客户拟将棉花售予华商纱厂，若无现款赎取押品，可要求上海银行送花至厂。上海银行遂派人同赎货人一起送花至厂，同时收回放款，取回期票。若赎货人暂时没有找到合适的买主，上海银行可介绍纱厂收买其棉花，售花及送花至厂则由赎

---

① 逢壬. 湖北之棉产 [J]. 钱业月报，1933，3（12）：5.

② 中间商有花贩子、花行、花号三种。花贩子资本微薄，从花农处购少量棉花，经花行出售给消费者（大半为花号）。花行在沙市、汉口以及湖北省其他棉产区内为数众多，他们为顾客买卖棉花，收取佣金，为代理性质。棉产地所设花行以代花号向棉商购棉为业，设立于沙市、汉口的花行则代花号销棉。花号从棉产区购进棉花，并转售给汉口消费者与出口商，也委托汉口、沙市以及产棉区花行购进棉花，直接运往上海。

货人自行办理。押汇到期后，若赎货人无现款赎取，可商请押汇行，将押汇转为押款或抵押透支①。代客送花解除了客户的后顾之忧，有利于推进汉行的棉花押款、押汇业务。上海银行还与上海申茂花号签订合同，聘请专家代客买卖棉花、棉纱。在实际操作上，上海银行简化运销合作手续，联络各纱厂脱销棉花，棉花打包后由各分行押汇至上海，且内地客商采办棉花及代办棉纱均按当地市价。湖北为产棉大省，该省所产棉花大都供武汉各纱厂使用，或由汉运销外埠，而各纱厂所产棉纱亦需运汉，销往各地。为方便花行、纱厂买卖棉纱，帮助汉行拓展押汇业务，上海银行特派张永昌驻汉，专门办理纱花采办事宜②。每年汉地棉花丰收，申茂花号皆派熟手驻汉，专事鉴别货品，而棉花装车、付款等事项则委托汉行仓库科办理。具体操作办法则为申茂花号看定小样后，通知汉行及看货员按照市价采购，所购棉花由汉行十足押汇到申，汇水、拆息均按购买地实际价格计算。押汇棉花到沪后，由申茂号按照规定期限负责取赎，若遇沪埠棉花销售停滞，申茂花号即通知看货员及汉行停止办花③。

以德记账房名义接管汉口英商隆茂公司买办职务，是汉行推广棉花押款、押汇业务的又一手段。汉口为华中重镇，商业贸易繁荣。每年棉花上市，大量棉花涌向汉口。棉花质轻体积大，极易燃烧，且运输不便，运费昂贵，损耗较大。因此，棉花运销国内外，均须事先打包，以方便储存、运输，棉花打包业遂应运而生，并渐趋繁荣。英商隆茂打包股份有限公司约有资金 16.49 万美元，汉口分公司是上海总公司旗下的分公司，其每年盈亏报总公司结算，是武汉五大打包公司④之一⑤。1935 年 11 月，隆茂商请汉行经理其账房。当时全国金融不景气，汉行本不愿接受英商的请求，但考虑到英商对汉行比较信任，且经理其账房不仅可以纠正打包放款掺杂及短斤少两等陋习，还可借此沟通中外商人，推广棉花押款业务，节省棉花打包费，汉行遂同意了该公司的请求⑥。

汉行接管前，隆茂打包公司内部管理、业务经营弊端颇多，致使各棉商均不愿将花送至该公司打包，隆茂公司信誉扫地，业务日堕。汉行接手后，着手

① 佚名. 有关印花税条例、保证人身份、物价跌落的程度表、国内土货转口统计表等件 [A]. LS61-1-0546, 武汉：武汉市档案馆, 1933.

② 佚名. 关于存、放款，押汇等来函 [A]. LS61-1-0749, 武汉：武汉市档案馆, 1934.

③ 佚名. 关于总经理公务函件的批复等 [A]. LS61-1-0440, 武汉：武汉市档案馆, 1936.

④ 其他四家打包公司为穗丰打包股份有限公司、汉口打包股份有限公司、日信打包厂、英商平和打包股份有限公司.

⑤ 远翔. 汉口打包业的兴起 [J]. 武汉文史资料, 1996 (3)：19, 21.

⑥ 佚名. 关于致总经理及总行部处经理有关押汇人事问题的函稿 [A]. LS61-1-0967, 武汉：武汉市档案馆, 1935.

革除隆茂公司的积弊。鉴于隆茂公司所聘用的买办遇事隐匿，上下其手，以谋厚利，致使厂务废弛，业务衰败，信誉渐失，汉行遂与隆茂公司协商，废除买办制度，开诚布公地协商业务，互通消息。同时，整顿人事，开革不尽职工人，聘员补足缺额，诚恳劝导码头工人，剔除无理取闹的恶习。同时，汉行为棉商夜间及风雪天气堆卸棉花提供便利，减少棉商损失。汉行对隆茂公司的整顿深受外商打包业的赞同，以至于外商打包业同行在讨论革除打包公司的陋习时说道："不若此，恐将来亦须上海银行代为改革。"① 在大力改革的同时，汉行还广泛联络，积极拓展棉花打包业务。东棉与汉行有透支押汇业务往来，汉行将东棉打包业务揽归隆茂承做，并将与其有押汇、押款业务关系的本帮花号以及旧欠户的棉花打包业务均交给隆茂公司承做。此外，汉行还将隆茂打包厂打包的棉花推荐给汉行经营的宝丰保险分公司和旅行社，由其代做保险和运输业务。通过系列连锁业务，汉行为隆茂、本行、宝丰保险公司以及旅行社招揽了业务，可谓一举多得。

经过汉行的整改和业务拓展，隆茂公司生意兴隆。尽管汉行接手时棉市中落，汉行亦不愿因兜揽业务与其他打包公司产生矛盾，但1935年11月，隆茂公司共打包棉花2 269包，创其本年打包棉花的历史纪录。1936年2月，隆茂公司打包棉花高达5 564包，创1935年以来的最高纪录。此后，每年新花上市，汉口运往隆茂公司等待打包的棉花常达5 000多包。同时，汉行也获得了为数可观的盈余②。汉行接手并整顿隆茂打包厂，表面上革除了隆茂公司的积弊，但事实上，隆茂经手打包的大部分棉花均由汉行承做押款、押汇，而汉行又将与其有业务关系的棉商推荐给隆茂公司，此举既有利于为隆茂招揽业务，又无形中拓展了汉行的棉押业务，增强了放款保障。此外，汉行还在打包厂内设立临时办事处，兜揽棉花押款、押汇业务。为避免同业竞争、分担开支，汉行拟与汉口中行、聚兴诚合作，设立联合账办事处，共同办理棉花押款、押汇业务。汉行派管理员驻纱厂，并在打包厂公事房内设立驻厂办事处，查验进厂棉花，兜揽押款押汇③。

汉行对花号放款以透支为主，且放款数额较小。尽管如此，花号规模较小，资金微薄，一旦棉价下跌，花号就容易遭受损失，其所借汉行的透支款常

---

① 佚名.关于致总行办理有关人员介绍房地产收押业务问题函稿 [A]. LS61-1-0940, 武汉：武汉市档案馆, 1936.

② 佚名.关于会议记录及函件 [A]. LS61-1-0809, 武汉：武汉市档案馆, 1937.

③ 佚名.总、副经理及总经理各科全年函底 [A]. LS61-1-0313, 武汉：武汉市档案馆, 1932.

不能按时归还。裕泰升花号是汉行的老客户，该号因经营不善，濒临破产。1936年1月，该号欠汉行抵押透支款7万余元。因无现款清偿，该号原计划将其咸安里及德厚里房产做临时抵押，不巧的是这两处房产已作为其他借款的押品，该号乃以汉正街的两栋铺屋及中山公园附近地皮暂做抵押①。此外，裕源祥、义兴复等号因欠汉行款无力偿还，商请以1928年金融公债作抵。对此，汉行表示，如到期再不清结，须将信用透支改做押款，在年底大结束前，无论各户能否在年底清结，一律不再通融透支款项②。尽管汉行对花号不能如期偿还欠款颇为苦恼，然一遇棉花丰收，有生意可做，汉行又极力兜揽放款业务。1935年，鄂省农产丰收，各帮业务活跃，尤其以棉纱、疋头两帮最盛。因有利可图，两帮均增资加股，也有商家另组商号经营该业。对此，汉行亦跃跃欲试，拟在广泛拓展的基础上，选择经营稳健、信誉良好的商号酌予放款。经过详细调查和甄选，汉行拟对元裕丰、鼎新、纬丰三家各放款5 000元，并观察其业务进展状况，根据实际情况随时调整放款方针。同时，汉行还允许花号以价值等同于透支额的货贷期票贴现，在确保资金安全的基础上，寻求灵活的放款方式③。

二、纱厂放款

武汉棉纺织业兴起于清末，是武汉主要的新兴工业之一。张之洞督鄂期间，在武汉设立湖北织布局、纺纱局、缫丝局、制麻局等，为武汉近代机器纺织工业的诞生奠定了基础。第一次世界大战前后，武昌一纱、裕华、震寰、申新四大纱厂先后成立，武汉纺织工业初具规模④。这五家纱厂纱锭总数计22.5万支，每年用棉约60万担，产品行销全国各地。武汉各纱厂所需原料大都来自湖北省，每年新棉上市，各纱厂争相采购棉花，为纺纱储备原料。然纱厂购花需用大笔资金，向银行贷款便是其资金来源之一。纱厂放款具有数额大、周期长的特点。因此，汉行对纱厂放款比较谨慎。每年春季，汉行就开始调查湖北棉花种植情况，并根据天气、国内经济形势预测棉花产量、价格走势，在全面掌握信息的基础上承做棉花放款业务。

---

① 佚名. 关于（透支、保税）押款、欠款、存放款等账字号函件［A］. LS61-1-0650，武汉：武汉市档案馆，1936.

② 佚名. 关于（透支、保税）押款、欠款、存放款等账字号函件［A］. LS61-1-0650，武汉：武汉市档案馆，1936.

③ 佚名. 总处如字稿有关透支事宜［A］. LS61-1-0899，武汉：武汉市档案馆，1937.

④ 万邦恩. 武汉纺织工业［M］. 武汉：武汉出版社，1991：2.

为确保放款资金安全，汉行全面调查每年棉花种植情况，预测产量、花价、销路，以更好地指导棉花放款业务。1926 年春，湖北雨水较多，各地均加高堤防，抵御水灾，消除了农户的后顾之忧，不少农民种植棉花。但由于雨水过多，本年棉花播种期延长，但后来风调雨顺，棉花丰收有望。此外，河南南部不少农户将原来种植大豆、烟草的耕地改种棉花。在充分调查的基础上，汉行预测本年棉花产量有望大增，家乡及边江地区预计收棉 258 000 担，铁路沿线被棉可收 86 000 担，汉水下游可收 647 000 担，汉水上游可收 629 000 担，长江下游可收 154 000 担，长江上游沙市棉可收 627 000 担，共计 2 401 000 担[①]。除估算汉口棉产量外，汉行还预测棉花市价。1933 年，南京国民政府与美国签订了《中美棉麦借款合同》，规定中国须向美国借 5 000 万美元，以 4 000 万美元购买美棉，以 1 000 万美元购买美麦。后因华商纱厂不振，用棉量减少，中美商定棉花借款减为 1 000 万美元[②]。棉麦借款消息传出后，社会各界议论纷纷。上海市农会认为，我国农产品向来价格低廉，农民收入不敷成本，若外货再倾销国内，农产品价格将继续下跌，"政府欲利之而适足以害之"[③]。1933 年 6 月 17 日，上海棉业同业公会要求国民政府中止美棉借款，防止外棉源源输入[④]。尽管各界强烈反对，但无力阻止棉麦借款合同的实施。美棉输入后，本国棉花价格跌落，每担下跌 4~5 元，每担小麦仅值 1.9 元，濒临破产的农村经济恢复无望[⑤]，与棉麦相关的各业均受影响。棉价的低落给汉行棉花押款、押汇业务带来了不利影响，准确预测棉价走势、确保放款安全就显得尤为重要。此时，社会人士普遍认为，目前棉价跌入低谷，不会再继续下跌，且日本不购印棉后，将会大量购买华棉，棉价可能上涨。对此，汉行认真调研，仔细分析影响棉价的各种因素。汉行认为，本年棉花可望丰收，而棉纱销售不旺，纱厂对原棉需求收缩，棉花供过于求。同时，本年农村经济衰疲，农民无力囤货，棉花收获后，农民极易折价出售。据此，汉行推测新棉上市的 9、10 月间，棉价可能会大幅下跌。但农民出售棉花后，购买力提高，日商可能在棉价跌至低谷时购买华棉，此时华棉价格也逐渐稳定，故 9—10 月花价大跌后，亦有希望回涨。在预测花价走势的基础上，汉行决定 9—10 月收缩棉花

① 佚名. 通告及目录 [A]. LS61-1-0690, 武汉：武汉市档案馆, 1935.

② 章有义. 中国近代农业史资料 (1927—1937)：第 3 辑 [M]. 北京：生活·读书·新知三联书店, 1958：441.

③ 佚名. 五千万美金棉麦大借款 [J]. 上海商业月报, 1933, 13 (6)：4-5.

④ 汪时维. 上海纺织工业 150 年大事记 (1861—2010) [M]. 北京：中国纺织出版社, 2014：49.

⑤ 良辅. 美国大借款 [J]. 东方杂志, 1933, 30 (13)：2.

放款，除信用较好的客户外，其他客户的棉花放款均按七折承做，纱布押款须降低折扣，10月后再承做大宗棉花、纱布放款①。

在全面评估棉花产量、预测价格走势的基础上，汉行着手承做纱厂放款业务。与花号放款不同，汉行承做的纱厂放款数额较大，且一般以纱布、棉花或厂基押款为主，周转性透支放款较少。汉行纱厂放款的对象主要有沙市纱厂、湖南第一纱厂、震寰纱厂等。汉行承做沙市纱厂仓库押款的数额常为40万~50万元。1932年3月，沙市纱厂纱销旺盛，该厂拟乘花价低时购花囤积，以免将来花价上涨，成本提高。因而，该纱厂向汉行提出增加仓库押款20万元。汉行将纱厂要求呈报总行，并提出若增加押款数额，押款利率至少月息一分三厘，以免失利。总行接到函报后，建议汉行婉言拒绝。汉行遂婉拒其要求，沙市纱厂增加放款的要求落空②。除了确保放款资金安全外，汉行还调整放款利息和折扣，力求垄断纱厂放款业务。1932年，汉行与沙市纱厂所订仓库借款合同届期，须重新修订。新修订的放款合同除了放款利息定为上半期月息一分一厘半，下半期月息一分二厘，6月底以前的押款折扣照市价九折，7月1日起照市价八折外，还增加了汉行优先承做纱厂押汇、买卖外汇以及保险等业务，如汉行不愿做，才可让予他行承做等条款③。新订合同在提高放款利息、降低押品折扣的同时，还力图通过放款承做纱厂其他业务，垄断其业务经营权，足见汉行利用一项业务拓展其他业务的功夫非同寻常。

除与沙市纱厂有业务往来外，汉行还放款给震寰纱厂。1919年，刘逸行、刘季五、刘子敬等人在武昌创办震寰纱厂，1922年该纱厂正式开工。开工时该厂有资本122万两，纱锭1万枚，1926年纱锭增至26 336枚，布机250台④。1932年10月，震寰纱厂与汉行协商，拟以花、纱、布三项向汉行抵押透支款50万元，月息九厘，折扣照市价八折，押品可堆存汉行第二堆栈，也可由震寰纱厂指定堆栈，专堆汉行押品，由汉行保管仓库钥匙，派人管理，押品保险费等均由纱厂承担⑤。双方最终达成抵押借款协议，这种抵押借款模式后为双方继续采用。1934年，震寰纱厂再次向汉行商请抵押透支借款，这次

① 佚名. 有关印花税条例、保证人身份、物价跌落的程度表、国内土货转口统计表等件[A]. LS61-1-0546，武汉：武汉市档案馆，1933.

② 佚名. 总、副经理及总经理各科全年函底[A]. LS61-1-0313，武汉：武汉市档案馆，1932.

③ 佚名. 总、副经理及总经理各科全年函底[A]. LS61-1-0313，武汉：武汉市档案馆，1932.

④ 张宪文，万庆秋. 中华民国史大辞典[M]. 南京：江苏古籍出版社，2001：1877.

⑤ 佚名. 总经理与汉行副经理来往函[A]. LS61-1-0202，武汉：武汉市档案馆，1932.

借款条件及办法与以前大致相同。纱厂以本厂库存花、纱、布为抵押，向汉行透支 120 万元，利息稍低于月息，折扣仍按市价八折。鉴于渝地售货需时较长，该纱厂拟先提货出售，以售得货款偿还借款。为此，震寰纱厂请求以其全部厂产①在汉行预提押汇头寸 50 万元，并承诺将其重庆押款归汉行承做。汉行以预提押汇头寸数额较大，暂时无法答复，须从长计议为由，予以推辞②。此外，汉行还与湖南第一纱厂、无锡申新三厂以及福新等棉纱厂有放款业务往来。

三、路货及盐业放款

除放款予棉商、纱厂外，汉行还给路货商、盐商以资金融通，在扶助工商的同时，拓展放款业务，获得利润。

粤汉铁路通车后，铁路沿线的货物运输量大大增加，汉行抓住机会积极承做路货押款。1936 年 9 月 1 日，粤汉铁路建成通车，汉口货物外运成本降低，速度却大大提高。粤汉铁路沿线物产丰富，然各地物资分布不平衡，通过相互调运可调剂余缺。其中，湘、鄂所产稻米可接济广东，所产桐油、茶叶及煤铁又可南销，四川药材、湘赣锑矿则远销国外。汉行详细研究粤汉铁路沿线物产产销情况，着手与粤行联手，拓展路货押款业务③。经过详细调查后，汉行选定 25 家客户，给其路货放款④，放款总额以 15 万元为限，比期放款不超过 10 万元。此项放款虽有路货作抵押，但也存在一定的风险。路货放款的对象大都为小商人，他们缺乏资金，常依赖汉行信用放款的扶助开展业务。若要求他们将信用放款转作押款，他们甚至无力筹缴三成或两成垫头，目前时局不靖，一旦其所营商品市价跌落，损失就只能由汉行承担。有鉴于此，汉行遵照总行指示，停止承做路货放款业务，确保放款资金安全。对于已承做的路货放款，汉行准确称量，扣除包绳重量，并将押款折扣由 7 折改为 8 折⑤。

此外，汉行还承做盐斤放款。食盐为人民日常必需品，由国民政府"核价轮售"⑥，价格稳定。盐商运盐至长江四岸⑦，每担食盐可获得 12 斤卤耗及

---

① 除已向安利英抵借规元 40 万两作为第一债权外。

② 佚名. 有关业务方面的来函 [A]. LS61-1-0145，武汉：武汉市档案馆，1934.

③ 佚名. 关于总经理公务函件的批复等 [A]. LS61-1-0440，武汉：武汉市档案馆，1936.

④ 佚名. 关于打包放款、透支、押款、押汇等函稿 [A]. LS61-1-0836，武汉：武汉市档案馆，1936.

⑤ 佚名. 关于借款透支、存放款、贴现等方面的业务来函 [A]. LS61-1-0616，武汉：武汉市档案馆，1936.

⑥ 核价轮售：由盐务机关对盐核定售价，再以若干担为一轮档，按到达先后，照核定价格依次出售，不得竞争，不准涨跌，以安定盐市。

⑦ 湘、鄂、西、皖四省中，皖岸仅包括皖南，皖北蚌埠一带共 19 县不包括在内。

"耗余"① 纯益，获利颇丰。因此，汉行亦投资运盐。川帮盐商自建有群益公盐仓。1932 年 3 月，该帮盐商商请以盐仓所堆盐斤为押品向汉行借款，第一区区经理杨云表前往视察后，同意了盐商的请求。于是，双方商订押款办法，议决盐仓交汉行派员管理，由汉行出立栈单，盐仓可堆川盐 15 000 包，每包押款 14 元，但押款总额不得超过 20 万元，利息为月息二分。此外，汉行还提出，若押品有危险，由行方通知商号将押品搬迁至指定地点，所需费用与损耗由商号承担。一旦战争发生，汉行立即通知该商号为押品加保兵险，若商号不办理，则由银行代办，保险费由商号承担②。在汉行的努力下，其盐业放款业务进展较快，并在全行盐业放款中占有一定的地位。1934 年，汉行盐业放款总额为 3 815 812.82 元，占全行盐业放款总额的 10.03%，次于板浦、沙市和长沙各行。其中，抵押放款额为 1 489 467.18 元，占全行盐业抵押放款总额的 10.01%，仅次于板浦和沙市分行，位居第三。预税放款额为 1 430 049.20 元，占全行预税放款总额的 26.1%，仅次于板浦分行，位居第二，详见表 3-7。

表 3-7　1934 年汉行盐业放款情况表　　　　　单位：元

类　别	抵押放款	预税放款	信用放款	总　额
放款数	1 489 467.18	1 430 049.20	896 296.44	3 815 812.82
收回数	2 237 102.60	1 319 586.62	836 699.54	4 393 388.76
结数	347 648.45	329 272.08	59 596.90	736 517.43

资料来源：中国人民银行上海市分行金融研究所. 上海商业储蓄银行史料 [M]. 上海：上海人民出版社，1990：567-569.

信用放款额为 896 296.44 元，占全行盐业信用放款总额的 7.55%，次于长沙、沙市和板浦分行，排名第四③。在汉行放款总额中，盐业放款额也占有较高的比例。1934 年，汉行盐业抵押放款额占其放款总额的百分比约为 39.03%，预税放款额约占 37.48%，信用放款额约占 23.49%，信用放款和预税放款额共占 60.97%。就收回额来看，抵押放款收回额约占放款收回总额的

① 轮船装运扬子四岸淮盐，在场称放时，每担外加卤耗 12 斤（1 斤 = 500 克，下同），而实际途耗，平均每担约为 3 斤，存仓待售的仓耗平均亦约为 3 斤，除去卤耗和仓耗外还剩 6 斤，名为耗余。耗余不用付出厂价、包装、运费以及场岸各种税捐，而其售价却与面盐相同，其售价所得即为纯益。

② 佚名. 总、副经理及总经理各科全年函底 [A]. LS61-1-0313，武汉：武汉市档案馆，1932.

③ 中国人民银行上海市分行金融研究所. 上海商业储蓄银行史料 [M]. 上海：上海人民出版社，1990：567.

50.92%，预税放款收回额约占 30.04%，信用放款收回额约占 19.04%。押款结数额约占放款结数总额的 47.20%，预税放款结数额约占 44.71%，信用放款结数额约占 8.09%。1935 年，汉行盐斤押款额占其押款总额的百分比为 15.6%[①]。汉行盐业放款额中，预税和信用放款额所占的比重高达 60% 以上。盐税易受政府政策变动的影响，信用放款又无收回贷款的凭证，汉行盐业放款存在较大的安全隐患。从表象上看，汉行盐斤放款有着收益高、资金稳定的优势，然盐斤税重本轻，盐税税率受政府控制，一旦政策发生变化，盐商首先受到影响，汉行放款亦有风险。

第三节　农业放款

20 世纪 30 年代的形势及汉行寻找资金出路的需求使汉行创设了农业分部。汉行农业分部设立后，就拟订了工作计划，并按照计划开展相关业务。尽管汉行竭力拓展，但由于近代湖北农村经济不景气及汉行私营商业银行的性质，汉行的农贷业务进展不佳。中华农业贷款银行团成立后，汉行农贷业务拓展无望，遂逐渐萎缩，汉行农业分部也予以裁撤。

一、汉行农业分部的设立及其工作计划

汉行农业分部是在国民政府实施经济统制、改造农村经济以及上海银行的推动下设立的。建立伊始，该部就制订了协助棉产改进、推进湖北农运、筹设农业仓库的工作计划。

汉行农业分部是在汉行寻找资金出路及上海银行推广农贷业务的背景下设立的。1929—1933 年，经济危机蔓延全球，各资本主义国家为应付危机，实行政府干预经济政策。受西方国家政府干预经济的影响，我国学者及实业界领袖均主张实行经济统制政策，增强国货竞争力，挽救本国经济。经济危机的逼迫及社会各界的大力提倡使南京国民政府决定扩大经济统制，并试图将工矿、交通运输以及通信等业纳入国家统制之下。1933 年，国民政府实业部公布《实业四年计划》，规定由国家统筹安排粮食、棉花、煤炭等重要物质，实现生产与消费、供给与需求的平衡，企图通过经济统制实现以民族经济代替封建经济、建立现代化国家的目标。在政策的导向下，国民政府以及部分省政府对

---

① 佚名. 上海商业储蓄银行全行业务报告［A］. Q275-1-131，上海：上海市档案馆，1931.

棉业、蚕丝、茶叶等实行统制，并在全国开展改造农村经济运动。20 世纪 30 年代初的经济危机不仅使政府做出积极回应，而且迫使上海银行寻找新的发展之路。受 1931 年水灾、"九一八"事变及"一·二八"事变的影响，中国农村经济濒临破产。普通商民纷纷将现金存入银行，以确保资金安全，大量游资集中于上海。农村经济不景气，占全国人口 85% 的农民生计困难，这不仅会引起社会动荡，而且使以农业为主的国民经济面临破产，银行资金无从放出。

在经济形势的逼迫及政府的倡导下，上海银行创办了农贷业务。农贷业务创办后，上海银行就着手拓展该项业务，逐步推动农贷业务的发展。在确保资金安全并用于农业生产的基础上，上海银行先后与金陵大学乌江实验区及北平华洋义赈会合办农业贷款。随着农贷范围的扩大，与之相关的事务日渐增多，专办农贷业务的机构就必不可少。1933 年 1 月，上海银行设立农村合作贷款部，聘请杨介眉、邹秉文、徐仲迪等为委员，各委员每周开会讨论农贷事宜①。农业贷款合作部试着为各省组织较完善的农业合作社贷款。农业贷款合作部成立后，各分支行处所有农贷手续皆由总行直接办理。随着农业放款区域的扩大，上海银行在南京、郑州、长沙三行内设立分部，以方便调查、指导各地农贷业务。1934 年，上海银行将农业贷款合作部更名为农业部。鉴于湖北屡遭"匪祸"侵扰，农村经济衰颓，1934 年 3 月，汉行设立农业分部，定名汉行农业分部，以拓展业务，辅助农村经济发展。周苍柏兼任汉行农业分部主任，沈味之为助员②。

汉行农业分部设立后，就制订了下半期的工作计划。1934 年下期，汉行农业分部拟以协助棉产改进、推进湖北农运以及筹设农业仓库为主要工作。湖北气候温和，土壤肥沃，适宜种植棉花。湖北是中国的产棉大省，全省棉田面积在 1 000 万亩以上，平均每年棉产量超过 300 万担，占全国棉产量的 1/3。在后来年份，因湖北米、麦、杂粮价格低落，销路呆滞，各农户纷纷改种棉花，棉田面积与年俱增。棉业与湖北农村经济关系密切，棉业的发展情况将直接影响湖北农村经济。然而，湖北农民使用传统方法种植棉花，使该省所产棉花品质低劣，绒头粗短，不适用于纱厂纺织细纱。1933 年，全国经济委员会成立，该会计划设立棉、煤、矿等统制委员会。棉统会设立的目的为改进棉花生产，提高棉花质量。棉统会成立后，即着手在各地开展推广良棉、管理棉货

---

① 中国人民银行上海市分行金融研究所. 上海商业储蓄银行史料 [M]. 上海：上海人民出版社，1990：585-586.

② 佚名. 关于存放款、押汇、农村贷款等业务来函 [A]. LS61-1-0794，武汉：武汉市档案馆，1934.

市场等工作。在湖北，棉统会的主要工作是推广良种棉籽，改进棉花生产，汉行则协助棉统会做好相关工作。事实上，早在汉行农业分部设立前，汉行农业科就已经在协助棉统会推广良种棉了。1934年春季，汉行农业科协助湖北棉统会在襄河沿岸各棉区发放改良棉种500担。各区棉花播种面积超过8 000亩。在技术员的指导下，各区棉苗长势良好。1934年下期，汉行拟继续派员在沙洋、岳口等棉产区巡回指导，并拟在岳口、脉旺镇试办集中轧花，保留优种棉籽，来年继续推广。经过改良，湖北棉花产量每年增加4万担以上。

协助推进农村运动、制定放款方针亦是汉行农业分部1934年下期的工作。1934年上期，湖北已经成立的农村运动组织有湖北省农村合作委员会①、湖北棉业改良委员会②、湖北农村建设协进会③、湖北农村建设委员会、湖北农村建设同志交谊会、青山农村实验区、湖北农民教育第一实验区等。汉行拟在已有组织的基础上，继续推进农村运动。制订农业放款计划是汉行农业分部的核心工作。由于湖北农村经济连年凋敝，农民衣食不足，仓廪空虚，信用放款往往难以收回，汉行严格限制信用放款额度，本年上期其信用放款以5 000元为限。1934年入夏后，湖北天气炎热，久旱成灾，汉行遂停止信用放款，拟待下期农业仓库筹办完备后，再进行较大规模的农业放款。此外，汉行拟于1934年下期试办农村抵押放款业务。湖北襄河各地当铺相继停业后，代当④应运而生，并成为农村金融调剂中心。代当将农民所当衣饰运汉押款，农民若取赎所当物品，须先偿付本息，若隔10日或在10月份取件，须付月息1分；若以衣饰质当银，1个月内赎取，须付月息2分。为方便代当存放当品，岳口、脉旺两地领导计划开办农民抵押借款所，汉行拟以不超过2分的月息，为岳口贷款8万元，脉旺6万元，帮助两地设立抵押借款所。借贷所的建立不仅能够活跃农村经济，而且还可以促进岳口寄庄的汇兑业务。岳口寄庄每月汇款额在60万元以上，每卖出汇票1 000元收汇费4元，所得款项无法放出，且现款运汉运费高，风险大。借贷所成立后，岳口寄庄的余资可以放给借贷所，该庄便可放手出卖汇票，赚取汇费。以上计划若能如期实现，1934年下期，汉行合

---

① 由湖北财政厅与四省农民银行等组成，委员长为贾士毅，联员21人，各县指导员43人，计划截至1935年4月底建成农村合作社900家。

② 由武汉大学、武汉面业、纱厂以及金融界组织，汉行周苍柏为其委员之一。该会负责改良湖北棉产，其经济保管委员会即设于汉行。

③ 由热心农村运动的人士组成，每周开会一次，会务分总务、调查、研究、实验、推广五股。其进展计划分三期，第一期注重研究，第二期开始实践，第三期则设法推广。

④ 代理典当之意，一般设在郊区和邻近县的地区。因农村乡镇的农民要求短期资金周转，到城里去十分不便，乡镇"代当"便应运而生。"代当"一般规模小，资金也较少。

作社放款可达 5 000 元，农业仓库放款可达 2 万元，农民抵押放款预计 14 万元，共计 16.5 万元①，所收利息除去开支外，尚有盈余，可为以后农业放款打下坚实的基础。

二、农贷业务的开展

在原定计划的指导下，汉行农业分部着手开展相关工作。推广良种棉籽，指导棉花种植，提高棉花质量，是办理棉花运销合作的前提和基础。因此，汉行积极配合棉统会推广良种棉籽，改进湖北棉花，并为棉农提供贷款，以兜揽棉押业务。

汉行派李启田、沈味之、冯泽芳在襄河沿岸推广棉种，指导棉花种植，组织运销合作②。1934 年，汉行催幼南、武昌分行陈雪涛等人多次在襄河各地推广改良棉种，并要求各地散种棉花以集中整块、土地适宜、交通便利等为原则播种，以方便指导③。尽管汉行农业分部竭力推广，但各地良种棉籽播种情况不一。1934 年，汉行代棉统会在岳口散发美棉种子 250 担，分给河南岸、北岸各 75 担，委托区公所在各乡散发。然各乡棉籽散发情况并不理想，河北岸饶家宝领棉种 17 担，仅散出 14 担，尚有 3 担存于保长家中，现已失效，其他各乡"实际不种者约八九成"，岳口良种棉籽播种情况不佳。不仅如此，由于播种时雨水过多，一部分棉种未发芽，农民改种杂粮，或重新播种，导致良种棉种植面积减少，棉苗生长不齐，加上散种良种棉易与劣种棉杂交，品种难保纯正④。不过，脉旺镇良种棉籽播种情况良好。1934 年，汉行代棉统会在脉旺镇发放美棉种子 150 担。其中，大福乡播种面积为 600 余亩，西江亭乡为 400 余亩，杨林蒲乡有 1 000 余亩，分水嘴乡为 200 余亩，各乡植棉土壤均为整块沙质壤土，棉苗长势良好。

棉籽播种后，各良种棉区农民因受天灾等的影响，没有资金购买肥料，遂请求由张吟秋、张雅生等担保，向汉行借款 2 000 余元，每亩 1 元，3 个月为期，月息 1 分。同时，由信用良好且与汉行关系较好的张立成担保，在汉行开

---

① 佚名. 关于信用合作组织情况及工作计划纲要、进出口货物情况、股东名单等 [A].
LS61-1-0775，武汉：武汉市档案馆，1934.

② 佚名. 关于各分行负责人对行务方面的函件 [A]. LS61-1-0478，武汉：武汉市档案馆，
1934.

③ 佚名. 关于信用合作组织情况及工作计划纲要、进出口货物情况、股东名单等 [A].
LS61-1-0775，武汉：武汉市档案馆，1934.

④ 佚名. 关于信用合作组织情况及工作计划纲要、进出口货物情况、股东名单等 [A].
LS61-1-0775，武汉：武汉市档案馆，1934.

立脉农记透支户，透支总额以 3 000 元为限，各乡需款者亦可委托本乡乡长贷款，所借款项只能用于购买肥料，不得用作他途。此外，汉行还以这种方式向大福、西江亭两乡放款千余元①。汉行的放款使农民获得了购买棉花肥料的资金，为秋季棉花丰收奠定了基础。1934 年秋，沿襄河各地棉花丰收，然中国棉业公司在仙桃镇等地设立轧花厂，派员至各乡以每担 11 ~ 12 元的价格收购改良美棉籽花②。而汉行所收皮花每担仅给 40 元左右，若扣除运销须缴的营运税、商埠捐税，每担棉花棉农所得还不到 40 元。为此，汉行和纱厂联络，拟提价 2 ~ 3 元。即便如此，汉行所出价格也难与棉业公司匹敌。若棉农核算价格后，发现皮花价格尚不及籽花高，必然会迁怒于汉行，汉行定会因此失信于人，以后再继续推广良种棉就会难上加难③。对此，总行认为，暂缓组织沙市及襄河一带棉花产销合作，全行集中精力试办陕西泾惠渠一带的棉花产销合作，待办有成效后，再推广至其他区域，轧花厂由规模较大的合作社自办，暂时不宜投资④。汉行试办棉花产销合作的计划暂告流产。

此外，汉行还为农业信用合作社及农村公共设施修筑放款。青山农村实验区办有教育、社会、经济三组实验区，并有专员指导区内农民组织信用合作社，已成立信用合作社 20 余社，其中有 10 余社已和 4 省农民银行建立借贷关系。为试办农村信用合作社放款，汉行选择组织健全、担保可靠的合作社 5 社，为其发放信用贷款。1931 年水灾后，由于农村连年经济凋敝，农产品价格低落，农村元气未复，农民生产费用极度缺乏，此 5 社社员请求汉行给予信用放款。对此，汉行放款 2 346 元，平均每位社员放款 19 元，期限 6 ~ 8 个月，年息 1 分⑤。此外，汉行还在青山农村实验区成立信用社联合办事处，并调查本区社员农产收入情况，准备试办农产品运销。青山各区盛产小麦、米、大豆等农产品，1931 年水灾后，农村经济凋敝。每年秋季收获后，农民急于将农产品脱售。小商贩则乘机以低价收买，并运往汉口、上海等地以高价出卖，使农民惨遭损失。为避免农户低价出售农产品，汉行以青山实验区所收米谷

① 佚名. 关于信用合作组织情况及工作计划纲要、进出口货物情况、股东名单等 [A]. LS61-1-0775, 武汉：武汉市档案馆, 1934.

② 籽花每百担轧皮花 28 斤，加轧工运费，每担须 50 元以上。

③ 佚名. 关于信用合作组织情况及工作计划纲要、进出口货物情况、股东名单等 [A]. LS61-1-0775, 武汉：武汉市档案馆, 1934.

④ 佚名. 关于存放款、押汇、农村贷款等业务来函 [A]. LS61-1-0795, 武汉：武汉市档案馆, 1934.

⑤ 佚名. 关于各分行的行务 [A]. LS61-1-0477, 武汉：武汉市档案馆, 1934.

3 000 担为抵押向该区放款 5 000~6 000 元①。汉行积极推动农业信用合作社放款，并取得了一定的成绩。1934 年，汉行向 30 所信用合作社发放贷款，放款结余额为 16 020 元②。其中，放于武昌的信用款为 22 002 元，贷款结余 17 269 元③。

农村基础设施是农业发展的基本保障，汉行在一定限额内承做农村基础设施建设放款业务。武昌县为湖北地方自治实验县，该县以青山各乡为实验区。实验区委任湖北教育学院张直安为区长，带领农民开展农村建设。由于该区附近池塘年久失修，每逢夏季亢旱，无蓄水调剂，导致该区受灾严重。为避免该区天旱无水使用，张区长计划于 1934 年冬修筑池塘。然修筑池塘需要大笔资金，该区拟向汉行借款。张区长与汉行协商，以地方殷实人士担保，向汉行借工程款 2 万元，借款期限 2 年，月息 1 分。同时，张区长提出，池塘修筑施工细则可交汉行审查，待汉行审定后动工，届时汉行再付款，并再三保证所借款项绝不用作他途，否则，汉行可停止支付借款，提前索回本息④。对于这一请求，上海银行认为，修筑池塘借款并非合作社放款，原则上本应拒绝，但建筑池塘事关水利，可承做 5 000 元以内的放款，若放款不能偿还，担保人须切实担负偿还责任。汉行将总行的意见转达给张区长后，张区长多次提出，修筑池塘工程浩大，5 000 元根本不够使用，需将借款增至 1 万元左右。经再三考虑，汉行同意最多只能借 5 000 元⑤。

三、农业贷款的收缩及效果

白银风潮、水灾的侵袭以及中华农业合作贷款银行团的成立使汉行本不景气的农贷业务日益萎缩。

汉行农贷业务开办不久，白银风潮就席卷全国，全国各地金融市场动荡不安。白银风潮尚未平息，长江流域洪水又起，稍有起色的农村经济再度陷入困境，农村发展无望。中华农业贷款银行团成立后，以向农村贷款为宗旨，汉行

① 佚名. 关于信用合作组织情况及工作计划纲要、进出口货物情况、股东名单等 [A]. LS61-1-0775，武汉：武汉市档案馆，1934.

② 中国人民银行上海市分行金融研究所. 上海商业储蓄银行史料 [M]. 上海：上海人民出版社，1990：598.

③ 中国人民银行上海市分行金融研究所. 上海商业储蓄银行史料 [M]. 上海：上海人民出版社，1990：595.

④ 佚名. 关于信用合作组织情况及工作计划纲要、进出口货物情况、股东名单等 [A]. LS61-1-0775，武汉：武汉市档案馆，1934.

⑤ 佚名. 关于信用合作社组织情况及工作计划、进出口货物情况、股东名单 [A]. LS61-1-0784，武汉：武汉市档案馆，1934.

农业放款业务拓展空间狭窄。1935 年 2 月，交通、金城、上海、浙江、中国农民 5 行发起，4 行储蓄会，中南、大陆、国华等银行参加，共同成立中华农业合作贷款银行团（以下简称"银行团"）。银行团以发放农村贷款为宗旨，以棉花运销合作贷款为主要业务，贷款分生产、运销和利用 3 种，贷款总额以 300 万元为限，利息则根据各地行市另行确定①。银行团成立后，在湖北各地设立了区团办事处，统一办理鄂省农业放款业务。

本来，汉行拟于 1935 年增加放款额，扩充农贷业务，但由于农村经济不景气，且农贷银行团已经成立，汉行农贷业务已无继续开展的必要。因此，上海银行核减汉行农放头寸，要求汉行将棉花放款交由中华农业合作贷款银行团办理，信用合作社放款则在稳妥范围内集中办理，暂勿扩充新区域及新合作社，并选 1~2 个农业仓库试办农产押款业务②。汉行农业放款进展状况本来就不佳，开办以来仅放款 3 万余元，所得利息尚不敷开支。中华农业合作贷款银行团成立后，汉行农贷业务更无从扩展。汉行遂遵照总行指示，拟收回放款后，撤销农业科③。1935 年 9 月，汉行农业科颜培奇、王槐荫相继被调回总行，农业科的账目转入汉行储蓄处，由该科原主任沈作鼎催收欠款④。1936 年 1 月，总行来函催促汉行尽快于本月底收回欠款，裁撤农业科，并从 2 月份开始停支沈作鼎的薪水，暂时未结清的欠款，届时转入汉行商业部办理⑤。汉行农业科裁撤后，尚有届期未偿农业欠款 11 730 元⑥。欠款数额虽不多，但催收却颇为困难。截至 1937 年 1 月，汉行农业合作放款共放出 38 667 元，除先后收回 16 350 元和 10 765 元外，还有 5 124 元尚未收回，汉行多次函请武昌县政府传案催收，县政府却以"疾苦过甚之农民兹残冬风雪之侯，殊令人不忍积极逼迫"回复汉行⑦。

---

① 黑广菊，刘茜. 大陆银行档案史料选编 [M]. 天津：天津人民出版社，2010：368-372.

② 佚名. 上海银行关于总分行处经副襄理及主任的函件 [A]. LS61-1-0565，武汉：武汉市档案馆，1935.

③ 佚名. 关于总行所属单位的经、副、襄理及主任的来往函件 [A]. LS61-1-0439，武汉：武汉市档案馆，1935.

④ 佚名. 关于致总经理及总行部处经理有关押汇人事问题的函稿 [A]. LS61-1-0967，武汉：武汉市档案馆，1935.

⑤ 佚名. 关于总分行经理致周、董、李经理、副经理函件 [A]. LS61-1-0527，武汉：武汉市档案馆，1936.

⑥ 佚名. 关于汉分行致总经理、襄理及总分行经、副、襄理有关购票折放业务、人事问题的函稿 [A]. LS61-1-0998，武汉：武汉市档案馆，1936.

⑦ 佚名. 上海银行有关人员提升、保证书、押款等件 [A]. LS61-1-0975，武汉：武汉市档案馆，1935.

农业放款是汉行在全国经济不景气、农村资金流向城市、银行资金无从寻找出路的背景下拓展的新业务。汉行通过协助政府推广棉花改良、建立信用合作社和农业仓库等方式，发展农村经济，并选择担保可靠、资金稳妥的项目发放农业贷款。尽管汉行打着"服务社会，扶助农村经济"的旗号开展农贷业务，然其放款政策是务实的、渐进的，更是商业银行式的。在业务推广模式上，汉行更注重在某个地区试点，成功后再行推广至其他地区。在放款对象的选择上，汉行力求选择信誉良好、有还款保障的农户或农业合作社，同时还需政府具保。对于农民购买农具、肥料也酌予放款，但放款数额有限；农村兴建基础设施需款数额较大，汉行严格限定数额，汉行的所有举措均为确保资金安全。尽管农业放款数额有限，且汉行竭力保障资金安全，放款的催还还是颇为艰难。之所以如此，其根源在于农村经济衰疲，农民无力还债。在兵荒马乱、天灾人祸相继侵扰的年代，底层农民生存艰难，命运多舛。农民每年所得除去各种税款后净收入维持生计尚且困难，何谈清偿债务？

汉行的农贷业务仅开展一年多就草草收场，汉行不仅未能通过农贷挽救农村经济，获得利润，反而留下了一笔数目不多却屡催不还的欠款，其原因值得深思。汉行的农业放款名义上是以辅助、改造农村经济为目的，而其实际措施却与这一目的相去甚远。在放款中，汉行处处强调资金安全，放款利息较高，足以说明其以扶助、改造农村经济为旗号，实际上是以实现盈利为目的。农业放款既需要雄厚的资金作后盾，又需要较长的周期才能获得收益，同时还要承担贷款无法收回的损失，这显然不符合商业银行以营利为目的的经营特点。当然，汉行开展的系列改造农村经济的活动有利于增加农民的农业知识，提高其生产水平；其投放于农业的资金也一定程度上缓解了农村资金紧缺。

第四节　政府放款

从 1923 年建行到 1938 年撤退至重庆，武汉政权更迭频繁，中央政府及坐镇武汉的历届地方政府均以军政需款为由向汉行借款。受时局影响，汉行不同时期的政府放款具有不同的时代特色。对于政府借款，汉行常唯恐避之不及，但强势政府的催逼使汉行又不得不稍微承借。

一、承借北洋军阀及武汉国民政府的摊派款

直系军阀统治湖北时期，各路军阀为扩充地盘，相互征战不休，湘鄂、川

鄂战争相继爆发，武汉政局动荡不安。军阀征战平息不久，北伐军兴。作为北伐的主战场，湖北备受战争侵扰。战争在使武汉社会经济遭到破坏的同时，也使政府积累多年的财富消耗殆尽。为获取征战费用，直系军阀吴佩孚以及北伐军屡向武汉银行界借款，汉行自然也难逃勒借。

1924—1926 年，湖北战乱频繁，政局动荡不安。直系军阀坐镇湖北期间，湖南军阀赵恒锡向外发展，以巩固湖南地盘。他趁湖北发生兵变、鄂人驱逐督军王占元之机，以援助鄂省自治为名出兵湖北，并于 1921 年 7 月 29 日进入湖北境内。大军压境，王占元急电求援，无奈各方均不愿支援，王占元遂宣告辞职。北京政府任命吴佩孚为两湖巡阅使、萧耀南为湖北督军，镇守湖北，驱逐湘军。吴佩孚抵达武汉后，一面放出和谈风，一面调重兵围攻湘军，致使湘军全线溃败。经英国驻汉领事调停，吴佩孚、赵恒锡签订了《岳州休战条约》①，两湖重归吴佩孚统辖。湘鄂战争尚未平息，川鄂两军纷争又起。在湘鄂战争一触即发之际，湘省赵恒锡致电川军总司令刘湘，约其出兵鄂西，以分直系兵力。刘湘虽同意出兵，但却有自己的打算，他想趁湘鄂战乱之际出兵鄂省，实现夺回川盐楚岸销场、结惠于湘省的目的。川军入鄂后，连克连捷，攻下秭归、利川各县后，进逼宜昌。此时，湘鄂战争中鄂军得利，吴佩孚遂抽调大军，开赴鄂西，并亲自到前线指挥，最终击退川军。川鄂、湘鄂战争平息不到两年，北伐战争打响。随着战争的推进，北伐军转战两湖，并与直系军阀在两湖战场上展开决斗。

接连不断的战争使直系军阀积累的财富消耗殆尽，为获得军政费用，吴佩孚大肆向银行界勒借款，北伐军抵汉后，亦频频向武汉银行界借款，以解决财政困难。面对政府的强势勒借，汉行无力抵抗，只得勉强认借。直系军阀统治湖北期间，汉行共承做军政借款 5 笔，借款额达 78 935 元。其中，1924 年 11 月，武汉当局要求汉口中国银行经手，向武汉金融界借款 15 万洋元，汉行摊借 6 660.67 洋元。1925 年 11 月，武汉当局与汉口银行公会协商，要求汉口银行公会向在会各行借款，以电话电报局及京汉铁路南段事务所收入作抵押，汉行摊借 10 500 洋元。1926 年 6—7 月，湖北当局以湖北短期库券票面洋 5 万元、4 400 元作抵，分别向汉行借款 27 369.65 元和 4 400 元。1926 年 8 月，吴佩孚经总商会向汉口银行界借款，以鄂岸盐税收入的 3/4 作抵，汉行摊借 3 万元。

北伐军抵汉后，亦屡向汉行借款。从誓师北伐起，北伐军就面临严重的经

① 陈贤庆. 民国军阀派系 [M]. 北京：团结出版社，2009：176.

济困难。北伐军抵汉不久，武汉国民政府建立，国民党的党政军机构相继迁汉，庞大的军政费开支使原本就困难的财政经济雪上加霜。为解决财政困难，武汉国民政府采取整顿旧税、开征新税、没收军阀"逆产"等措施，开辟财源，但所得仍不敷开支，遂大规模发行公债、库券。湖北经济由于屡遭战争、金融恐慌的重创，几乎濒临破产，武汉国民政府公债、库券发行效果不彰，遂频频向银行界借款，以维持庞大的军政费开支。从 1926 年 9 月至 1927 年 2 月，国民政府各部门先后向武汉银行界借款 14 次，借款金额高达 5 257 315 元，借款部门有湖北财政委员会、国民政府总部、财政部、交通部等①。其中，汉行摊派军政借款 12 笔，总金额达 452 541.53 元。1926 年 9 月，国民政府以中央银行钞票票面额 22 500 元作为抵押，向汉行借款 15 000 元，期限 1 年②。同时，国民政府财政部还拟以整理湖北金融公债票面 107 500 元向汉行抵押借款 15 万元，并要求汉行限期交齐。由于借款数额过大，汉行不愿承借，遂以资金周转困难为由，多次呈请财政部，要求减少数额。在汉行的努力争取下，财政部允许汉行将借款额降至 10 万元。为防止其他银行效仿，财政部要求汉行仍按 15 万元的标准将借款转至财政部账上，待公债出售后，财政部开具支票 5 万元，调回公债票面 62 500 元，这样一来，汉行只承借 10 万元。此外，财政部还特别叮嘱汉行"此乃特别通融办法"，要求汉行"须紧守秘密，以免各行烦言"③。由于史料缺乏，这笔借款最终承借与否，我们不得而知。1926 年 10 月，湖北财政委员会以汉口房租 1 个月、水电加捐 2 成以及铁路收入作抵押，向武汉银行界借款，汉行摊借 2 万元④。

财政委员会借款不到 1 个月，湖北官钱局抵押借款遂提上议事日程。湖北官钱局设立后就发行官票。起初，官票因发行额少、湖北制钱短缺而信用颇佳，官票市价亦高出票面价。民国年间，湖北战乱频繁，财政支出浩繁。湖北当局无法应付，只得大量发行官票以筹措经费，官票的滥发无度使其市价暴跌。1926 年开春后，官票暴跌，官厅及商民虽设法维持，但所筹款项终属杯

① 余捷琼. 民国十六年武汉的集中现金风潮 [J]. 社会科学杂志（北平），1936，7（4）：464.

② 中国人民银行上海市分行金融研究所. 上海商业储蓄银行史料 [M]. 上海：上海人民出版社，1990：189.

③ 佚名. 上海商业储蓄银行有关财政部发行正理、湖北财政金融公债向汉行等摊借、汉口银行行员工会筹备及成立情况等事项唐寿民等致陈光甫的函件 [A]. Q275-1-2371，上海：上海市档案馆，1927.

④ 中国人民银行上海市分行金融研究所. 上海商业储蓄银行史料 [M]. 上海：上海人民出版社，1990：189.

水车薪，无济于事。经过激烈的争论，官商各界议决，将官钱局改组为湖北省银行，选举有威望的官绅为委员，成立湖北官钱局产业委员会，由委员会草拟银行章程①。后湖北多次召开省银行筹备委员会会议，并公决银行招股办法4条②。然招股办法公布后，所收股本数额远远不够额定资本，官钱局产业委员会遂议决，拟以官钱局产业为抵押，向武汉金融业借款。1926 年 11 月 4 日，湖北政务、财务委员会主任陈公博召集汉口总商会会长周星棠、副会长邓燮卿、中国银行行长洪钟美等，召开湖北银行筹备会。经与会人员激烈讨论，最后议决以湖北官钱局产业作抵押，向武汉银业、钱业借款 500 万元，创办湖北省银行。其中，中国银行派借 70 万洋元，交通银行 50 万洋元，汉口银行 20万洋元，钱帮 70 万元，不足之数则由汉口总商会承担，一律限期认缴③。筹设湖北省银行方案公布后，黄陂商业银行积极支持，自愿承借 5 万元摊派款④。其他各行则以借款数目太大为由不愿承借，但又不敢公开抗令，只有拖延时日，不给具体答复。1926 年 11 月 22 日，湖北财政委员会通知中行如数认借，但中行要求由其他银行先行认借。湖北财政委员会强行要求中行先借，中行拒不先借，双方僵持不下。湖北财政委员会遂派兵把守中行前后门，查抄该行所存北京政府股本。普通商民获悉此事后，纷纷前往中行提取现款，汉口中行大量现款被提，最终引发了挤兑风潮。由于中行措置得当及同业的鼎力相助，挤兑风潮很快宣告平息⑤。笔者仔细梳理了汉行 1926 年军政借款情况，目前尚未发现该行有分摊这笔借款的记录。

国民政府迁汉后，汉行屡遭武汉国民政府借款。仅 1927 年 1—2 月，汉行就承借军政借款 10 笔。1927 年 1 月，武汉国民政府财政部以整理湖北金融公债 187 500 元作抵，向汉行借款 15 万元。1927 年 2 月，汉行摊派的军政借款有津浦铁路借款 17 389.53 元，湖北建设厅借款 27 000 元和 45 000 元，国民政府财政部汉库借款 44 850 元，湖北财政局借款 2 179 元，湘鄂路局信用借款32 697.38 元和房地产抵押借款 57 517.76 元，湖北赈务会借款 9 717.42 元，湖北建设厅省道局借款 31 190.44 元⑥。1927 年汉行摊派的军政借款最高达 15

---

① 佚名. 湖北银行章程 [J]. 银行月刊，1926，6（7）：4.

② 佚名. 湖北银行之进行观 [J]. 银行杂志，1926，3（18）：74-75.

③ 佚名. 筹办湖北银行 [J]. 银行月刊，1926，6（11）：157-158.；佚名. 1926 年业务函电[A]. LS61-1-0008，武汉：武汉市档案馆，1926.

④ 佚名. 筹办湖北银行 [J]. 银行月刊，1926，6（11）：157-158.

⑤ 佚名. 1926 年业务函电 [A]. LS61-1-0008，武汉：武汉市档案馆，1926.

⑥ 佚名. 上海商业储蓄银行有关十五年（1926）年底以前军事借款汇录、历年军政借款情形及政府借款之研究 [A]. Q275-1-1625，上海：上海市档案馆，1937.

万元，其他的则在 2 000 元和 60 000 元之间波动，借款以抵押借款为主，押品主要是公债票。

二、南京国民政府时期汉行的军政放款

南京国民政府成立后，中央、湖北以及统治武汉的历届政府亦频向汉行借款。

南京国民政府形式上统一全国后，蒋介石拟通过裁军掌控全局，并接连召开会议，讨论"编遣"全国军队事宜。早在编遣会议召开前，武汉财政委员会（简称"财委会"）就着手准备裁军相关事宜。裁军需要大笔经费，但武汉各项税收远不敷开支，经费无从腾挪，中央拨款一时又难以到汉。鉴此，武汉财委会函告汉口银行公会，拟向各银行借款 100 万洋元，中央拨款到汉后立即偿还。对此，汉口银行公会认为："刻下政局粗安，汉公会及商会似宜帮忙表示合作，籍除误会。"① 银行公会虽同意借款，但具体如何认借，各方意见不一。为确定摊借办法，汉口银行公会连日频繁召开会议。汉行主张以二五附税为担保，指定银行代收，并减少借款数额。由于担心各行不愿摊借，汉口银行公会只好等召开各行会议时再行讨论。摊借办法迟迟未能确定，财委会却频繁催款，汉口银行公会无可奈何，只得派代表与财委会协商解决办法。双方几经讨价还价，终未能达成协议，借款一再拖延。财委会急不可待，遂命令汉口银行公会务必齐集各行，商讨摊派办法。1928 年 9 月 16 日，汉口银行公会召集各会员协商摊借办法，各行均不愿认借。经再三协商，议决承借 60 万元，以二五附税为担保，指定银行代收，各行自行认借。摊借方案呈送财委会后，财委会坚持要求银行界认借 70 万元。银行公会据理力争，财委会亦做出让步，最终双方议决借款 70 万元。其中，60 万由银行公会垫借，其余 10 万元由汉口中国银行另加借 3 万元，交通、四明各 2 万元，上海、聚兴诚、大陆各 1 万元②。得知需要另行加借，汉行派员前往财委会，力陈困难，以求免借，财委会表示非借不可。1928 年 9 月 26 日，汉口银行公会与武汉财委会签订借款合同，规定财委会向武汉各银行借款 60 万元，以江汉关内地二五税税收除整理湖北金融公债基金外部分作抵，月息 1 分，分期偿还，由各行指定银行接收。

---

① 佚名. 上海商业储蓄银行有关业务、时局以及杨介眉致陈光甫、杨敦甫函件［A］. Q275-1-2293，上海：上海市档案馆，1928.

② 佚名. 银行公会来函涉及大革命后金融变政及政府人员、银行经副理［A］. LS61-1-0294，武汉：武汉市档案馆，1928.

其中汉行承借 6 万元，承借数目最多①。1928 年 8 月，禁烟局收支股长聂郁轩与汉行经理周苍柏商谈，谓十八军久住民房，扰及市面，本欲赶造营房，但苦于资金缺乏，请求汉行借款 3 万元，以武阳夏房捐为担保，每月收房租三成，一个月即可收得 27 万~28 万元，将其中一半拨存汉行。由于武汉当局前有借汉行之款久欠不还，现又欲借新债，周苍柏拒绝了其请求。而聂郁轩一再请求，并承诺借款可在禁烟局账户内支付，若借款两个月内不能清偿，由禁烟局担保偿还。对此，汉行在仔细审查禁烟局账目后认为，目前该账户有未收回票据欠款 23 000 元，现洋 62 000 元，两栈尚存有 49 000 元，若在禁烟局账上支付，两个月内支付 3 万元完全没有问题，且聂郁轩的叔淑为禁烟局局长及十九军参谋长，聂信誉可靠，遂同意借款。尽管借款担保可靠，借款人信誉良好，但总行还是再三叮嘱汉行"如再有借款发生，须以通盘筹算，商定能借与否，以便自有伸缩"②。

财委会借款合同墨迹未干，蒋桂战争即紧锣密鼓，军饷的摊借又不可避免地落到武汉各银行身上，汉行亦难逃厄运。蒋介石本想通过削弱各派的军权以打击政敌，然各派首领均不肯俯首听命，蒋介石遂采取各个击破战术。桂系是 1927 年 8 月逼迫蒋介石下野的主谋，蒋对其含恨不忘，首先集中力量打击盘踞两湖的桂系。1929 年 2 月，蒋介石整顿军备，准备讨伐桂系。此时，武汉政治分会主席桂系首领李宗仁对外宣称顾全大局，不会挑起战争，然双方军事准备行动却昭然若揭。兵马未动，粮草先行，桂系首领李宗仁派白传九筹措军饷，白拟筹饷 500 万元，摊派给汉银行界 200 万元，汉行摊派数目最多，高达 22 万元③。汉行以借款数额太大、无力承借为由予以敷衍。白传九向汉行承诺，中央济汉之款交由汉行承汇。1929 年 3 月 10 日，白传九通电汉行，要求其先行垫款。得知消息后，汉行周苍柏、程顺元等连日讨论应付办法。因担心军阀借款无着，查封库存，周苍柏、程顺元分别商请花旗、德华、正金等行，请求寄存现款，花旗允存 15 万元，德华 10 万元，正金 20 万元。获各行允许后，汉行遂将部分现款存放外商银行，钞票则存于华新仓库。此外，汉行还通

① 其他各行承借数目如下：中国银行 6 万元，浙江兴业银行 4.4 万元，金城银行 4.2 万元，中国实业银行 1.6 万元，大陆银行 2.4 万元，交通银行 5 万元，盐业银行 4.2 万元，四明银行 4.8 万元，懋业银行 2 万元，浙江实业银行 4.4 万元，中南银行 4.3 万元，中孚银行 2 万元，广东银行 2 万元，聚兴诚银行 6 万元，工商银行 1 万元。（佚名. 银行公会来函涉及大革命后金融变政及政府人员、银行经副理［A］. LS61-1-0294，武汉：武汉市档案馆，1928.）

② 佚名. 上海商业储蓄银行有关业务、时局以及杨介眉致陈光甫、杨敦甫函件［A］. Q275-1-2293，上海：上海市档案馆，1928.

③ 佚名. 区经理函稿［A］. LS61-1-0304，武汉：武汉市档案馆，1930.

知湖北省银行及客户尽量将其存款提走，在汉行的再三要求下，其存款一星期内即被提走 200 多万元。安顿好库存现金后，周苍柏前去会晤白传九，告知因借款及战事谣传，汉行存款被提去 200 多万元，暂时无力借款。且目前外国银行及商人将汉埠 700 多万元的申钞运往上海，市面银根奇紧，请政府设法维持。对此，白传九表示，银行界与政府是好朋友，绝不使摧残手段。周苍柏规劝白传九，战争对桂系不利，不必冒天下之大不韪。白传九则承诺，绝不会有战争发生。不久，形势逆转，中央免去了张华辅、张知本、胡宗铎等人的政治分会委员职务，中央每月 10 日汇往武汉的 20 万元接济款也改为 14 日补汇，各界皆认为战争可以避免。然而白传九却不放心，仍坚持向工商界借款，他连日召见王子鸿、王毅灵以及银行界要人谈话，各行均设法延宕。对于政府的逼迫，汉行原打算以强硬手段应付，但考虑到汉阳各栈押款还有 300 多万元没有收回，如被逼迫停业，损失极大。因此，汉行只能避重就轻，敷衍塞责，设法拖延。斯时，武汉盐商已经交款 71 万元，土商交 50 万元，各行迫于形势亦认摊 50 万元。李济深被扣后，白传九以财政委员会名义屡邀银行界各要人谈话，商谈借款事宜。他表示李济深被扣，战争不可避免，各银行摊借数目仅为 200 万的 1/4，要求各行尽快筹款①。对于桂系军阀的强硬摊派，沈季宣主张借款仍遵前议，但需两次才能交齐，白传九表示同意。蒋桂战争一触即发，汉行库存现金虽已设法转移，但陆续偿还的押款依然为数不少。为确保资金安全，汉行连日商讨处置现款办法，决定为各栈存货购买兵险②，然保险费过高，汉行遂催促到期押户前来赎取押品。各户赎走押品后，汉行库存现款又增至 200 多万元。此项巨款若存放他处，汉行担心其安全问题；若存放行内，又怕遭遇军阀勒借，库存被销毁。为保证现款万无一失，汉行派陆君毅、黄元吉将其中125 万元申钞直接运往上海③，并议决若白传九再行逼借，遂以停业相抵制。1929 年 4 月 6 日，第一区区经理杨介眉从沪回汉。此时，蒋介石已到汉，形势急转直下，桂军师长李明瑞、杨腾辉倒戈，胡宗铎、陶钧夏、叶琪等不战而退，桂系在角逐中败北，所议借款也无果而终④。

　　蒋介石入汉后，屡以发行公债等方式向武汉银行界借款，汉行亦是被借款的对象。蒋桂战争中，桂系在角逐中败北，胡、陶被迫下台。1929 年 4 月，

　　①　佚名. 区经理函稿 [A]. LS61-1-0304, 武汉：武汉市档案馆, 1930.

　　②　原议将各栈存货搬至法租界，后因栈房不多，不能容纳，且搬运既耗时间，又费金钱，还难以办到。（佚名. 区经理函稿 [A]. LS61-1-0304, 武汉：武汉市档案馆, 1930.）

　　③　佚名. 杨云表致陈光甫私人函件 [A]. LS61-1-0203, 武汉：武汉市档案馆, 1931.

　　④　佚名. 区经理函稿 [A]. LS61-1-0304, 武汉：武汉市档案馆, 1930.

蒋介石力推何成濬为湖北省主席，武汉遂纳入南京国民政府的统治。蒋介石入汉后，汉行仍屡遭政府勒借款。1929 年 4 月，白志鹍向汉行借款 5.5 万元，汉行分两次交足。后据浙江兴业银行张承谟透露，此次借款，汉口中国、交通二行均未交足，中国银行摊派 5 万元，实际只交 3.5 万元，交通银行原派 4.5 万元，实交 3.2 万元，其余各行则全数交齐①。1929 年 10 月，蒋介石乘兵舰抵汉，抵汉后即召集中国银行行长王子鸿谈话。王因父病离汉，程君代为前往。蒋介石急需用款，遂要求中国银行代垫 50 万元。程君当即表示，中国银行一家无力代垫。蒋介石遂邀请银行公会主席团谈话，商议筹垫办法。银行公会派王毅灵、沈记宣前往。蒋介石告诉沈、王二君需款紧急，要求银行公会筹垫 50 万元，限第二天早上 8 点筹齐，并声明已请宋子文提前通电各行。王毅灵以未收到宋部长来电、时间太短难以筹措为由予以敷衍。蒋介石要求银行公会抓紧办理，非第二天早上 8 时不可。王毅灵、沈记宣回公会后，函告各银行连夜召开紧急会议，并邀请省银行加入，各行皆以为此款非垫不可。为此，各行按照筹款惯例，根据实力自行认借。汉行、聚兴诚、中国、实业、广东等行均摊 3.2 万元，中国实业、广东各认 1 万元，聚兴诚仅认 1.5 万元②。1929 年 6 月，国民政府财政部为抵补整顿税款期内的经费不足，特发行民国十八年关税库券 4 000 万元，月息 7 厘，分 62 个月偿还本息，实收九八折，以指拨关税增加的收入为偿还本息基金，由财政部委托江海关二五附税国库券基金保管委员会兼代保管，于每月 25 日由总税务司拨交中央银行，列收该委员会账内备付③。关税库券发行办法公布后，国民政府财政部要求各地银行公会组织会员银行购买库券，各地银行公会不愿购买，故意拖延时日。国民政府给各地银行公会定额摊派，其中派上海银行公会 500 万元，天津银行公会 300 万元，汉口银行公会 200 万元。1929 年 6 月，财政部致函汉行，谓以关税库券 20 万元向汉行低借现金 10 万元，月息 9 厘，期限为 3 个月，如到期未能偿还可再展期 3 个月，6 个月后若还未完全清偿，汉行可将未清偿的库券折价出售。鉴于上海银行在沪、津、汉三地的分行均为当地银行公会会员，上海银行与财政部协商，以关税库券票面 100 万元押借 50 万洋元，沪、津、汉三地分行的库券摊派均由上海银行承担，获财政部批准。上海银行以汉行名义摊借 10 万洋元，

---

① 佚名. 第一区区经理函稿（涉及当时国民党军政情况）[A]. LS61-1-0201，武汉：武汉市档案馆，1927.

② 佚名. 区经理致总经理函 [A]. LS61-1-0151，武汉：武汉市档案馆，1929.

③ 罗介夫. 中国财政问题 [M]. 上海：太平洋书店，1913：384.

并将已签字合同的复印件寄给汉行，以防汉口银行公会再次摊派①。

关税库券发行不久，国民政府财政部为筹措编遣费及编遣期间的军费，拟以拨付关税增加收入为偿还本息基金，发行民国十八年（1929 年）编遣库券7 000 万元，月息 7 厘，实收九八折②，各省分销。中央政府要求湖北承销 200万元，3 个月内交清。湖北政府要求汉银行界筹垫 100 万元，汉公会与各界议决拟在国税、特税、盐税以及省政府征收中央税下加增二成预算，3 个月内可收 40 万元，其余 60 万元拟抽取各业薪水 1 月即可凑足。后财政部电告湖北，税收已用作他途，抽取税收承募公债计划遂宣告流产。1929 年 9 月 11 日，国民政府财政部再度来函催款，汉口银行公会议决，汉各行认借办法仍按照关税库券办法以总行为单位认借③。1930 年 10 月，湖北省银行与汉行订立合同，以债券 200 万元向汉行抵押借款 80 万元，月息 9 厘，6 个月为期④。1931 年，长江流域洪水为灾，武汉当局为筹措赈灾费用，向汉银行团借款 30 万元，3 个月分期偿还，月息 9 厘，汉行摊借 2.25 万元，后汉口银行公会议决捐款5 万元助赈，汉行认捐 5 000 元⑤。此外，1932 年 1 月，汉行承做政府放款借款3.37 万元和 5 万元；1932 年 2 月，承做 3 万元。

三、政府放款的特点分析

汉行的军政放款经历了北洋时期、武汉国民政府时期以及南京国民政府时期三个时期。在不同的历史时期，汉行的军政放款也呈现出不同的特征。

北洋时期，汉行的军政放款总额较小，每笔放款的数额亦不大，以切实收入为担保的放款额较大，但由于政权更迭频繁，放款常不能如期收回。直系军阀坐镇湖北期间，军阀之间战争频繁，直系军阀屡屡向银行业借款。但由于刚刚建立，汉行的基础薄弱，其摊派政府借款的数额较小，详见表 3-8。

表 3-8　汉行军政借款情况一览表（1924—1926 年）　　　单位：元

时间	数额	担保	备注
1924 年 11 月	6 666		湖北官钱局借款，已清

① 佚名. 关于业务等工作的函件 [A]. LS61-1-0793，武汉：武汉市档案馆，1929.
② 罗介夫. 中国财政问题 [M]. 上海：太平洋书店，1913：385.
③ 佚名. 区经理致总经理函 [A]. LS61-1-0151，武汉：武汉市档案馆，1929.
④ 佚名. 上海银行关于总经理介绍函稿 [A]. LS61-1-0664，武汉：武汉市档案馆，1930.
⑤ 佚名. 上海商业储蓄银行全行业务报告 [A]. Q275-1-131，上海：上海市档案馆，1931.

表 3-8(续)

时 间	数 额	担 保	备 注
1925 年 11 月	10 500	以电话电报局及京汉铁路南段收入作抵	前为催收款项，以十三年（1924年）湖北短期金融公债三成了结
1926 年 6 月	27 369	湖北短期库券 5 万元	前为催欠项，已清
1926 年 7 月	4 400	湖北短期库券 4 400 元	前为催收项，连前共 36 269.65元，与湖北官钱局欠款同法了结
1926 年 8 月	30 000	以鄂岸盐税的 3/4 作抵	已清

注：表中数据为不完全统计。

资料来源：佚名. 上海商业储蓄银行有关十五年（1926）年底以前军事借款汇录、历年军政借款情形及政府借款之研究［A］. Q275-1-1625，上海：上海市档案馆，1937.

据现有统计数据，此期汉行军政放款共计 78 935 元，每笔借款额在 4 400元和 30 000 元之间，借款担保既有库券，又有盐税等切实收入。其中，有 2 笔放款是以湖北短期库券为抵押，库券抵押放款额为 31 769 元，约占本期军政放款总额的 40.25%，1 笔以电话电报局及京汉铁路南段收入作抵押，1 笔以鄂岸盐税收入的 3/4 作抵，以切实收入为担保的放款额为 40 500 元，约占该时期放款总额的 51.3%。此外，还有一笔放款担保不明。5 笔放款虽均能收回，但其中有 3 笔为以前的欠款，2 笔为新借债务。这充分说明，此期汉行的军政款常不能如期收回。

和北洋时期相比，武汉国民政府时期汉行军政放款总额、每笔放款额均较大，放款次数更加频繁，且大都以公债、库券为担保，放款风险较大，放款对象既有国民政府相关部门，又有湖北地方政府各部门，见表 3-9。

表 3-9 武汉国民政府时期汉行军政放款情况表 单位：元

时间	借款户名	金额	备注
1926.9	蒋中正	15 000	以中央银行钞票票面 22 500.00 元作抵
1926.10	财政委员会	20 000	汉口房租一个月水电加捐二成，铁路收入作抵，随收随还
1927.1	国民政府财政部	150 000	整理湖北金融公债票面 187 500 元作抵
1927.2	津浦铁路	17 389.53	
1927.2	湖北建设厅	27 000	湖北善后公债票面 33 750 元，编遣库券票面 56 250 元作抵
1927.2	湖北建设厅	45 000	湖北善后公债票面 9 000 元作抵

表3-9(续)

时间	借款户名	金额	备注
1927.2	财政部汉库	44 850	以库券票面 205 000 元作抵
1927.2	湖北财政局	2 179	以远期票面 20 000 元作抵
1927.2	湘鄂路局	32 697.38	信用借款
1927.2	湘鄂路局	57 517.76	以房地产作抵押
1927.2	湖北建设厅省道局	31 190.44	
1927.2	湖北赈务会	9 717.42	以湖北赈灾公债票面 94 500 元作抵

注：以上数据为不完全统计，北伐军入汉后的借款亦包括在内。

资料来源：佚名. 上海商业储蓄银行有关十五年（1926）年底以前军事借款汇录、历年军政借款情形及政府借款之研究［A］. Q275-1-1625，上海：上海市档案馆，1937.

据统计，此期军政放款共有 12 笔，放款总额为 452 541.53 元，每笔放款最低额为 2 179 元，最高为 15 万元，其他的则在 9 717.42 元和 45 000 之间波动。在 12 笔放款中，有 11 笔为抵押借款，放款额为 419 844.15 元，约占本期军政放款总额的 92.77%。在抵押放款中，以公债、库券为抵押的放款有 375 023 元，约占放款总额的 82.87%，以房租、铁路收入及房地产为抵押的放款有 77 517.76 元，约占放款总额的 17.13%。1 笔为信用借款，信用放款额为 32 697.38 元，约占放款总额的 7.23%。放款对象既有蒋中正、国民政府财政部、财政委员会等代表国民政府中央的个人和机构，又有湖北建设厅、湖北财政局、湖北建设厅省道局等代表湖北地方政府的机构，还有津浦铁路、湘鄂路局等与铁路相关的部门。

此期，汉行军政放款呈现这样的特点与当时的时代背景密切相关。从誓师北伐起，财政经济困难就一直困扰着北伐军，国民政府本想通过占领湖北来解决部分财政困难，但北伐军入汉后，湖北的财政经济状况使国民政府的设想落空。国民政府迁汉后，庞大的军政费开支使原本就困窘的财政雪上加霜。为缓解财政困难，武汉国民政府大规模发行公债、库券，然这一举措在使其获得部分财源的同时，也使公债、库券市价暴跌，形同废纸。在此情势下，汉行军政放款具有次数多、数额较大、以公债库券为担保的特点，就不足为奇了。公债、库券大幅跌价后，汉行军政放款押品的市价亦跌落，汉行军政放款的风险因此大大提高。

南京国民政府统治时期，汉行军政放款次数多，总额较大，每笔放款额亦较大，放款大都以公债为担保。1928—1929 年，新桂系军阀统治湖北。此间，汉行军政放款总额、每笔放款额均较大，放款对象既有中央又有地方，有些放款因战争原因最终并未成立。南京国民政府时期，汉行的军政放款情况见表3-10。

表3-10　汉行军政放款情况表（1928—1929年）　　　　单位：元

时间	数额	担保	备注
1928	30 000	武阳夏房捐	若两个月内不能偿还，由禁烟局担保偿还
1928.9.26	60 000	江汉关二五税税收除整理湖北金融公债基金外部分	月息1厘，分期偿还，指定银行代收
1929.2	220 000		由于桂系在角逐中败北，借款尚未成立
1929.4	55 000		
1929.6	100 000	十八年（1929年）关税库券20万元	由上海银行代认。月息9厘，期限3个月，6个月若还未还清，银行可将库券折价出售
1929.9	100 000	十八年（1929年）编遣库券20万元	由上海银行代认
1929.10	32 000		

资料来源：佚名.银行公会来函涉及大革命后金融变政及政府人员、银行经副理［A］.LS61-1-0294，武汉：武汉市档案馆，1928.；佚名.上海商业储蓄银行有关业务、时局以及杨介眉致陈光甫、杨敦甫函件［A］.Q275-1-2293，上海：上海市档案馆，1928.；佚名.区经理函稿［A］.LS61-1-0304，武汉：武汉市档案馆，1930.；佚名.第一区区经理函稿（涉及当时国民党军政情况）［A］.LS61-1-0201，武汉：武汉市档案馆，1927.；陆君毅.汉行储蓄处十八年份营业概况［J］.海光（上海1929），1930，2（3）：4.；佚名.区经理致总经理函［A］.LS61-1-0151，武汉：武汉市档案馆，1929.；佚名.关于业务等工作的函件［A］.LS61-1-0793，武汉：武汉市档案馆，1929.

汉行的军政放款总额为377 000元，每笔放款额在30 000元和100 000元之间浮动，贷予中央政府的款计200 000万元，约占放款总额的53.1%，放予湖北地方政府之款为177 000元，约占本期放款总额的46.9%。此外，有220 000元的放款因桂系在战争中败北而未成立，还有2笔放款是上海银行代为出具。其中，放予湖北地方政府之款大都以切实收入为担保，放予中央政府之款则大都以公债为抵押。抵押放款额共计290 000万元，约占放款总额的76.92%。公债押款额为260 000元，约占放款总额的68.97%，约占抵押放款总额的89.66%；以切实收入为担保的放款数额为30 000元，约占放款总额的7.96%，约占抵押放款总额的 10.34%。宁汉合流后，国民政府内部矛盾重重，各路新军阀拥兵自重，割据一方。在和平解决军阀割据计划流产后，蒋介石拟以武力征讨，盘踞武汉的桂系便是其打击的首要目标。桂系军阀为获得征战经费，遂向银行界借款，这使汉行单笔军政放款数额较大。由于形势不明朗，汉行要求放款尽量以切实收入为担保，以确保放款安全。

桂系在角逐中失败后，蒋介石安插自己的亲信于湖北，以加强对湖北的统治。此时，发行公债遂成为国民政府筹措经费的主要方式。1930—1934 年，汉行军政放款更加频繁，每笔放款数额小，以抵押放款为主，抵押品有公债、盐税、房租等，放款大都能够收回，放款风险较小。这一时期，汉行军政放款共有 23 笔，放款总额计 841 787 元。其中，2 笔为信用放款，信用放款额为 90 000元，约占放款总额的 10.69%；21 笔为抵押放款，抵押放款额为 659 956 元，约占放款总额的 78.4%。在抵押放款中，公债押款额为 281 096 元，约占放款总额的 33.39%，约占押款总额的 42.59%；以有切实收入为担保的放款额为378 500 元，约占放款总额的 44.96%，约占押款额的 57.35%。就收回情况而言，有 13 笔放款已如数收回，收回额计 374 070 元，约占此期军政放款总额的44.44%，尚有 467 717 元没有收回或仅部分收回，约占放款总额的 55.56%。

就放款对象而言，1931—1934 年，汉行军政放款分湖北省军政放款和武汉市军政放款。湖北省军政放款共 17 笔（详见表 3-11）。其中，抵押放款 13笔，信用放款 1 笔，其余 3 笔担保情况不详。放款大都为短期放款，月息在九厘至一分二厘之间，每笔放款的数额在 2 179 元和 50 000 元之间波动。湖北省军政放款总额为 482 787 元，约占本期军政放款总额的 57.35%，抵押放款额为 340 596 元，约占省政府军政放款额的 70.55%。在抵押放款中，有 9 笔为公债押款，押款额为 236 096 元，约占省政府军政放款总额的 48.9%；有 3 笔放款是切实收入及实物押款，押款额为 104 500 元，约占湖北省军政放款总额的 21.65%；有 12 笔放款已经完全收回，收回额为 315 070 元，约占省政府军政放款额的 65.26%；4 笔尚未偿清，1 笔偿还情况不详。

表 3-11　汉行湖北省军政放款情况一览表　　　　单位：元

时间	数额	担保	备注
1931 年	27 000	以湖北善后公债票面33 750元，编遣库券票面 56 250 元作抵	建设厅借，已清
1931 年	45 000	湖北善后公债 9 万元作抵	建设厅借，已清
1931 年	2 179	以远期票票面 2 万元作抵	财政厅借，已清

表3-11(续)

时间	数额	担保	备注
1931 年	31 191		湖北建设厅省道局借，已清
1931 年	9 717	湖北赈灾公债票面 94 500 元作抵	湖北赈务会借，现欠 12 000 元
1932 年 1 月	33 700	编遣库券 70 万元、善后公债30 万元	财政厅向银行共借 60 万元，已清
1932 年 1 月	50 000	铜林抵押	建设厅借，尚欠 6 914 元
1932 年 2 月	30 000	武汉房租	财政厅借，中央协款未到，时局紧急，已清
1932 年 6 月	46 000	不详	借款作剿匪经费，共借 80 万元，已清
1932 年 6 月	15 000	不详	借款作剿匪经费，共借 80 万元，已清
1932 年 6 月	23 000	编遣库券，湖北善后公债及水电股票票面额共 120 万元	共押 30 万元，限期 3 个半月，已清
1933 年 3 月	40 000	编遣库券，湖北善后票面 165万元	向银行共押 60 万元，已清
1933 年 5 月	20 000	二十一年（1932 年）湖北善后公债票面 80 万元及汉口营业税作抵	另借 30 万元，财政厅借，已清
1934 年 5 月	2 000	筑路需款，以二十三年（1934年）整理金融公债 50 万元向武商界分摊	分摊率规定半个月薪津，已清
1934 年 10 月	33 500	因赈灾需款，以二十三年（1934 年）整理金融公债票面100 万元向汉银行界抵押，共借 50 万元	年底欠 26 800 元
1934 年 12 月	24 500	湖南磁石、雄黄局雄黄押款	
1934 年	50 000	信用透支	市政府订用，欠 51 242 元

注：以上数据为不完全统计，为湖北省政府借款。

资料来源：佚名. 上海商业储蓄银行有关十五年（1926）年底以前军事借款汇录、历年军政借款情形及政府借款之研究［A］. Q275-1-1625，上海：上海市档案馆，1937.

　　较之于湖北省府军政放款，汉行武汉市军政放款次数较少，每笔放款数额较大，且大都以切实收入为担保，详见表 3-12。1931—1934 年，汉行市政府

军政放款共有 6 笔，放款总额为 359 000 元，约占本期军政放款总额的
42.65%，每笔放款额在 14 000 元和 150 000 元之间波动。抵押放款有 5 笔，放
款额 319 000 元，约占武汉市军政放款额的 88.86%。在抵押放款中，共有 2 笔
放款是以库券、公债为担保，放款额为 195 000 元，约占市政府军政放款的
54.32%，3 笔以盐税、地产等为抵押，放款额为 124 000 元，约占市政府军政
放款的 34.54%。汉行武汉市政府军政放款共有 2 笔完全收回，3 笔部分收回，
1 笔转作证券购置。通过比较汉行湖北省和武汉市军政放款的基本情况，不难
发现，汉行湖北省政府放款更加频繁，放款数额小，担保以公债、库券为主，
而武汉市政府放款的数额相对较大，大都以切实收入为担保。且二者均以短期
担保放款为主，月息在九厘和一分二厘之间，放款大都用于军政费用，亦有少
数款项用于赈灾，极少用于生产建设。

表 3-12　汉行武汉市军政放款情况一览表　　　　　单位：元

时间	数额	抵押品	备注
1931 年	45 000	统税库券 205 000 元作抵	财政部汉库借，已清
1931 年	60 000	湘鄂路在日租界地产	系湘鄂路局之透支户，现仍存在，欠如上数
1931 年	40 000	信用	湘鄂路局之信用透支户，现欠 24 529 元
1932 年 2 月	14 000	精盐税作抵	财政部汉库借，已清
1933 年 2 月	150 000	爱国库券作抵	转作证券购置
1934 年 6 月	50 000	以旅行社票款为担保	系平汉铁路局透支户，现欠 4 573 元

注：以上数据为不完全统计。

资料来源：佚名. 上海商业储蓄银行有关十五年（1926）年底以前军事借款汇录、历年军政借
款情形及政府借款之研究［A］. Q275-1-1625，上海：上海市档案馆，1937.

武汉近代时局的特点使汉行的政府放款也带上了鲜明的时代特征。具体而
言，直系军阀坐镇湖北期间，汉行刚刚建立，资金微薄，其军政放款数额较
小，且大都以切实收入为担保。武汉国民政府时期，由于该政权经济基础薄
弱，汉行军政放款次数较多，借款额也逐渐增大，且放款大都以公债、库券为
担保，以切实收入为担保品者极少。宁汉合流到蒋介石入汉前，湖北在新桂系
军阀的统治下，桂系虽表面上承认南京国民政府的中央地位，实际上却暗中在
湖北加强统治。蒋介石复出后，首先集中优势兵力打击桂系。在这种背景下，

汉行屡遭军阀勒借款。由于形势并不明朗，对桂系军阀的勒借汉行大都采取推脱延宕、讨价还价、转移现金等措施应对，若实在迫不得已，便稍微认借。此时，汉行的军政放款大都以切实收入为担保，数额不大，且有些借款未能成立。南京国民政府铲除新军阀势力后，基本上统一全国。斯时，政治、经济、社会等各项事业亦逐渐步入正轨。在整顿财政金融的同时，南京国民政府一改勒借、垫借款的资金筹措方式，利用发行公债方式募集资金。尽管公债的摊销仍不免带有强制性质，但比起赤裸裸的武力勒借，已经有了很大的进步。

事实上，政府公债利息高、折扣大、担保可靠，还常会附带一些优惠条件。若政府信誉良好，公债市场稳定，公债还本付息亦有保障。银行承做政府放款不仅可以获得高额利息，还可以承做公款的存款、汇款业务，并获得某些特殊的政治利益。因此，不少银行常将承销政府公债作为投资手段。政府放款看似一本万利，实际上却存在着诸多弊端和较大的风险。政府借款大部分用于非生产性的军政费开支，而非用于营利性的生产建设事业，这样商业银行投放的资金就不能流入生产领域，对社会经济的发展起不到应有的推动作用。此外，政府常不能如期偿还贷款，商业银行只能尽力催收；若政府执意不还，银行似乎也不能采取有效措施要求政府还款，只能反复催收；若催逼过急，还担心激怒政府，招致政府的封锁。

政府以发行公债筹资代替直接向银行摊派款集资后，承销政府公债便成为商业银行的重要任务。然而，商业银行大量承购政府公债具有一定的投机性和风险性。银行之所以承购政府公债，除政府的硬性规定外，一个非常重要的因素就是可以此获得厚利。一般而言，政府公债利息高，折扣低，投资政府公债无疑可以获利丰厚，尤其是在金融市场信用膨胀时，证券交易活跃，不少人甚至以买卖政府公债为业。然而，中国近代证券市场不健全、投机商炒作以及局势的变化等因素均有可能使公债市场产生较大的波动。此外，银行过多投资于政府公债，就不能将足够的资金投放到生产建设领域，银行融通资金、辅助经济的职能就会被削弱，且资金运用不能形成良性循环。一旦政府信誉不佳、金融市场动荡，银行承购的公债就会面临跌价风险，不利于银行资金稳定，增加了其投资风险。

对于政府放款的性质及其存在的潜在风险，上海银行有着深刻的认识。早在 1929 年，陈光甫就指出，上海银行为商业银行，不发行钞票，仅以股东资本、存放款以及汇兑获利为营业资本。随着竞争加剧，银行获利日益困难，因而，陈光甫要求各分支行处稳健经营，"务望竭力设法避免（政府借款），幸勿心存比较，须知此种军事借款在摊借之初亦系担保确实，负责有人；及届偿还之期，十九皆无着落，求其本息如期归还者不得一二"①。此外，上海银行还屡屡告诫各分支行处，与政府接触时，要时刻坚持商业银行的立场，运用资金以活跃、流动为原则，对政府借款要"善为周旋应付"②。在上海银行的指导下，汉行谨慎对待政府放款。承做政府放款时，不管利润高低，汉行均以与同业合作为基本原则，以担保品是否合法、可靠作为评价放款安全与否的指标。同时，汉行还将周期长、流动性差、有违商业银行资金运用原则的放款尽量公债化，或将其转变为流动放款，防止放款呆滞③。尽管如此，在近代中国，汉行始终无法摆脱政府的勒借，始终处于弱势地位。虽然政府放款常违背行章，然汉行"无力抵抗，只得委曲求全"④。

汉行重视并极力拓展放款业务，使其放款额呈增长趋势。汉行资金主要投向工商业，经营方式灵活，且时刻坚持商业银行立场，竭力避免政府借款，是一个经营稳健的私营商业银行。

汉行根据环境的变化不断调整放款方针，稳妥推动放款业务不断发展。金融市面紧急时，汉行放款以资金安全为原则，限定信用放款额度，少做甚至不做信用放款，并调查押品市价，精心选择押品，严格押款手续。在汉行的稳健经营下，其放款业务持续发展，放款额整体上呈增长趋势，并在上海银行各分支行及第一区分行（汉管辖行）中占据一定的地位。不仅如此，汉行抵押放款占放款总额的比例较大，信用放款所占的比例则相对较小。在汉行的抵押放款中，农产品押款占有较大的比例，其他商品押款所占的比例则较小。汉行的放款结构特点有利于降低放款风险，但押款押品以农产品为主，农产品易受季节性因素的影响而丰歉不定，增加了其押款业务的不稳定性。

资金投放领域是反映银行资金流向及其与各业关系的风向标，也是衡量银行性质的尺度。汉行的工商放款主要放给轻工业和商业。轻工业中又以棉纱、纺织业为大宗。汉行的棉纺织业放款有原料采购放款、厂基押款和纱厂仓库营运放款，放款方式既有汉行单独承做，又有与同业的合作。商业放款则以农产品押款为主，农产品中又以棉花、杂粮为大宗。汉行农业放款是在国民政府实施经济统制、改造农村经济的大背景下开展的。在开展农贷业务过程中，汉行为棉农购买肥料、农村公共设施修筑提供资金融通。尽管汉行极力拓展，但其

---

① 佚名. 总经理人事通告 [A]. LS61-1-0143，武汉：武汉市档案馆，1929.

② 佚名. 关于会议记录及仓库存货报告 [A]. LS61-1-0790，武汉：武汉市档案馆，1935.

③ 中国人民银行上海市分行金融研究所. 上海商业储蓄银行史料 [M]. 上海：上海人民出版社，1990：616-617.

④ 佚名. 上海银行总经理公字函稿 [A]. LS61-1-0308，武汉：武汉市档案馆，1931.

农贷业务进展还是不佳。中华合作贷款银行团成立后，汉行农贷业务逐渐收缩，最终草草收场。政府放款是汉行在非常情势下不得已的选择。汉行的政府放款随时局变化呈现出鲜明的时代特征。汉行刚刚建立时正值直系军阀统治湖北。斯时，汉行资本微薄，政府借款数额也较小，且大多均以切实收入为担保，但由于政权更迭频繁，放款常不能收回。北伐军抵汉后，汉行政府放款频繁，数额更大，且大多数放款以公债、库券为担保，以切实收入为担保的放款极少，放款风险较大。蒋介石的势力入汉后，汉行政府放款更加频繁，但数额相对减少，放款公债化，有利于增加资金的流动性，降低放款风险。

从资金流向来看，汉行资金主要投向工商业。工商业是营利性产业，投资工商业不仅能够提高银行资金流动性，加快资金周转速度，而且还可使银行获得厚利，充分发挥商业银行辅助社会经济的职能，有利于扩大社会再生产。汉行亦有部分资金投向政府，但这是其在非常情势下不得已的选择。汉行对政府放款十分谨慎，竭力寻求同业合作，最大限度地使政府放款公债化，尽量加快资金流转速度，降低放款风险。因此，汉行以工商放款为主，尽量避免政府借款，是一个稳健经营的私营商业银行。

第四章　上海商业储蓄银行汉口分行的
汇款及堆栈业务

汇兑[①]可分为国内汇兑和国外汇兑。汉行的内汇业务是在总行的大力倡导及自身的努力拓展下逐渐发展起来的。南京国民政府的币制改革对汉行内汇业务的发展产生了不小的影响。汉埠外汇市场向由外商银行把持，汉行虽极力开拓，然受银行实力、商人对外汇认识不够等因素的影响，汉行外汇业务进展情况不佳。在上海银行的各分支处中，汉行的堆栈业务颇具特色。汉栈在保管存货的同时，还代汉行办理押款业务。汉栈以种种违背押款原则的手段招揽业务，增加了汉行放款风险，不利于行、栈业务的经营管理。因此，总行力排众议，废除了堆栈代办押款业务的畸形制度。

第一节　内汇业务

国内汇兑指以汇兑代替现金搬运，实现同一领土内的不同地区间的收付方法，为同一习惯、同一票据法、同一币制、同一经济状态下的不同地域之间的收付。汉口内汇市场的主体经历了票号、钱庄以及银行、钱庄共同参与的历史

---

① 汇款也称"汇兑"，指汇款人委托银行将款项支付给收款人的结算方式。（阮加. 金融学 [M]. 北京：清华大学出版社，2013：212.）根据结算工具的不同，汇款可分为电汇、信汇和票汇。电汇是汇出行应汇款人的申请，通过拍发加有密押的电报或电传给其分行或代理行的支付方法；信汇是银行用信函来指示其代理行支付汇款；票汇是银行用即期汇票作为汇款工具的结算方式。按照资金的流向和结算工具传送的方向，汇款可分为顺汇和逆汇。顺汇也称汇付法，是指由付款方主动将款交给银行，委托银行使用某种结算工具，将款交付给收款行的结算方法，因其结算工具的传递与资金流向一致，故称顺汇法。逆汇又称出票法，是由收款方主动索款，以开出汇票的方式委托银行向国外付款人索取一定金额款项的结算方式，因其结算工具的传递方式与资金流向相反，故称逆汇。（王梅. 商业银行业务与经营 [M]. 北京：中国金融出版社，2014：169.）

变化。建行初期，在上海银行的指导及自己的努力开拓下，汉行内汇业务获得初步发展，而 20 世纪 30 年代的国内外形势对汉行的内汇业务的发展造成了一定的影响。

一、汉口的内汇市场

废两改元前，汉口内汇市场经历了票号主导、钱业垄断以及银行业和钱业共同参与三个时期。

辛亥革命前，票号掌控汉口内汇市场。汉口票号以经营汇兑为主业，大都为山西票号的分号。晚清时期，汉口票号盛极一时，其承兑湖北富商、显贵的资财以及地方官吏解交的京饷，并将所汇资金用于营运周转。在实银收付中，票号以在成色平砝上取巧盈利。同时，通过办理汇兑业务，获得汇水①收入。汉口票号的汇兑方式主要有票汇、电汇、信汇、兑条②和旅行券③。汇款收缴后，票号间通过"月清结"和"年总结"的报账制度进行汇差清算，汇水则由顾客和票号面商决定。晚清时期汉口票号盛极一时，但票号业务与官府联系紧密，封建性较强，票号承兑商民汇兑的业务渐趋衰落。汉口钱庄兴起后，其业务由兑换扩充至汇兑、存放款等领域，钱业也参与埠际资金周转。近代银行诞生后，亦从事汇兑业务，银行业、钱业遂成为票号业务竞争的劲敌。官办银行设立后，大量官款交由官办银行承兑，汉口票号的官款承兑业务因此尽失；钱庄、新式银行的竞争又使其商民汇兑业务渐趋窘落。因此，汉口票号也由盛转衰。辛亥革命的爆发使汉口票号深受影响，加之其内部管理欠佳、经营不善等，使其业务市场丧失殆尽，汉口票号因此大量倒闭、改组，最终退出历史舞台。

继票号之后，钱庄执汉口内汇市场之牛耳。汉口钱庄历史悠久，早在清初，钱业就作为独立的行业活跃在武汉金融市场上。起初，汉口钱庄以货币兑

---

① 汇费。

② 兑条是汇票的一种变通形式。如甲要汇款给某地的丙，甲先将款交给当地的票号，由票号写一纸条，自中间撕开分成两半，由甲将上半张兑条寄给某地的丙，下半张由该票号寄给其某地的联号乙，丙收到兑条后，可持兑条到联号乙处将二纸合并领取现金。（黄鉴晖. 山西票号史料［M］. 太原：山西经济出版社，2002：692.）

③ 类似旅行会券。如甲欲从北京到上海，因随身携带现金不安全、方便，遂将 1 000 两交给北京的票庄，并说明路上要经过的地点，由票庄开付会券。北京的票庄将会券持有者的姓名或字号书面通知联号，如甲动身去天津需银 500 两，即可至该号在天津的联号提取现银，该银行号在付银 500 两后即在会券上注明提款数及尚存数。（黄鉴晖. 山西票号史料［M］. 太原：山西经济出版社，2002：692.）

换为主业，后其业务逐渐扩展至兑换、存放款、汇兑、贴现和钱票发行等。废两改元前，中国金融市场上流通的货币有银两、银圆①、制钱、铜圆、银行发行的纸币、私券等，流通领域存在着传统称量货币银两与近代货币银圆、纸币并存，中央、地方政府发行的货币与非官方发行的货币同时流通，本国货币与外国货币并存，货币流通的区域性与区域内货币流通的多样性并存的现象②，这种极度混乱的货币状况使各地货币兑换关系复杂。此外，银圆和银两的并行使各地洋厘市价不一，且受时局及供求关系的影响，同一地区的洋厘行市在不同时节亦各不相同。这些情况均直接影响国内汇兑行市，使内汇行市变幻莫测。汉口钱庄以汇兑为业，其汇兑方式主要有票汇和信汇。办理汇兑业务前，钱庄须根据当时所汇货币的行市计算汇价，无直接行市的货币则须根据第三方货币的汇兑行市计算汇价。

近代银行诞生后，亦从事汇兑业务。银行业与钱业共同角逐汉埠内汇业务，并在汉口内汇市场中逐渐崭露头角。汉口开埠通商后，外商银行纷纷来汉设立分行，华商银行亦次第设立。截至1925年，汉口共有华商银行32家，1926年有外商银行12家。南京国民政府"一统"天下后，汉埠华商银行的数量继续增加。1932年华商银行增加16家，1933年增加9家，1934年增加4家。③近代银行兴起后，由于其资金雄厚，信誉良好，分支机构众多，具有开展国内汇兑业务的优势，尤其是银行内汇网络的建立使银行业在国内汇兑业务中逐渐露出锋芒。较之于华商银行，钱庄的内汇业务却大为失色。银行的汇兑分为"顺汇"和"逆汇"。根据汇款手续不同，顺汇可分为电汇、信汇、条汇④、票汇以及活支汇⑤；逆汇则可分为押汇⑥、购买外埠

---

① 分自铸银圆和外国银圆两类。各地的自铸银圆成色和砝码不一。

② 贺水金. 论20世纪30年代前中国币制紊乱的特征与弊端［J］. 史林，1998（4）：37-44.

③ 《武汉金融志》办公室，中国人民银行武汉分行金融研究所. 武汉银行史料［M］. 武汉：武汉金融志编写委员会办公室，1987：42，52，64.

④ 条汇由信汇演变而来，汇款手续更为简便。汇款人只需按照银行要求填写银行所印的空白纸条，即可与信汇同样汇寄。

⑤ 又称支汇凭信，为汇款人拟赴各埠旅行或采购货物，避免携带现金的不便而设立。汇款人可将其预计用款金额全数交予启程地银行，同时指定需要用款的地点。待用款人到达各指定地点时，可随时向汇款行的联行或代理行领取其汇款总额的部分款项，至领完为止。

⑥ 即跟单押汇，其手续为由本地售货商签发的应由外埠购货商付款的汇票，并以提单、发票、保险单等附于汇票后，向往来银行商做押汇形式的借款。银行同意后，订立押汇契约，由银行就汇票金额在扣除利息及各项费用后，以余额交付售货商，或由银行斟酌情形，除扣取利息及费用外，暂按票面七成或八成付款，余额等收回后付讫。

票据①、代收款②。汉口是长江中游的通商要埠，汉埠金融深受上海金融市场的影响。同时，汉口还依靠自己的吸引力和辐射力成为货物、资金的集散地，影响周边地区并成为华中金融中心。各路客商将周边地区的货物集中于汉口，再由汉口运往津沪等通商大埠，或将津沪等地货物运往汉口，再由汉口分销周边地区，货物转运所需资金则由汉埠调拨，与汉口联系密切的汇兑区域有沙市、宜昌、长沙、重庆等地。汉口发达的内汇市场为汉行内汇业务的发展提供了良好的场所。

二、内汇业务的初步发展

在上海银行的推动及汉行的极力拓展下，汉行的内汇业务获得初步发展。

汇款为银行的中间业务③，一般无须或很少动用银行资金，营运风险较小。银行经营汇款业务不仅可以获得汇水收入，带动存放款业务的发展，还可以利用承汇资金周转生息，稳赚不赔。因此，上海银行将汇兑和存放款业务置于同等重要的地位，极力拓展该项业务。

掌握各地金融行市信息是开展汇兑业务的前提，上海银行建立汇市调查报告制度，以期全面了解全国内汇行市。在具体操作上，各分行调查本地洋厘、申票行市，并将调查情况制表寄奉总行，方便总行掌握各处汇兑市价，指导各行处开展汇兑业务④。上海银行还要求各行处每日互通洋厘、银拆行市信息，便于各行处全面了解各埠金融市况。为拓展内汇业务，上海银行要求各行处调查本地进出口货物，全面了解潜在汇兑市场，为招揽内汇业务提供信息参考，并将尚未设立代理行庄而极具内汇潜力的地点上报总行，由总行或各行处自行疏通汇兑，汇水则由各行处自行订立。同时，上海银行还利用中交二行在偏远

---

① 购买外埠票据是由售货商将所发的应向外埠收取的汇票商请银行贴现或售予银行，在银行方面即为购买外埠票据。银行购买票据后，寄往付款地的分行或代理行，委托其向付款人收取款项。其作用与押汇相似，其与押汇的区别在于银行购买的汇票仅为一纸空票，并无单据作担保，银行承受的风险较大。

② 售货商将所发汇票委托银行寄往外埠代收，外埠收到票据后，通知托收人领款，若付款人拒绝付款，银行可将原票退还。对银行而言，代收款项完全为代理性质，银行不负其他责任，不承担风险。

③ 指商业银行代理客户收款、付款和其他委托事项而收取手续费的业务，是银行不需要动用自己的资金，而依托业务、技术机构、信誉和人才等优势，以中间人的身份代为客户承办收付款等其他委托事项，提供各种金融服务并收取手续费的业务。[刘澍. 通货膨胀对我国商业银行盈利模式影响研究 [J]. 吉林金融研究，2011 (4)：21.]

④ 中国人民银行上海市分行金融研究所. 上海商业储蓄银行史料 [M]. 上海：上海人民出版社，1990：120-121.

地区信息不灵、汇兑不通的弱点，在偏远地区扩展汇兑业务。此外，上海银行采取提高透支额、增设办事处、增加内汇业务营业员、兜揽客帮汇款、与各地大银行开立往来户以及扩充通汇地点等手段，积极拓展内汇业务。在全行的共同努力下，上海建立起覆盖全国的内汇通汇网络。截至1925年，全国共有18个省是上海银行国内汇兑通汇省。

总行的大力倡导使汉行也非常重视内汇业务。在汉行的积极拓展下，其内汇业务获得初步发展。汉口水陆交通便利，素有"九省通衢"之美誉，各路客货云集汉口，由汉口转运津、沪、陕、渝等地，货物经过之地必有资金的调拨，汉行遂利用汉口区位优势极力拓展内汇业务。1923年，汉行与南洋兄弟烟草公司签订存放汇合同，规定南洋烟草公司用款时，须提前两天开立汇票，并将汇票交汉行驻许州办事处，该办事处于第三日如数提供款项，供许厂使用，不得短延。汇票到汉后，许厂应按照汇票日期出具支票，并交汉行往来账计算，每千元汇款汉行收取汇费五元。合同还规定，汉公司不得将该业务交予其他行庄办理。此外，汉行还揽做永安纺织公司汉庄押款和湘省云土汇款①。截至1925年，湖北的汉口、宜昌、沙市，河南的许州、周家口、信阳州、彰德县、光州，陕西的西安、三原，四川的重庆、成都、万县等地汇往上海银行的款均由汉行转解②。

洋商大户汇款亦是汉行招揽的目标之一。美孚石油公司是约翰·戴维森·洛克菲勒于1882年创立。1883—1893年，该公司将其在华推销煤油的权力授予仅有的一家中国代理商，并于1894—1903年将公司的经销权下放给中国买办，从而间接地控制了中国石油产品市场③。1904年后，美孚石油公司废除了其在中国的买办制度，建立起利用经销商直接控制经销网点的层级管理结构。管理制度的革新以及不平等条约的帮助使美孚石油公司的石油产品在中国销量大增。随着业务的扩展，美孚深感由各地代理经售字号交款十分不便，遂与各地银行签订合约，由银行代收汇申汇款，汇费由双方协商，或根据行市临时议定。汉行代理该公司由汉汇申汇款业务。为招揽业务，汉行收受美孚汇款，不收汇水，仅从银圆兑换成规元中获取收益，详见表4-1。

---

① 中国人民银行上海市分行金融研究所. 上海商业储蓄银行史料 [M]. 上海：上海人民出版社，1990：128-131.

② 中国人民银行上海市分行金融研究所. 上海商业储蓄银行史料 [M]. 上海：上海人民出版社，1990：126-127.

③ 高家龙. 大公司与关系网：中国境内的西方、日本和华商大企业（1880—1937）[M]. 上海：上海社会科学院出版社，2002：23.

表 4-1　1924 年上海银行各分支行处承做美孚汇款统计表　　单位：元

行处名称	银圆汇款	银两（规元）汇款		合计
		原币（两）	折合银圆	
济南分理处	1 171 100			1 171 100
蚌埠分理处	437 900			437 900
临淮分理处	81 479			81 479
南京分行	406 900			406 900
镇江分行	435 300			435 300
苏州分行	173 600			173 600
烟台分行	102 127	22 622	31 570	133 697
汉口分行	125 000	1 925 000	2 652 507	2 777 507
长沙分理处	611 177			611 177
合计	3 544 583	1 947 622	2 684 077	6 228 660

资料来源：中国人民银行上海市分行金融研究所. 上海商业储蓄银行史料［M］. 上海：上海人民出版社，1990：139.

　　1924 年，汉行承做的美孚汇款总额为 2 777 507 元，承汇额在各分支行处名列第一，占全行美孚汇款总额的 44.59%。其中，承做规元汇款额计 1 925 000 两，承汇额约占各行处规元汇款额的 98.8%，在各行处中位居第一；承做银圆汇款额计 125 000 元，承汇额约占各行处银圆汇款总额的 3.53%。

　　虽然汉行竭力拓展内汇业务，但由于刚刚建立，社会各界对其颇不信任，加之受汉口金融风潮的影响等因素，其内汇业务进展缓慢，表 4-2 的数据反映了这一情况。

表 4-2　上海银行各分支行处汇款情况统计表　　单位：万元

行名	年份		
	1924	1925	1926
苏州分行	67	73	96
无锡分行	185	170	520
常州分行	200	200	200
镇江分行	207	266	280
南京分行	401	401	680
蚌埠分理处	269		
临淮分理处	133	180	260

表4-2(续)

行名	年份		
	1924	1925	1926
济南分理处	0.5	0.5	0.5
天津分行	20~30	20~30	20~30
汉口分行	4.3	3.4~3.6	3.4~3.6

资料来源：中国人民银行上海市分行金融研究所. 上海商业储蓄银行史料［M］. 上海：上海人民出版社，1990：267-278.

1924—1926年，汉行平均每年汇款额为3.7万~3.8万元，在全行各分支行处中位居倒数第二。南京分行平均每年汇款额为494万元，是汉行年均汇款额的130倍；无锡分行约为291.67万元，是汉行的77倍；镇江分行为251万元，是汉行的66倍。就各年汇款额而言，1924年，汉行汇款额为4.3万元，在全行位居倒数第二；南京分行401万元，蚌埠分理处269万元，镇江分行207万元，分别是汉行的93倍、63倍、48倍。1925年，汉行汇款额在3.4万元和3.6万元之间浮动，南京、镇江、常州分行分别为401万元、266万元、200万元，均大大超过汉行。1926年，南京分行、无锡分行、镇江分行分别为680万元、520万元、280万元，也大大超过汉行。

汉行内汇业务本来就进展缓慢，1927年的北伐战争使其内汇业务遭受重创。幸运的是，汉行措置得当，扭转了不利形势，使其内汇业务的发展出现转机。北伐军入汉后，战争及工人运动的冲击使武汉工厂倒闭，商店歇业，拆息无市，洋厘骤涨，银行业、钱业相继关门歇业。汉埠银行界要人纷纷迁居上海，汉行经理周苍柏见人心恐慌，形势危急，遂遣眷独留，照常开门营业。禁现令颁行后，各行现金被封，市面纸币充斥，现金绝迹，申汇猛涨，金融市场紊乱。此时，汉行欠总行大笔债务，身处险境。在进退维谷之际，汉行抓住各外商银行行员罢工停业、出口商在汉办货无处用款的机会，向各出口商兜揽押汇，购进美金、英金、规元等汇票，并收入总行账下。此项押汇所获汇水收益除全部偿还积欠总行债务外，汉行还获得了近10万余元的盈余[1]。汉行也得以转危为安，并成为汉市的汇划中心。

20世纪30年代初期，中国时局不靖，经济形势低迷，汉行积极拓展内汇业务，稳健经营。20世纪30年代初期，天灾、人祸以及外敌入侵接踵而至，中国经济跌入低谷。在此情势下，汉行利用经营内汇业务极少动用银行资金、

---

[1] 周苍柏. 汉行十年来之回顾［J］. 海光（上海1929），1932，4（11）：6.

经营风险较小的特点，竭力发展汇款业务。洋商汇款数额较大，承做该项汇款业务不仅可以加强汉行与外商的联系，还可以此招徕其他业务。因此，汉行十分重视招揽洋商汇款业务，其 1931 年 1—3 月和 1932 年 1—3 月承做洋商汇款业务的情况见表 4-3。

表 4-3　汉行承做洋商汇款业务情况表

洋商名	时间					
	1931 年			1932 年		
	1 月	2 月	3 月	1 月	2 月	3 月
英美	2 255 000 元	1 292 000 元 30 000 两	648 000 元	1 250 000 元	1 049 000 元	415 000 元
美孚	60 000 元 320 000 两	150 000 元 195 000 两	150 000 元 160 000 两	225 000 元	75 000 元	50 000 元
德士古		250 000 元	100 000 元	80 000 元		280 000 元
大美	149 000 元	119 081.25 元	127 112 元	111 000 元	15 000 元	80 000 元
亚细亚				18 000 元		
卜内门						30 000 元
盐务稽核处						3 731 元
九户	4 949 193.25 元　　　995 000 两			3 843 731 元		

资料来源：中国人民银行上海市分行金融研究所. 上海商业储蓄银行史料［M］. 上海：上海人民出版社，1990：454-461.

1931—1932 年，与汉行有大宗汇款业务往来的洋商有英美、美孚、德士古、大美、亚细亚、卜内门、盐务稽核处、九户等。1931 年 1—3 月，汉行承做的各洋商汇款业务总额计 10 249 386.5 元、银 1 700 000 两，其中九户汇款为 4 949 193.25 元、995 000 两，在各洋商汇款中数额最大。英美为 4 195 000 元、30 000 两，位居第二。美孚为 360 000 元、675 000 两，位居第三。大美为 395 193.25 元，位居第四。德士古为 350 000 元，排名第五。1932 年 1—3 月，汉行承做的英美汇款业务总额为 2 714 000 元，德士古为 360 000 元，美孚为 350 000 元，大美为 206 000 元，亚细亚为 18 000 元，卜内门为 30 000 元，盐务稽核处为 3 731 元，九户为 3 843 731 元。整体而言，1932 年 1—3 月汉行承汇各洋商汇款额比 1931 年同期减少，这与 1931 年下期至 1932 年上期的国内外局势密切相关。1931 年入夏后，长江流域洪水泛滥成灾，洪水刚退，"九一八"事变、"一·二八"事变又相继爆发，不安的国内外局势严重影响洋商的进出口贸易，致使汉行承汇洋商汇款额亦大幅减少。

三、废两改元对汉行内汇业务的影响

废两改元的实施对汉行内汇业务的发展产生了深远的影响。

废两改元前，中国货币种类繁多，市场上流通的货币除清末原有的银两外，还有中外铸造的各种银圆、制钱、铜圆、纸币①以及军阀铸造的劣质硬币、地区性不兑换纸币、外国在华发行的各种货币等，中国货币兑换关系十分复杂。为统一全国财政金融，国民政府财政部于 1933 年 3 月颁布《废两改元令》，规定所有公私款项收付、契约票据及一切交易一律改用银币，原定以银两收付者，以银两 7 钱 1 分 5 厘折合银币 1 元为标准，换算成银圆收付，不得再用银两②。废两改元的实施对汇率的变动、银行业和钱业的收入、地位等产生了深远的影响，同时也使汉行国内汇款额有所下降。

从宏观层面而言，银两的废除有利于稳定汇率，降低汇水，简化汇兑手续。废两改元前，国内汇兑以银两计算，埠际汇兑手续复杂，如将汉口银圆折合成上海银圆，须先将汉口银圆折合成汉口洋例银，再将汉口洋例银折合成上海规元，最后才将上海规元折合成上海银圆。不仅如此，银圆市价随市场供求关系变化而涨落不定，汇率亦不稳定。国内汇兑市价以各地银两与洋厘行市的涨落为依据，如汉沪汇价由汉口洋厘、汉口申汇规元、上海洋厘三者共同决定，三者若有一项发生变化，汉沪汇价即发生变化。银两废除后，汉口银圆可以直接折合成上海银圆，计算方法简单，银行汇兑手续亦大大简化。汇率因以洋折合成洋，变动较小，且汇率的高低往往以各地现金多寡为标准上下浮动，并以各地运现费为最高值。废两改元的实施还改变了汉埠银行业和钱业的关系，有利于提高银行业在汉埠金融市场中的地位。废两改元前，银行以银圆为本位，钱庄以银两为本位，银行因依赖银两调拨资金而受钱庄控制。银两废除后，银行无须依赖钱庄调拨款项，且银行资本比钱庄更雄厚，钱庄反而需要通过银行进行资金周转③。此外，银行业和钱业的银洋兑换收益不复存在，盈利方式也发生了变化，钱业所受打击较大。废两改元前，钱业以银洋兑换为主业。在实银收付中，钱业按市价对客户银、两兑换酌量增减，以获得利润。银行以用洋为主，本可不以银洋兑换盈利，但银行对客户收付银两仍须依赖钱庄

---

① 包括银两票、银圆票、制钱票、辅币票等。

② 中国第二历史档案馆. 中华民国史档案资料汇编：第 5 辑第 1 编·财政经济四 [M]. 南京：江苏古籍出版社，1994：263.

③ 张润钧. 废两改元后对于金融业之组织及金融业之收益开支有无影响试引证述之 [J]. 海光（上海 1929），1933，5（2）：13-15.

调补，故不得不对客户有所增减。但作为中间经手人，银行经营银洋兑换获利极少。银两被废除后，钱业银洋兑换收益不复存在，所受损失较大；银行此项收入本就极为微薄，所受影响不大。

从微观层面看，银两废除后，汉行的国内汇款额有所下降。不过，汇出汇款额仍大于支付汇款额。根据汇款收付情况，银行的汇款可分为汇出汇款和支付汇款，汇出汇款是银行受汇款人的委托，采用一定的方式，将款汇往异地收款人[1]，支付汇款则指银行将汇款人汇入的款支付给收款人。在1933年上期全行行务会议上，陈光甫根据存放汇业务的发展程度，将上海银行各行处分为三者发达、三者均不发达以及发展不均衡三种类型，而汉行则属于三种业务均比较发达的分行。本年上期，汉行汇款额共18 225 000元，在上海银行各分支行处中位居第一，支付汇款15 810 000元，位居第二[2]。废两改元实施后，汉行汇出汇款额和支出汇款额有增有减，但总体上呈下降趋势，见图4-1。

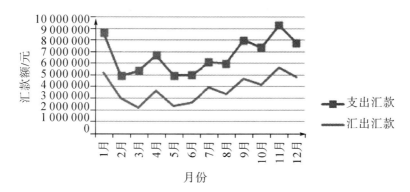

图4-1　1934年各月份汉行汇出汇款和支付汇款变化趋势图

（资料来源：佚名. 上海商业储蓄银行全行业务报告［A］. Q275-1-131，上海：上海市档案馆，1931.）

1934年，汉行平均每月汇出汇款额为3 807 300.25元，1—3月、4—5月、7—8月、9—10月、11—12月其汇出款额呈下降趋势，3—4月、5—7月、8—9月、10—11月则呈上升趋势。其中12月的汇款额比1月减少7.16%。详见表4-4。

---

① 陈振婷. 银行外汇业务会计［M］. 上海：复旦大学出版社，2006：213.
② 佚名. 总经理致武昌分行密字通函［A］. LS61-1-0134，武汉：武汉市档案馆，1930.

表 4-4　1934 年汉行汇款情况表　　　　　　　　单位：元

月份	汇出汇款			支出汇款			本月汇款上发生头寸多少比较	
	本月	上月	增或减	本月	上月	增或减	汇出多于支出	支出多于汇出
2	3 031 314	5 184 979	-2 153 665	1 921 878	3 467 097	-1 545 219	1 109 436	
3	2 198 505	3 031 314	-832 809	3 200 727	1 921 878	+1 278 849		1 002 222
4	3 648 986	2 198 505	+1 450 481	3 052 838	3 200 727	-147 889	596 148	
5	2 316 245	3 648 986	-1 332 741	2 672 162	3 052 838	-380 676		355 917
6	2 605 209	2 316 245	+288 964	2 395 738	2 672 162	-276 424	209 471	
7	3 990 252	2 605 209	+1 385 043	2 142 587	2 395 738	-253 151	1 847 665	
8	3 376 699	3 990 252	-613 553	2 625 886	2 142 587	+483 299	750 813	
9	4 731 475	3 376 699	+1 354 776	3 291 758	2 625 886	+665 872	1 439 717	
10	4 156 330	4 731 475	-575 145	3 232 450	3 291 758	-59 308	923 880	
11	5 633 788	4 156 330	+1 477 458	3 673 130	3 232 450	+440 680	1 960 658	
12	4 813 821	5 633 788	-819 967	2 960 852	3 673 130	-712 278	1 852 269	

资料来源：佚名. 上海商业储蓄银行全行业务报告［A］. Q275-1-131, 上海：上海市档案馆，1931.

具体而言，2 月、3 月、5 月、8 月、10 月和 12 月平均每月约减少 1 054 646.667 元，4 月、6 月、7 月、9 月以及 11 月平均每月增加 1 191 344.4 元，总体上增加额大于减少额。本年汉行平均每月平均支付汇款额为 2 886 425.25 元，1—2 月，3—7 月、9—10 月、11—12 月支出汇款额呈下降趋势，2—3 月、7—9 月、10—11 月则呈上升趋势，其中 12 月比 1 月减少 16.6%。具体而言，2 月、4—7 月、10 月、12 月平均每月减少 482 135 元，3 月、8 月、9 月、11 月平均每月增加 717 175 元。整体而言，1934 年汉行汇出汇款额比支出汇款额多 10 690 057 元。其中，2 月、4 月，6—12 月平均每月多出 1 187 784.111 元，仅 3 月和 5 月支出额大于汇出额。汇出汇款可以收取汇水，而支出汇款不再收取任何费用。因而，汇出汇款额大于支付汇款额有可能使汉行获得汇水收益。1934 年，汉行承做颐中、美孚、德士古、太古、卜内门等洋商大户的汇款额亦大幅减少，然为联络客户、招揽其他业务，即使洋商汇款没有汇水收入，汉行也尽量承做。

1935 年 1 月，汉管辖行汇出汇款额多于上月和上年同期，支付汇款额小于上月和上年同期，且汇出汇款额大于支付汇款额，具体情况见表 4-5。

表 4-5　汉管辖行汇出汇款及支付汇款比较表（1935 年 1 月）

单位：千元

行名	汇出汇款			支付汇款			本月份比较	
	本月	上月	上年同期	本月	上月	上年同期	汇出多	支付多
汉管辖行总数	8 447	7 515	7 712	3 861	3 952	3 857	4 586	
汉口	5 670	4 814	5 185	2 756	2 961	3 467	2 914	
汉景街	42	43	29	21	37		21	
正街	211	177		61	63		150	
武昌	55	45	55	62	79	49		7
长沙	1 264	1 312	1 634	694	636	209	570	
中山路	26	15	10				26	
沙市	727	648	571	85	61	37	642	
宜昌	228	308	228	47	41	95	181	
岳口	61	98		14	10		47	
衡阳	20	15		16	26		4	
沙洋	143	40		105	38		38	

资料来源：佚名. 上海商业储蓄银行业务统计月报［A］. Q275-1-1559, 上海：上海市档案馆, 1935.

　　汉管辖行汇出汇款额为 8 447 000 元，比 1934 年 12 月的汇出额多 932 000 元，比 1934 年 1 月多 735 000 元。汉行汇出汇款额为 5 670 000 元，约占汉管辖行汇出汇款总额的 67.12%，比上月多 856 000 元，比去年同期多 485 000 元。汉管辖行支付汇款额为 3 861 000 元，比上月少 91 000 元，比去年同期多 4 000 元。汉行支付汇款额为 2 756 000 元，约占汉管辖行汇款额的 71.38%，比上月少 205 000 元，比去年同期少 711 000 元。汉管辖行汇出汇款额多余支出汇款额。其中，汉管辖行汇出额比支付额多 4 586 000 元，汉行汇出额比支付额多 2 914 000 元。除武昌分行外，其余各分支行处的汇出额均多于支付额。不仅如此，1935 年上期，汉管辖行汇出额大于支付额，且汇出总额少于 1934 年下期，多于 1934 年上期，支出额少于 1934 年上期、下期，见表 4-6。

表 4-6 汉管辖行汇出及支付汇款比较表（1935 年上期） 单位：千元

行名	汇出汇款			支付汇款			本月份比较	
	本期	上期	上年同期	本期	上期	上年同期	汇出多	支付多
汉管辖行总数	36 328	42 317	30 630	17 178	22 144	19 027	19 150	
汉口	23 694	26 702	18 985	12 017	17 927	16 710	11 677	
汉景街	150	194	165	217	71	1		67
正街	950	707		294	85		656	
武昌	292	281	305	547	531	270		255
长沙	5 458	6 515	6 957	2 991	2 509	1 404	2 467	
中山路	97	109	213				97	
沙市	2 762	3 732	2 675	455	397	303	2 307	
宜昌	1 240	1 807	1 330	167	320	339	1 073	
岳口	84	205		15	85		69	
衡阳	332	175		157	58		175	
沙洋	267	48		72	38		195	
漯河	617	1 350		200	56		417	
驻马店	385	492		46	67		339	

资料来源：佚名. 上海商业储蓄银行业务统计月报［A］. Q275-1-1559，上海：上海市档案馆，1935.

具体而言，1935 年上期，汉管辖行汇出汇款额为 36 328 000 元，比 1934年下期少 5 989 000 元，比 1934 年上期多 5 698 000 元。汉行汇出汇款为 23 694 000 元，约占汉管辖行汇出汇款额的 65.22%，比 1934 年下期少 3 008 000元，比 1934 年上期多 4 709 000 元。汉管辖行支付汇款额为 17 178 000 元，比 1934 年下期少 4 966 000 元，比 1934 年上期少 1 849 000 元。汉行支付汇款额为 12 017 000 元，比 1934 年下期少 5 910 000 元，比 1934 年上期少 4 693 000 元。除汉景街和武昌分行外，汉管辖行其余各行的汇出汇款额均大于支出汇款额，详见表 4-7。就汇出汇款的地点而言，汉管辖行汇款主要汇往上海、汉口、长沙。

表 4-7 1935 年 6 月汉行汇款地点分析表 单位：元

地点	行名				
	汉管辖行	汉行	汉景街	正街	鄂行
上海	3 751 700	2 768 200	15 500	64 000	10 600
汉口	466 600				100

表4-7（续）

地点	行名				
	汉管辖行	汉行	汉景街	正街	鄂行
武昌	7 000	1 600	100		
长沙	164 400	82 900	1 400	2 500	5 000
沙市	49 700	42 000			2 800
九江	5 300	4 100	100	100	600
南昌	12 600	5 100	200		4 200
开封	37 700	5 100	1 100	800	700
宜昌	9 600	1 100	100	100	100
郑州	39 600	36 600			
南京	59 800	27 000	2 100	100	3 400
镇江	6 900	3 300		1 900	600
蚌埠	200		100		
芜湖	2 600	1 700	100	400	300
安庆	12 800	9 500	1 500	500	1 100
板浦	500				500
苏州	13 900	7 700	1 200	300	3 600
无锡	5 400	4 100	300	100	500
常州	1 500	800	100	100	400
南通	300	200			
天津	26 100	16 200	100	6 300	700
济南	2 300	1 900	100	200	
广州	7 400	4 900		1 800	
青岛	4 100	3 800	100	100	100
北平	34 800	11 800	700	4 900	3 400
扬州	2 100	600	100	400	300
宁波	4 000	2 300	400	200	700
杭州	1 200			100	500
徐州	100				100
其他	115 000	6 000	600	300	100
总额	4 845 200	3 048 500	26 000	88 000	37 600

资料来源：上海商业储蓄银行业务统计月报［A］. Q275－1－1559，上海：上海市档案馆，1935.

1935 年 6 月，汉管辖行汇往上海的汇款额为 3 751 700 元，约占全部汇款总额的 77.43%，汇往汉口的数额为 466 600 元，约占 9.63%，汇往长沙的数额为 164 400 元，约占 2.43%。除汇往南京、沙市以及"其他"的数额所占比例为 1% 以上外，汇往其他城市的数额所占比例极小。汉行汇往上海的款额为 2 768 200 元，约占汉管辖行汇款总额的 57.13%，约占汉行汇款总额的 90.81%，汉行汇往长沙、沙市及郑州的款额分别约占其汇款总额的 2.72%、1.38% 和 1.20%，汇往其他城市的款额所占的比例均不到 1%。汉景街汇往上海的款额占其汇款总额的比例约为 59.62%，汇往南京、安庆、长沙、苏州、开封的款额占其汇款总额的百分比分别约为 8.08%、5.77%、5.38%、4.62% 以及 4.23%。在正街办事处的汇款总额中，汇往上海的约占 72.73%，汇往天津、北平、沙市、长沙、镇江的分别约为 7.16%、5.57%、3.18%、2.84% 和 2.16%。武昌分行汇往上海的款额占其汇款总额的百分比约为 28.19%，汇往长沙、南昌、苏州、南京、北平的分别约占 13.30%、11.17%、9.57%、9.04% 和 9.04%。汇款流向是商品贸易流向的体现，汉管辖行的汇款地点主要为上海，这与上海全国金融中心的地位以及汉口贸易特征密切相关。开埠通商后，汉口转口贸易迅速发展，各地土货云集汉口，由汉口转运上海出口，国外进口的洋货由上海转运汉口，再由汉口运销内地。汉口贸易的特征使汉口资金流向地以上海为主，体现了作为华中金融中心的汉口对全国金融中心上海的依附。

四、法币改革与汉行内汇收入的变化

法币政策实施后，银行国内汇款的汇水和兑换收入无形中被取消，汇出汇款仅收取一定的手续费，以敷成本，汉行内汇收入减少。

1935 年 11 月 6 日，汉行遵照总行指示，对国内汇兑一律不收取汇费。然承做汇款业务亦须耗费人力、物力，故汉行对国内汇出汇款 200 元以下的每笔汇款收取手续费 1 角，1 000 元以内每 100 元收取 1 角，大额汇款手续费的收取则须临时议决①。鉴于各地银行业和钱业相继制定并实施同业款项调拨及汇款手续费收取办法，上海银行各行处亦呈请总行，要求上海银行采取相应的措施。上海银行审核各行的报告后，认为有必要制定汇款手续费收取暂行办法。1935 年 11 月 9 日，上海银行参照各地汇款手续费收取标准，制定汇出汇款、代收押汇以及购入票据等汇款手续费收取暂行办法，规定本省汇出汇款每

---

① 佚名. 汉口管辖行、关于所属各行会议记录 [A]. LS61-1-0810，武汉：武汉市档案馆，1935.

1 000 元收取手续费 5 角，外省 1 元，每笔汇款最低以本省 1 角、外省 2 角的标准收取手续费，航汇及电汇须另收航空邮资及电报费；向未设立行处地汇款，手续费则按照运现成本收取；若各行处与顾客订有长期汇款合同，须按照既定手续费收取标准予以修改。代收押汇每 1 000 元收手续费 1 元 5 角，每笔至少 5 角，购入票据每 1 000 元收手续费 1 元 2 角 5 分，每笔至少 2 角 5 分①。总行汇款手续费收取暂行办法公布后，汉行根据本行营业情况，在遵循总行所定原则的基础上，适当提高手续费收取标准。1935 年 11 月 13 日，汉行召开行务会议，议决汇出汇款 200 元以下者，每笔收手续费 2 角，200 元以上者，每增加 100 元加收 1 角，购入票据每 1 000 元收取手续费 1 元 6 角 5 分，其他的则按总行规定，斟酌具体情形，相机办理②。除调整汇款手续费收取标准外，汉行还更改营业收入及各项开支预算表。鉴于原来的汇水已改为手续费，兑换收益不复存在，汉行编制 1936 年的预算时，就不再设汇水及兑换损益项目，并紧缩预算，削减开支③。

　　汉行的汇款手续费收取标准虽略高于总行，但事实上，其实收汇款手续费比规定额少，汇款收入大大减少。表 4-8 提供了 1936 年上期上海银行各行处应收手续费与实收手续费情况。

表 4-8　1936 年上期上海银行各行处应收汇款手续费与实收数的比较

| 行名 | 本省汇款 | | 外省汇款 | | 本外省汇款合计/元 | 应收手续费合计/元 | 每千元汇率/‰ | 实收手续费合计/元 | 每千元汇率/‰ |
	金额/元	应收手续费/元	金额/元	应收手续费/元					
总行	6 258 000	3 129	11 696 000	11 696	17 954 000	14 825	0.83	13 682	0.76
汉口	308 000	154	16 499 000	16 499	16 807 000	16 653	0.99	10 221	0.61
长沙	34 000	17	5 991 000	5 991	6 025 000	6 008	1.00	5 205	0.86
沙市	994 000	497	1 029 000	1 029	2 023 000	1 526	0.75	1 188	0.58
宜昌	1 652 000	826	381 000	381	2 033 000	1 207	0.59	1 072	0.52
衡阳	324 000	162	167 000	167	491 000	329	0.69	998	2.03

资料来源：佚名. 币制改革后上海商业储蓄银行汇款收益之比较［A］. Q275-1-1637，上海：上海市档案馆，1936.

---

　　① 佚名. 总经理处通函、处罚办法、保险业法、银行法、印花税法［A］. LS61-1-0872，武汉：武汉市档案馆，1934.
　　② 汉口管辖行. 关于所属各行会议记录［A］. LS61-1-0810，武汉：武汉市档案馆，1935.
　　③ 佚名. 总经理处通函、处罚办法、保险业法、银行法、印花税法［A］. LS61-1-0872，武汉：武汉市档案馆，1934.

根据上海银行所定标准，本省汇出汇款每 1 000 元收取手续费 5 角，外省每 1 000 元收取 1 元。1936 年上期，汉口分行本外省汇款总额为 16 807 000 元，平均每 1 000 元汇款汇率应为 0.99，应收手续费 16 653 元，而实际汇率仅有 0.61，比预期汇率低 0.38；实收手续费 10 221 元，比应收额少 6 432 元。汉行如此，总行及其他行处亦是如此。上海银行汇款额合计 17 945 000 元，原定汇率为 0.83，应收手续费 14 825 元，而实际汇率仅有 0.76，实收手续费为 13 682 元，实际收入比预期收入少 1 143 元。长沙分行本外省汇款总额为 6 025 000 元，规定汇率为 1.00，应收手续费 6 008 元，而实际汇率为 0.86，实收手续费 5 205 元，实收额比应收额少 803 元。沙市、宜昌的实际汇率亦低于规定标准，衡阳办事处的汇率却大大提高。衡阳办事处本外省汇款总额为 491 000 元，应收手续费 329 元，实收手续费却为 998 元。此外，因路途远近不一，现款多寡不同，各行处的平均汇率标准也不尽相同。在各行处的平均汇率中，衡阳办事处的平均汇率最高，为 2.03；长沙第二，为 0.86；总行第三，为 0.76；汉口为 0.61，位居第四。

不仅如此，汉管辖行所辖各行处的洋商汇款收益率以及同埠不同洋商汇款的收益也各不相同，详见表 4-9。1936 年上期，汉口、长沙、沙市等地对颐中汇款每 1 000 元可分别获益 0.75 元，长沙、沙市、宜昌对美孚汇款收益率分别为 1.00 元、1.16 元、1.50 元，汉口、长沙、沙市、宜昌对亚细亚汇款的收益率分别为 0.63 元、1.38 元、0.92 元、1.00 元，长沙、沙市、宜昌对太古的汇款收益率分别为 1.50 元、0.50 元和 1.00 元。在各埠洋商汇款收益中，沙市对德士古汇款的收益率最高，宜昌对美孚、长沙对太古次之。此外，同埠对不同洋商汇款的收益也不尽相同，汉口对颐中汇款收益率为 0.75 元，对德士古为 0.40 元，对亚细亚则为 0.63 元；长沙对颐中、美孚、亚细亚、太古汇款的收益率分别为 0.75 元、1.00 元、1.38 元、1.50 元；沙市对颐中、美孚、德士古、亚细亚、太古汇款的收益率分别为 0.75 元、1.16 元、2.15 元、0.92 元、0.50元，宜昌对美孚、亚细亚、太古汇款的收益率分别为 1.50 元、1.00 元、1.00 元。

表 4-9　1936 年上期各埠洋商汇款收益率比较表　　　　　单位:‰

地点	洋商名称				
	颐中	美孚	德士古	亚细亚	太古
汉口	0.75		0.40	0.63	
长沙	0.75	1.00		1.38	1.50
沙市	0.75	1.16	2.15	0.92	0.50

表4-9(续)

地点	洋商名称				
	颐中	美孚	德士古	亚细亚	太古
宜昌		1.50		1.00	1.00
衡阳	0.75				
漯河	0.75				

资料来源：佚名. 币制改革后上海商业储蓄银行汇款收益之比较［A］. Q275-1-1637，上海：上海市档案馆，1936.

法币政策实施后，汉行承做洋商汇款业务的汇率降低，汇款收入大大减少。较之于1933—1935年，汉行1936年上期承做各洋商汇款业务的汇率均有下降，详见表4-10。

1936年承做洋商汇款的平均汇率比1933年下降了1.87个千分点，比1934年下降了1.46个千分点。其中，汉行1933年承做颐中公司汇款的汇率为2.48‰，1934年降为2.32‰，1935年则降至1.89个千分点。1936年承做颐中烟草公司汇款的汇率比1933年、1934年、1935年分别下降1.73个千分点、1.57个千分点和1.14个千分点，承做美孚石油公司汇款的汇率分别比前三年下降2.22个千分点、0.92个千分点和0.95个千分点；承做德士古汇款的汇率分别比前三年下降1.59个千分点、0.84个千分点、0.75个千分点；承做亚细亚汇款的汇率分别比前三年下降3.2个千分点、2.78个千分点、1.77个千分点；承做卜内门汇款的汇率分别比前三年下降0.65个千分点、0.82个千分点以及-0.22个千分点；承做太古公司的汇款汇率分别比前三年下降0.83个千分点、1.6个千分点和0.47个千分点。和前三年相比，汉行承做各洋商汇款的汇率均有下降，但承做亚细亚和颐中烟草公司汇款汇率下降幅度最大。在汇款总额相同的情况下，汇率下降，汇水收益也相应减少。实际上，全国统一使用法币后，各行兑换收益无形中消失，各行以降低手续费争相招徕汇款业务。在此形势下，汉行洋商汇款额及汇款收入均呈下降趋势。1933年各埠承做颐中烟草公司的汇款额为34 144 000元，所收汇水为84 779元；1934年汇款额为22 511 000元，汇水收入为52 345元；1935年汇款额为25 829 000元，汇水收入为49 009元；1936年上期汇款额为13 755 000元，汇水收入为10 266元。汇水收入的多少与汇款额及汇率密切相关，尽管汉行1933—1934年每年洋商汇款额不同，但是汇率降低，汇款收入也相应下降。

表 4-10 1936 年上期上海以外各埠洋商汇款收益与前三年比较

洋商	时间											
	1936 年上期			1935 年			1934 年			1933 年		
	汇款额/元	汇水/元	比例/‰	汇款额/元	汇水/元	比例/‰	汇款额/元	汇水/元	比例/‰	汇款额/元	汇水/元	比例/‰
颐中	13 755 000	10 266	0.75	25 829 000	49 009	1.89	22 511 000	52 345	2.32	34 144 000	84 779	2.48
美孚	1 068 000	821	0.77	6 104 000	10 547	1.72	6 208 000	10 511	1.69	6 649 000	19 927	2.99
德士古	2 210 000	1 937	0.88	4 127 000	6 745	1.63	4 541 000	7 689	1.72	5 139 000	12 738	2.47
大美							256 000	-42		204 000	380	1.86
亚细亚	882 000	682	0.77	2 132 000	5 419	2.54	3 634 000	12 893	3.55	6 482 000	25 760	3.97
卜内门	194 000	89	0.46	937 000	227	0.24	1 910 000	2 460	1.28	1 952 000	2 168	1.11
太古	462 000	505	1.09	1 496 000	2 327	1.56	2 522 000	6 797	2.69	1 800 000	3 468	1.92
合计	18 571 000	14 300	0.77	40 625 000	74 274	1.82	41 582 000	92 653	2.23	56 370 000	149 220	2.64

注：外埠分行指上海以外的分行。

资料来源：佚名. 币制改革后上海商业储蓄银行汇款收益之比较 [A]. Q275-1-1637, 上海：上海市档案馆, 1936.

第二节 外汇业务

国外汇兑指以汇兑代替现金搬运，实现领土外或货币制度不同的异地收付的方法，是国际债务清算①的支付手段和资产。外汇须受数种习惯、票据法、货币制度以及经济制度的约束，货币兑换关系复杂②。受时局及外商银行竞争等因素的影响，汉行外汇业务自创办以来，就进展不佳。尽管如此，汉行仍利用汉埠外贸优势，采取各种措施拓展外汇业务。

一、外汇业务的起落

受国内局势动荡、外商银行对汉埠外汇市场的把持以及自身能力等因素的制约，汉行的外汇业务一直进展不佳。尽管如此，汉行仍在总行的指导下，利用汉埠外贸优势，竭力拓展外汇业务。

汉口外汇市场长期受外商银行的把持。汉口外国银行的设立先于华商银行。汉口开埠后，外商纷纷来汉投资设厂。鉴于汉埠金融机关缺乏，无法为洋商贸易提供资金周转便利，外商银行遂先后来汉设立分行，为本国商人贸易提供资金融通。外商银行设立后，开始涉足汉埠外汇业务。由于具有资本雄厚、经营稳定、手续费低、外汇调节手法灵活以及与进出口商、洋行的业务联系紧密等优势，外商银行长期把持汉埠外汇业务。汉埠华商银行设立后，亦经营外汇业务。但由于资本微薄、经验缺乏以及对外汇市场了解不足等，汉埠华商银

---

① 国际债务清算有汇付法和出票法两种。汇付法是由债务人向银行购买汇票，交寄债权人，以了结债务的结算方式。出票法则指由债权人对债务人发出汇票，要求债务人给持票人或指定人付款的结算方法。根据外汇票据的性质和信用，可将其分为银行汇票和商业汇票。银行汇票是指为清理国际债务、用汇付法时产生的由银行对银行发出的票据，出票人、汇款人均为银行，故曰银行汇票，银行汇票可分为电汇（指由本埠受托银行以电报通知国外汇往地银行，要求其如数付款给指定收款人。电汇费用高、速度快，汇款人可即日清偿债务）、即期汇票（汇款人向银行购买汇票后寄往支付地，由收款人持票前往该地承付银行，银行见票后如数支付款项的票据。即期汇票市较电汇低，但需时较长）、长期汇票（银行对银行发出的长期汇票，其期限依据路途远近及交通状况而定）。商业汇票是为清理国际债务、用出票法产生的商人对商人或商人对银行发出的票据。商业汇票可分为信用汇票（不附提单、保险单等担保品，专凭信用发出的商业汇票称为信用汇票，又曰纯票。一般为本国商人对外国商人发出的汇票）和押汇汇票（附有提单、保险单、抵押证书以及其他必要的单据为担保品而发出的商业汇票称为押汇汇票）。（杨荫溥. 杨著中国金融论 [M]. 上海：黎明书局，1936：456-459.）
② 林葭蕃. 银行学概要 [M]. 台北：三民股份有限公司，1978：205.

行在与外商银行角逐汉埠外汇业务中处于劣势，沦为外商银行的附庸①。此外，汉埠的外汇行市也为外商银行所掌控。上海的外汇行市以上海汇丰银行的挂牌价为准，而汉口外商银行的外汇挂牌则以上海路透社电知汉口汇丰银行为依据，各华商银行的外汇价则以汉口外商银行的挂牌汇价为准。

外商银行把持我国外汇市场使我国部分金融权利丧失，华商银行备受欺压。因此，上海银行决意创办并拓展国外汇兑业务以挽回权利。1917 年，上海银行先后与英国伦敦及美国纽约、旧金山约定代理银行，试办外汇业务。1918 年，上海银行设立国外汇兑处。1920 年，其通汇地点在美国增加 6 处，日本 4 处，英、法、荷以及新加坡各 1 处，并在国外重要商埠设有代理处。随着外汇业务的扩展，上海银行的社会信誉也日益提高。纽约银行曾在电报延迟时，为其垫付汇款 30 多万元，甚至美国某家银行也愿意与上海银行往来，允许为其投资 25 万元。1920 年，上海银行出高薪聘请德国人柏卫德先生担任顾问②，并派遣高级职员赴美学习外汇业务，同时任命副经理杨敦甫先生兼任国外汇兑处专职经理③。经过全行的努力，上海银行的国外汇兑组织机构日趋完善，国外汇兑业务规模逐渐扩大。1926 年，上海银行重定外汇业务办事细则。此时，南洋各埠银行及汇兑机关均托上海银行代理汇兑业务，海外不少银行的押汇票据亦委托上海银行办理④。

在总行的倡导及推动下，汉行也开始拓展外汇业务。汉分行设立后，即充分利用川中土货及湘鄂汴各埠货物聚集汉口、外国进口商品亦经汉行销各地的贸易集散地优势，推广国际贸易，发展外汇业务。为使汉行营业员熟悉外汇业务办理流程，陈光甫特派顾问柏卫德来汉，指导汉行与德国接洽包裹借款。斯时礼和、开利、福来德、礼臣等洋行来汉行透支用款，并将单据及外国所开汇信、信用状送行结价进账。汉行的透支放款业务担保可靠，不仅减少了透支总行的款额，而且其汇沪款额超过百万元。同时，各洋行亦向汉行开立委托购买证⑤。汉行给予洋商汇款种种便利，以招徕外汇业务。汉行押汇利率一般按年息 7 厘计算，礼和与汇丰则按 6 厘计算。汉行允许各洋行在汇票到汉前先用信

①　杨荫溥. 杨著中国金融论 [M]. 上海：黎明书局，1936：465-466.

②　宋春舫. 上海商业储蓄银行二十年史初稿（三）[J]. 档案与史学，2010 (3)：13.

③　中国人民银行上海市分行金融研究所. 上海商业储蓄银行史料 [M]. 上海：上海人民出版社，1990：200.

④　宋春舫. 上海商业储蓄银行二十年史初稿（三）[J]. 档案与史学，2010 (3)：13.

⑤　进口地银行按照进口商的要求，向出口地银行开出委托进口商购买出口商开具的以进口商为付款人的汇票授权证。（殷汶. 现代融资知识词典 [M]. 北京：中国经济出版社，1993：509.）

用提货证提货销售，待汇票到汉后，再按时赎清欠款。尽管汉行在利息及办理手续上尽量给予洋商便利，但汉行押汇利息还是比外国银行高，办理手续更加复杂，而且还要收取保证金。因此，汉行无法与外国银行竞争外汇业务。1927年，受此起彼伏的工人运动的冲击，外商银行纷纷停业，各出口商为按时运送货物出境，以外国开来的汇信为担保，向汉行抵押借款。货物运到国外后，汉行准时付款。此举赢得了各洋行的信任，以至于"数月间出口行与我行往来者，不下20余家"。汉行亦通过承做外汇业务获益颇丰，汇申之款高达300万~400万元，为汉行国外汇兑业务的顶峰①。现金解禁后，汉埠外商银行相继复业，与汉行往来的洋商骤然减少，汉行的外汇业务也逐渐窘落。

　　20世纪30年代的国内外形势使汉行的外汇业务再度受挫。受金贵银贱风潮的影响，中国外汇放涨，国际收支入不敷出。早在1929年上半年，全国金价就开始上涨。1930年5月底，金价涨至顶点，各地外汇市场混乱不堪。为稳定国内外汇市场，南京国民政府规定以关金代替银洋征收进出口关税。美国白银收购法案实施后，国际市场上的银价大幅度上涨，中国货币对外币的汇率提高。投机商纷纷出售外国货币，在上海购买白银，输出中国，以图厚利，中国白银大量外流。在此形势下，汉口金融市场亦不景气，汉行外汇业务无从拓展。1930年，汉行仅承做桐油巨擘义瑞公司及聚兴诚银行贸易部包裹借款业务。1931年，汉行国外汇兑处独立。然该部成立不到两个月，武汉洪水为灾。受水灾的影响，武汉金融濒临破产。此后，"九一八"事变、"一·二八"事变相继爆发，武汉对外贸易更趋衰落，汉行仅承做少量的出口押汇，外汇业务前途渺茫。鉴此，上海银行专门调拨基金，给各行处以资金支持，扶助各行处开展外汇业务。但由于外汇业务进展状况不佳，不少分行将总行调拨的外汇基金用于生息或移作他用②。在此情况下，汉行却遵照总行指示，尽力推广外汇业务。1933年，汉行详细调查汉埠各类出口商品的销售额、产量、价值、运销商号以及押汇方法等，了解武汉各国货工厂的信用、内容、组织以及外汇需要行情等信息，全面了解外汇供求情况，拓展押汇业务。1935年，法币政策颁布，社会各界均持观望态度。此时，上海标金猛涨，国外汇兑紧缩，套卖外汇获利丰厚。普通百姓担心法币政策实施后，国内通货膨胀严重，遂大肆购买外币。在此情形下，汉行紧缩国外汇兑业务，以减少损失，确保资金安全③。法币改革实施后，市面禁止银币流通，法币遂成为通行货币。为保持币值，普

---

　　① 严椿林. 汉行办理国外汇兑之经过 [J]. 海光（上海1929年），1932, 4（11）: 21.

　　② 佚名. 总行致汉行业务函件 [A]. LS61-1-0083, 武汉：武汉市档案馆, 1934.

　　③ 佚名. 总经理致武昌分行密字通函 [A]. LS61-1-0134, 武汉：武汉市档案馆, 1930.

通商民均购买外币存放银行，致使汇丰、花旗等外商银行的外币存款增加。亦有不少客户要求将外币存于汉行，但此时汉行并没有单独开立外币存款户，其所收外币存款均须逐笔转存总行账上，十分不便。鉴此，汉行向总行申请开立英金、美金活期定期存折①，以方便客户办理外币业务，获上海银行同意。1935年3—11月，汉行国外汇款业务以出口押汇为主，其承做的施美洋行出口桐油押汇计170多万美元，到达口岸归妥尚未转账者有82.6万美元②。抗日战争全面爆发后，汉行外汇业务逐渐紧缩。随着战事的扩大，其外汇业务也基本处于停滞状态。

二、出口押汇业务的进展

汉埠是出口贸易大埠，但由于受传统商业习惯、国人知识匮乏、征信机构起步晚以及交通运输落后等因素的影响，汉行的出口押汇③业务一直进展缓慢，但是汉行采取以打包放款兜揽押汇等方式，推广出口押汇业务。

押汇担保可靠，资金比较安全，且周转速度快。因而，汉行充分利用汉口转口贸易优势，拓展押汇业务。由于传统商业习惯重信用，轻抵押，不少商家和运输机关对押汇知之甚少，加上中国信用机构起步晚，信用调查困难，交通运输欠发达等因素，汉行押汇业务推广困难。随着社会各界对押汇业务了解的深入以及交通运输等条件的改善，汉行押汇业务也渐有起色。1932年，汉行出口押汇额为590万元，1933年7月—1934年6月，汉行出口押汇额为520万元，占全行出口押汇总额的7%，在各分支行处中位居第三④。尽管如此，较之于汉埠埠际出口贸易总值，汉行的出口押汇业务还有较大的拓展空间，见表4-11。

---

① 汉口管辖行. 关于所属各行会议记录 [A]. LS61-1-0810，武汉：武汉市档案馆，1935.

② 关于致总经理及总行部处经理有关押汇人事问题的函稿 [A]. LS61-1-0967，武汉：武汉市档案馆，1935.

③ 押汇又称买单结汇，是议付行在审单无误的情况下，按照信用证条款买入收益方（外贸公司）的汇票和单据，并从票面额中扣除从议付日到预计收到票款日的利息，将余款按议付日的外汇牌价折合成人民币，拨给外贸公司的资金融通。议付行向受益方垫付资金、买入跟单汇票后，即成为汇票持有人，可凭票向付款行索取票款。押汇分为出口押汇和进口押汇。出口押汇是出口商在货物发运后，按照信用证要求制作单据，并提交给其往来银行，要求银行议付，即以出口单据为抵押，要求银行提供货物运输的资金融通。进口押汇是信用证开证行对开证申请人的一种短期资金融通，当开证收到出口商、议付行或交单银行寄来的单据后，如果单证相符，银行先行付款，并将单据按照进口押汇协议寄给进口商，进口商凭单提货销售，并用销售所得货款偿还开证行的垫付款。（陈伟. 国际结算 [M]. 北京：清华大学出版社，2014：132.）

④ 中国人民银行上海市分行金融研究所. 上海商业储蓄银行史料 [M]. 上海：上海人民出版社，1990：471.

表 4-11　汉行出口押汇商品分类统计表　　　单位：元

商品种类	埠际出口贸易值	汉行出口押汇额	汉行出口押汇额占埠际出口贸易值的比例/%
棉花	22 222 143	4 376 754	19.70
棉纱	14 756 154	36 276	0.25
棉布	6 052 178	179 297	2.96
麻	5 696 846	5 580	0.10
牛皮	2 957 445	9 448	0.32
面粉	1 962 098	777 390	39.62
纸	1 840 057	81 854	4.45
煤	971 453	192 160	19.78
生铁及铁砖	708 707	145 250	20.50
麸糠	665 646	72 608	10.91
锡锭、块	143 747	3 150	2.19
机器及零件	68 248	1 821	2.67
电器材料	59 374	8 448	14.23
铁制品	53 871	8 286	15.38
肥皂	41 361	4 014	9.70
杂货	223 296	4 100	1.84

资料来源：中国人民银行上海市分行金融研究所. 上海商业储蓄银行史料［M］. 上海：上海人民出版社，1990：486.

1932 年，汉口埠际出口贸易总值达 13 400 万元，而汉行出口押汇额仅占汉口埠际贸易出口总值的 4.48%。本年，汉行承做出口押汇的商品共有 16 种，这些商品的埠际出口贸易总值为 58 422 624 元，汉行出口押汇总额仅有 5 906 436 元，约占汉埠埠际贸易出口值的 10.11%。汉口棉花埠际出口值为 22 222 143 元，汉行棉花出口押汇额为 4 376 754 元，约占棉花埠际出口值的 19.70%。棉纱埠际出口值为 14 756 154 元，而汉行的棉花出口押汇额仅为 36 276 元，约占埠际出口值的 0.25%。棉布埠际出口值为 6 052 178 元，汉行棉布出口押汇额为 179 297 元，约占埠际出口值的 2.96%。麻的埠际出口额为 5 696 846 元，汉行麻出口押汇额为 5 580 元，仅占其埠际出口额的 0.10%。汉行的牛皮、纸等商品的出口押汇额占其埠际贸易额的比例也很小。在汉行承做的 16 种出口押汇商品中，有不少商品埠际贸易值较大，但汉行该类商品的出口押汇额却较小，充分说明汉行的出口押汇业务还有很大的拓展空间。不仅如此，汉埠还有众多商品大量出口，而汉行尚未承做这些商品的出口押汇业务，详见表 4-12。1932 年，汉行尚未承做出口押汇的商品有桐油、茶、烟叶、纸烟等 20 种，这些商品的埠际出口总值为 67 087 882 元。埠际出口值较大的有桐油 21 662 450 元，茶叶 8 656 570 元，烟叶 6 908 387 元，纸烟 3 890 108 元，蛋及蛋产品 3 666 776 元等。若汉行能承做这 20 种商品埠际出口值 1/10 的押汇生意，其出口押汇额就高达 670 多万元。遗憾的是，这些商品的出口押汇大多为洋商所把持，且不少商品须详加调查，方可承做押汇，故汉行未能承做这些商品的出口押汇业务。

表 4-12　汉行尚未承做押汇商品统计表　　　　　单位：元

商品	埠际出口值	商品	埠际出口值
桐油	21 662 450	米谷	1 780 862
茶叶	8 656 570	猪鬃	1 689 428
烟叶	6 908 387	柏油	1 366 412
纸烟	3 890 108	五倍子	1 249 650
蛋及蛋产品	3 666 776	黄丝	1 199 846
豆饼	2 553 199	茯苓	1 013 187
猪肠	2 348 255	锑	771 347
苎麻	2 312 384	黑木耳	731 476
未硝山羊皮	2 094 312	黄豆	707 536
生漆	1 904 823	莲子	580 874

资料来源：中国人民银行上海市分行金融研究所. 上海商业储蓄银行史料 ［M］. 上海：上海人民出版社，1990：486.

尽管出口押汇业务扩展不易，但汉行还是采取措施，竭力拓展该项业务。打包放款①与出口押汇关系密切。打包放款到期后，不少公司将打包放款转作

---

① 打包放款是银行以出口商提供的由进口商开具的信用证作押品和还款凭证，向出口商提供的货物装船前的资金融通，是银行提供给出口商的用于支付出口货物加工、包装以及运输费的资金。从批准放款之日算起，至信用证办理出口押汇或信用证项下汇款收妥结汇止，再加上合理的传递时间，打包放款的期限一般不超过信用证有效期后的 15 天，原则上最长 3 个月。（常叶青. 国际财务管理 ［M］. 北京：清华大学出版社，2014：172-173.）

出口押汇。因而，汉行通过承做打包放款兜揽押汇业务。

中国植物油料公司原与上海银行签有用款合同。1937年5月，该公司致函上海银行，要求聘请杨季谦为协理，协助该公司办理汉埠桐油采办业务，并提出公司驻沪办事处的款项调拨由上海银行融通，在汉买卖桐油用款则由汉行办理①。上海银行同意了中国植物油料公司的要求，规定从1937年6月26日起，该公司在川湘鄂三省购买桐油用款相关事宜由汉行办理，在其他地区采办植物油及原料用款则由上海银行办理。汉行为该公司办理打包放款业务时，必须要求其出具不能取消的国外信用状，且其打包放款支付后，若一个月内打包放款不能转成押汇，汉行应立即将打包放款转为出口押汇。此外，装运汉口的桐油打包放款转做出口押汇者，由汉行办理押汇业务②。1937年7月10日，中国植物油料公司驻汉办事处向上海银行请求桐油打包放款，宜昌需款6.8万元，长沙需款4.6万元，重庆需款9.7万元，万县需款10.4万元，总行均一一照准。截至1937年7月24日，该公司在汉采购铜油730吨，支用汉行打包放款60.73万元，在渝万湘宜等处购油用款30万元，共计90多万元③。抗日战争全面爆发后，国内局势不稳，加上该公司已购桐油2 000吨，但仅交1 165吨的信用状，还有800余吨未交信用状，汉行放款存在严重的安全隐患。因此，上海银行函嘱该公司暂停购油，并要求汉行婉拒其用款要求④。该公司以国外桐油供不应求，所购桐油全部售出，且垫款期限较短为由，请求汉行给予通融。在详细调查该公司经营状况的基础上，汉行指出，中国植物油料公司所说情况属实，目前桐油走俏，若汉行不予垫款，该公司势必以信用状为担保，向外商银行请求垫款，故汉行仍允许其利用距开船期较近的信用状担保借款。随着战争的扩大，沪汉运输受阻，中国植物油料公司在汉所购桐油无法运沪出口，汉行帮助该公司租借铁驳船，加保兵险等，以减少放款损失⑤。此外，汉行还和聚兴诚贸易部以及施美有打包放款业务往来⑥。

①　佚名. 总经理公、人字函［A］. LS61-1-0340，武汉：武汉市档案馆，1937.
②　佚名. 总经理公、人字函［A］. LS61-1-0340，武汉：武汉市档案馆，1937.
③　佚名. 总经理公、人字函［A］. LS61-1-0340，武汉：武汉市档案馆，1937.
④　佚名. 总经理公、人字函［A］. LS61-1-0340，武汉：武汉市档案馆，1937.
⑤　佚名. 总经理公、人字函［A］. LS61-1-0340，武汉：武汉市档案馆，1937.
⑥　佚名. 关于业务放款透支、深入调查、打包放款、押汇等函件［A］. LS61-1-0855，武汉：武汉市档案馆，1936.

第三节　堆栈业务

在上海银行的倡导及推动下，汉行设立了七个栈，各栈所堆货物大都为农产品。因此，汉栈业务易受时局及季节性因素的影响。汉行设立堆栈的目的在于保管本行押品，推广栈货押款业务，使汉栈相互兜揽业务，相得益彰。但在实际运作中，汉栈代汉行承做押款业务，弊端颇多。鉴此，上海银行力排众议，决心兴利除弊。在上海银行的推动下，汉栈最终独立于汉行。汉栈独立后，其经营成本提高，业务逐渐萎缩。

一、汉行堆栈业务的兴起及萎缩

堆栈业[1]亦称仓储业、仓库业，它是随近代工商业发展、货物数量及交易速度剧增、保管转移日趋频繁而新兴的行业。堆栈一般设在交通便利、地价较低之处，是货物的集散地。最初，堆栈以保管货物、发行栈单为主业。随着商业的发展，堆栈开始兼营出租货栈、代保火险、代收货款、转送货物以及介绍押款等业务，经营范围渐趋扩大[2]。堆栈在商品储藏、货物保护、金融流转以及进出口等方面发挥着重要作用，是与银行、保险并存的重要商业机关。堆栈业兴起后，由于缺乏政府监管，普遍存在职责不明、各地栈单转让办法不一、货物与栈单不符、重复抵押等弊端。栈单押款担保可靠，理应受到银行的欢迎，但堆栈业的违规操作使银行对该项业务望而却步。

为确保放款安全，上海银行自设堆栈，以保管押品，招揽押款[3]。1915年，上海银行与交通、浙江实业、浙江兴业、盐业以及中孚等行共同组织上海公栈，以方便商贾寄存货物，推广抵押放款业务[4]。1920年，上海银行租用部分信通堆栈，并设立栈务处管理该栈。但由于经营不当，该栈于1929年被裁撤。1930年，上海银行投资47万元，用以购地自建仓库。截至1931年，上海

---

[1]　广义的堆栈是指以保管货物为目的的所有建筑物和场所，狭义的堆栈则指以保管他人所托存货物为业时，以保管货物为目的的建筑物和场所。(丁振一. 堆栈业经营概论 [M]. 上海：商务印书馆，1934：1.)

[2]　李恭楷. 堆栈业概说：下 [J]. 银行周报，1922，6（8）：31.

[3]　程本固. 对于银行设立堆栈之管见 [J]. 银行周报，1921，5（41）：16.

[4]　中国人民银行上海市分行金融研究所. 上海商业储蓄银行史料 [M]. 上海：上海人民出版社，1990：73.

银行建有仓库 40 处，投资总额高达 130 余万元①。1934 年，受废两改元的冲击，内地钱庄大半被淘汰，内地资金纷纷涌向上海，使上海各银行资金过剩。各银行为打通资金流通渠道，遂纷纷向内地开设分行，营业竞争日趋激烈。为在竞争中获得一席之地，上海银行制订"仓库网"计划，并设立仓库部，集中仓库管理权，推广仓库存货押款业务。

在总行的提倡及指导下，汉行利用汉埠商品集散地的优势，创办堆栈业务。1928 年夏，汉行租赁保安保险公司仓库，定名为"汉口堆栈"，用来堆放茶叶、疋头、洋纱、杂货等商品。截至 1929 年，汉行已经建立第一至七栈，并于本年 6 月 22 日设立汉口堆栈总办事处。由于各栈所处的地理位置不同，汉口一至七栈的营业性质及办事手续亦有差异。第一、二两栈位于特三区内，业务以堆存茶叶、纱、布、疋头、五金、杂货、烟叶等为主，其业务由堆栈主任负责联络。货物进出以栈单为据，起货、下货均按货物的数量发给或上缴栈单，栈租按月计算，栈租清结方可下货。汉口第三栈位于汉阳河岸，业务以堆存杂货、杂粮、淮盐、纸张等商品为主，由于杂粮、杂货客户多为囤户，须通过行家介绍才可揽到生意，故须由营业员及主任招徕业务。该栈货物进出手续与第一、二栈相同，栈租可按月或按季收取，散装杂粮则以 6 个月为期缴纳栈租。第四至七栈位于汉口襄河沿岸，货物以棉花为大宗，兼营丝、茧、纱、布、杂粮、杂货等商品。棉花进出栈手续与其他商品稍有不同，棉花有大、中、小包之分，棉花进栈须称重量，记录码单，然后将栈单、码单送交客户。各客户为图方便，将汉行各栈所出栈单留存汉堆栈办事处保管，只取码单。棉花存栈到期后，由营业员向客户收取栈租。汉行第一至七栈除储存货物外，还兼营代汉行承做栈货押款，代收、代解、赎还押款本息，代客办理存货保险等业务②。

年成与时局直接影响汉口堆栈的业务运营。年成决定货源的多寡，时局则关乎货物销路是否通畅。汉口堆栈大都分布于汉口、汉阳两地，除第一、二栈位于特三区外，第四至七栈均在襄河沿岸营业，各栈业务经营状况取决于襄河上游一带农产丰歉情况。1928 年夏，汉口堆栈刚刚创立，然本年农产丰收，国内安靖，商品销售通畅，汉口各堆栈运营良好。1929 年亦是丰年，虽然上半年桂系与中央分裂，但汉口市面所受影响不大。本年上季仅有一至三栈堆货，下季则增添四至六栈，专堆棉花，下季堆存棉花 10 万大包。1930 年秋

① 宋春舫. 上海商业储蓄银行二十年史初稿（三）[J]. 档案与史学，2010（3）：13.
② 催思恭. 汉口堆栈总办事处报告 [J]. 海光（上海1929），1932，4（11）：27-28.

季，淫雨不止，棉苗受损，棉花收成仅有 40%~50%，加上第二栈转租给第一纱厂，第三栈退租。因此，全年营业收入逊于上年。1931 年上季，汉口各堆栈业务平平。入夏后，长江流域普降暴雨，连绵经月，江水暴涨，汉口的水灾更是百年不遇。从 7 月下旬起，长江上游及附近堤岸相继溃决，整个武汉全浸水中。尽管水涨之初，汉行就将存栈货物迁移或垫高，并在存货周围筑水泥堤坝，抵御洪水入侵，却不料 8 月中旬以后，各堤岸相继溃决，水势猛涨，汉行一面增高围墙，一面将存栈货物转移或垫高。但水势过猛，行政库房全部被淹，本外各栈相继被水侵入，建筑较差的墙壁竟被水冲塌，一部分存盐溶于水中①。据统计，汉行第一至七栈堆货共值银 133 400 余两，741 700 洋元，外栈所堆押款货物价值 231 700 余两，265 800 洋元，本外各栈货物共值银 365 100 两，1 007 600 洋元。尽管各栈均被水淹，但大部分存货已事先转移，仅汉口第三栈所堆食盐 15 票，全和泰盐仓堆盐 2 票被淹。汉行和盐商竭力抢救，仅抢救出 6 票，损失 11 票。损失盐斤押款 22 万元，盐商成本计亏 27 万~28 万元②。然食盐税重本轻，损失盐斤可由盐商呈请政府免税补运。汉行所用防水、修理等费用共计"三万九千元之谱"③。此外，受水灾影响，本年湖北除地势较高地区外，农产几乎颗粒无收。"九一八"事变发生后，汉埠商业停滞，商品销路受阻。本年，汉行各栈损失较大④。

汉口堆栈（简称"汉栈"）独立于汉行后，其经营成本提高，收入常不敷开支。随着堆栈业务的萎缩，汉行逐渐裁撤各栈。堆栈为银行的附属事业，银行兼营堆栈的目的在于以堆栈存货兜揽押款业务，但银行附设堆栈使二者业务经营混乱，权责不明，给银行的经营管理带来了困难。因此，上海银行三番五次责令汉行划分银行与堆栈的权限，使堆栈独立经营，自负盈亏。1932 年 7 月，汉行遵照总行指示，划分堆栈与银行的业务范围，实现汉栈独立经营，以明确权责。同时，派催思恭、洪传志、沈仙桥、凌霄鸿四人办理堆栈事务，薪津由堆栈支给。堆栈租用汉行房屋每月暂付租金 1 500 元，待堆栈业务稍有起色后，再酌量增加⑤。汉栈独立营业后，其各项开支均从仓租中扣除，盈亏自负，其业务经营压力大大增加。为招揽生意，汉栈常等客户下货时才收取仓

① 佚名. 上海商业储蓄银行全行业务报告 [A]. Q275-1-131，上海：上海市档案馆，1931.
② 佚名. 上海商业储蓄银行视察日记、谣言感想记 [A]. Q275-1-2285，上海：上海市档案馆，1931.
③ 佚名. 行务会议记录 [A]. LS61-1-0760，武汉：武汉市档案馆，1930.
④ 催思恭. 汉口堆栈总办事处报告 [J]. 海光（上海 1929），1932，4（11）：28-29.
⑤ 佚名. 上海银行总经理公字函稿 [A]. LS61-1-0308，武汉：武汉市档案馆，1931.

租，仓库各项开支须付息向汉行垫借，增加了其运营成本①。1934 年，汉行遵照总行指示，厘定仓库办事系统名称，汉管辖行设仓库科，武昌及长沙分行设仓库课，沙市及宜昌支行设仓库股②。1935 年 11 月，汉行撤销驻仓办事处，将原仓库课迁汉正街办事处内办公，并将三至九栈货物押款业务交由汉正街办事处办理。同时，派王子文、沈仙桥检查仓库押品种类、成色、数量、行市以及客户情况等③。

汉栈独立后，其业务经营状况一直不佳。1936 年，汉行收缩堆栈业务，裁撤业务经营欠佳的堆栈，并调整仓库运营方针，以节省开支。汉行首先裁撤第一仓库，并议决待第八仓库堆存的陈麻售出后，将该栈裁撤。对于第二仓库所堆杂货，汉行按照规定数额承做押款，其余商品则拒做押款；对于第三、第六仓库所堆棉花，汉行选择易于销售的花种，以 250 万元为限承做押款④。汉行将第七仓库的存货转移至其他仓库，拟遣散员工，准备结束。但由于该仓租用合同尚未到期，每月仍须支付房租 400 多元，且该仓承揽皮油等货物所得仓租收入不敷房租支出，加之 1936 年下期农产品丰收，新货上市后汉行现有各仓容量不够等原因，汉行拟恢复第七仓库营业，专在该仓堆放棉花，所收栈租用于支付房租⑤。1937 年上期，各地农产品丰收，汉行各仓库来货量极大，第九仓库已堆满货物，甚至有不少货物堆至仓外，加上第七仓库恢复营业，各堆栈人手缺乏。鉴此，汉行雇用临时工 16 人、长期工 4 人。因堆栈员工调迁、解职及病故多达 11 人，后汉栈将临时工转为长期雇用工。1937 年 4 月，汉行第三堆栈因上年亏损较大被裁撤。1937 年 6 月，汉行拟撤销仓库科，但与业主所签租赁合同尚未到期，撤销事宜无果而终⑥。随着各栈相继被裁撤，汉栈业务也日渐萎缩。抗日战争爆发后，随着战争的扩大，汉栈业务几乎处于停滞状态。

① 汉口管辖行. 关于所属各行会议记录 [A]. LS61-1-0810，武汉：武汉市档案馆，1935.

② 佚名. 关于存放款、押汇、农村贷款等业务来函 [A]. LS61-1-0794，武汉：武汉市档案馆，1934.

③ 佚名. 关于总经理公务函件的批复等 [A]. LS61-1-0440，武汉：武汉市档案馆，1936.

④ 佚名. 总经理关于福新股票股息、大新美孚等押拨汇申款、小本贷款组织大纲、贷款章程等件 [A]. LS61-1-0935，武汉：武汉市档案馆，1936.

⑤ 佚名. 关于致总行办理有关人员介绍房地产收押业务问题函稿 [A]. LS61-1-0940，武汉：武汉市档案馆，1936.

⑥ 佚名. 上海银行有关人员提升、保证书、押款等件 [A]. LS61-1-0975，武汉：武汉市档案馆，1935.

二、汉栈的棉花保管业务

堆存货物是汉口堆栈的主要业务之一。汉行仓库以堆存农产品为主，农产品中又以棉花、杂粮为大宗。汉行各栈所堆棉花数量可观，在全汉各栈中占有重要的地位。据调查，1930年汉阳、汉口沿襄河两岸各堆栈共堆存棉花244 000包。其中，汉阳沿岸各栈堆存43 000包①，汉口沿岸各栈共堆201 000包②。而汉行四至七栈共存棉花180 000包，占阳夏沿河各栈堆花总数的73.8%，汉栈存花数占武汉各栈存花总数的50%③。业务淡季，汉栈灵活经营，尽量减少亏损。1931年上半年，汉口棉市不景气，各栈入不敷出，汉行准备在第四至七栈堆存杂粮，"以资挹注"④。汉栈还乘杂粮上市、客货涌到之机，购置麻袋7 000多个，以每个麻袋2分的月租金出租给堆存散货之客⑤。堆栈出租麻袋不仅便利了客户，而且还可收取租金，弥补各项支出。

1935年，受水旱灾害的影响，湖北农产歉收。汉行各仓库堆存的货物也因之减少，汉行栈租收入也颇受影响。汉行1935年4月5日的仓务会议记录显示，当年1—3月，汉栈杂粮杂货仓租收入21 000余元，棉花仓租收入18 000余元，各仓仓租收入共计39 900余元，除去开支31 800余元，共盈利1 100余元。堆栈存货来源减少后，汉栈积极招揽杂粮、茶叶、杂货等生意，以仓租收入弥补各项开支⑥。不仅如此，1935年下期，长江流域水灾为患，除一、二、五、八、九各堆栈未进水外，其他各栈均被水淹。其中，三栈甲仓进水三尺（1尺≈0.33米。下同）三，乙仓进水一尺七，四仓进水一尺三，六、七两仓进水三尺，汉栈购砖23万块以垫高存货。此次防水费共支出7 000元。其中，4 000元由客户摊付，购砖及防水费3 000元由汉栈支付。此外，汉栈各仓库棉花堆存数也大幅减少，表4-13提供了详情。

---

① 鼎孚约7 000包，金太约计11 000包，和礼15 000包，华安约10 000包。

② 通孚约72 000包，星记约50 000包，盛星约63 000包，仁记16 000包。

③ 佚名. 汉口堆栈总办事处来函及职工名册［A］. LS61-1-0147，武汉：武汉市档案馆.

④ 佚名. 业务函电［A］. LS61-1-0306，武汉：武汉市档案馆，1931.

⑤ 佚名. 有关经理蔡云荪私人聘书及往来函件［A］. LS61-1-0003，武汉：武汉市档案馆，1937.

⑥ 汉口管辖行. 关于所属各行会议记录［A］. LS61-1-0810，武汉：武汉市档案馆，1935.

表4-13　各仓库本周、上周存花合计数暨收入比较表

货名	上周止合计/包	上周收入/元	本周收入/元	本周止合计/包	本上周比较减少/元
铁夹花	6 333	1 836	1 268	7 601	568
夹子花	4 669	119	50	4 719	69
大花	9 190	2 467	1 200	10 390	1 267
中花	10 086	3 767	1 933	12 019	1 834
小花	21 743	6 574	4 253	25 996	2 321

注：本周指1935年10月18日至1935年10月24日，上周指1935年10月11日至1935年10月17日。

资料来源：佚名. 关于会议记录及仓库存货报告［A］. LS61-1-0790，武汉：武汉市档案馆，1935.

1935年10月18日至24日这一周，汉口堆栈各仓库存花总额比上周增加，但仓租收入却比上周减少。本周止各仓库共堆铁夹花7 601包，仓租收入1 268元，上周止共堆6 333包，仓租收入1 836元，本周比上周多1 268包，收入却减少568元。本周止各仓堆存夹子花比上周止多50包，收入减少69元；大花比上周多1 200包，收入减少1 267元；中花多1 933包，收入减少1 834元；小花多4 253包，收入减少2 321元。不仅如此，除第四仓外，其他各仓也存在存花较上周多、收入却比上周少的情况，详见表4-14。

表4-14　各仓库棉花本周与上周收入比较表

仓别	货名	上周止合计/包	上周收入/元	本周收入/元	本周止合计/包
二仓	小花	13 355	2 769	1 955	15 310
四仓	夹子花	304			304
	中花	9 657	3 575	18 084	11 481
五仓	铁夹花	363	40	227	490
	木夹花	1 973	22		1 793
	大花	2 538	784	509	3 047
	中花	429	192	109	538
	小花	6 078	2 565	1 522	7 600

表4-14（续）

仓别	货名	上周止合计/包	上周收入/元	本周收入/元	本周止合计/包
六仓	夹子花	2 342	97	50	2 392
	大花	591	30	40	631
	小花	2 310	1 233	776	3 086
七仓	铁夹花	443			443
	夹子花	50			50
	大花	6 081	1 653	651	6 712
九仓	铁夹花	5 687	1 353	1 041	6 668

注：本周指 1935 年 10 月 18 日至 1935 年 10 月 24 日，上周指 1935 年 10 月 11 日至 1935 年 10 月 17 日。

资料来源：佚名. 关于会议记录及仓库存货报告［A］. LS61-1-0790，武汉：武汉市档案馆，1935.

　　汉栈第三、四至七、九仓以堆存棉花为主。第四仓以堆存夹子花、中花为主，本周、上周该仓堆存夹子花总数相同，然本周止所堆中花比上周多 1 824 包，收入比上周多 14 509 元，是存花增加、收入亦随之增加的一个仓库。第三仓主要堆存小花，上周止该仓共有小花 13 355 包，本周止该仓共存小花 15 310 包，本周比上周增加 1 955 包，收入减少 814 元。第五仓本周止堆存铁夹花比上周止多 127 包，收入比上周多 187 元，该仓本周止所堆大花、中花、小花比上周分别多 509 包、109 包、1 522 包，收入分别减少 275 元、83 元、1 043 元。第六仓本周止所堆夹子花、大花、小花比上周止分别增加 50 包、40 包、776 包，收入分别减少 47 元、-10 元、457 元。本周止第七仓库所堆大花比上周多 651 包，收入减少 1 002 元。本周止第九仓库存花比上周多 981 包，收入减少 312 元。各仓本周止所堆各类棉花总数大于上周，而本周收入却比上周减少，这是因为本周实际存入的棉花数比上周减少。事实上，受水旱灾害及同业竞争的影响，1935 年汉行各仓库棉花存入量大大减少，仅 10 月 18 至 10 月 25 日这一周各仓存花额就比上周减少 4 577 大包。据 10 月 25 日统计，本年 9、10 两月存花共 41 164 大包，比去年同期减少 25 000 多包[1]。

　　汉口堆栈还首先废除脚花[2]等陋习。汉行各堆栈亦存在脚花等名目。每逢

---

① 汉口管辖行. 关于所属各行会议记录［A］. LS61-1-0810，武汉：武汉市档案馆，1935.
② 摘剩的、较差的棉花。

年底，各栈将脚花等出售，所得现款一部分作为堆工酬金，一部分归栈主自得。1930 年 6 月，汉口堆栈认为脚花等取之于客户，以保管为由侵蚀渔利有失商业道德，遂将脚花等按照存货的多寡平均分配，一律退还客户。本来汉口堆栈员工收入微薄，一般堆工没有薪水，他们全靠堆栈出售脚花等所得作为酬金。脚花等好处取消后，堆栈员工收入下降。汉口堆栈遂根据员工的收入增加薪金开支，确保员工不因堆栈革除旧弊而蒙受经济损失①。

三、关于汉栈代办押款的争论

除堆存货物外，汉口堆栈还招揽并代汉行办理栈货押款业务。汉行附设堆栈的目的在于保管押品，并以堆栈存货招揽押款，辅助该行经营押放款业务。汉行承做栈货押款业务时，汉栈的责任在于储存押品，确保押品安全，并负责介绍押款业务给汉行，而汉行则专门审核堆栈介绍的客户，选择稳妥可靠、信誉良好的客户发放贷款，并办理相关放款手续。但在实际操作中，堆栈收取一定的佣金，代汉行办理栈货押款业务。堆栈代办押款固然可以方便客户，获得收益，但堆栈经办押放款的弊端颇多。汉口堆栈常常采取降利减折、迁就客户等措施招揽业务，致使汉栈经放的押款呆欠颇多，汉行亦吃亏不少②。此外，汉口各堆栈为招徕业务竞争激烈。钱庄承做栈单押款，向来不过问货物是否到达，也不查验货物详情，使汉口各堆栈对尚未到汉的货物也开给栈单③。堆栈向银行押款兴起后，不少堆栈常以自置栈基为担保向银行借款，并将所借款项转放予其他客户，或将殷实客户的存款转放他人，或向行庄透支款以拉拢客户。堆栈经办银行业务使行、栈权责不明，不利于汉行的经营管理。为此，上海银行与汉行、汉栈就此问题展开了激烈的争辩，其结果是汉栈脱离汉行，独立经营，自负盈亏，行、栈各自营业，各负其责。

1931 年秋季，新棉上市，大量棉花涌入汉栈。本年 10 月 9 日至 15 日，汉行承做棉花押款高达 10 余万元。汉行大量承做棉花押款，有违上海银行收缩放款的规定。对此，上海银行颇为不满。汉行则认为，新做棉花押款虽有违紧缩放款的规定，但"实有万不得已之苦衷"。汉口堆栈存货以棉花为主，客户存花于栈，无非是想以棉花为抵押，获得周转资金。现在新花上市，不给客户

① 催思恭. 汉口堆栈总办事处报告 [J]. 海光（上海1929），1932, 4（11）：30-31.

② 佚名. 有关上海银行介字函稿 [A]. LS61-1-0316, 武汉：武汉市档案馆, 1932.

③ 按照规定，客家货物到栈后，由堆栈验货员查验货物后，发给栈单，客户凭借栈单到各行庄押款。而汉口各堆栈为招揽生意，给因路途遥远能不能到汉但急需用款的客户开立栈单，客户可凭借栈单向行庄押款。

资金融通，不仅会影响汉口堆栈的业务拓展，而且还会损害汉行的信誉①。因此，汉行不仅没有按照总行的指示收缩栈货押款，反而还冒险为随州花帮（简称"随帮"）通融棉花押款。随帮堆存于汉栈之花常占汉栈存货的70%~80%，是汉栈的大客户。1930年秋，新花上市后，随帮堆存汉栈之花多达13 656包，押款总额达238 400元，而汉行所收栈租仅有1 918两。该帮存栈货物数量大，货物出产地距汉较远。因此，汉栈对其格外通融。往往随帮货物尚未到栈，汉栈就开给栈单，该帮便可凭借栈单押用款项。这种做法固然可以招揽顾客，但所开栈单若不能照兑，汉行就会信誉扫地，且随帮押款数额较大，若有一两家客户出现意外，汉行将损失惨重②。为降低汉栈押款风险，总经理要求汉栈停止承做押款业务，将堆栈放款并入汉行③。对此，汉口堆栈不以为然。汉栈认为，随州花帮生意历来由汉栈单独承做，但由于该帮运货来汉路途遥远，有时货物虽未到栈，但该帮请求以期票押款，由随帮连环担保，其借款大都能如期偿还。现在新花上市，该帮棉花大量运汉，如不对其稍微通融，该帮生意很可能为他栈揽去。汉栈与花帮感情较好，双方联络方便，要求由汉行限定堆栈押款额度，但仍由汉栈经办栈货押款业务④。对于汉栈的请求，总经理陈光甫指出，堆栈押款须由汉行堆栈总办事处派专员管理，选择殷实可靠的随帮客户承做押款，要求汉栈限期收回未偿还押款，向汉行透支款以垫付日常开支为限，不得超额透支⑤。

对于上海银行对汉栈加强监管的做法，汉行极不赞同。汉行认为，降利减折、迁就客户、呆欠款等问题各栈均有，但汉栈已经充分认识到这些做法的弊端，并严格押款手续，目前再没出现宽滥迁就押款现象。近来新花上市，每担市价46~47元，而汉栈仍按照汉行的规定以每担30元承做押款，并无任何通融之处。且汉栈代办押款业务已渐入正轨，不必专门派人管理。况且，所派人员与客户生疏，遇事仍须堆栈经办，所派人员仅办理押款手续，起不到应有的监督作用，不如不派。堆栈存货押款若全权由银行所派人员管理，一方面银行

　　① 佚名.关于押放、活存、透支、汇款、定存定押、活押合同等账字函［A］.LS61-1-0837，武汉：武汉市档案馆，1930.

　　② 佚名.汉口堆栈总办事处来函及职工名册［A］.LS61-1-0147，武汉：武汉市档案馆，1929.

　　③ 佚名.关于押放、活存、透支、汇款、定存定押、活押合同等账字函［A］.LS61-1-0837，武汉：武汉市档案馆，1930.

　　④ 佚名.有关上海银行介字函稿［A］.LS61-1-0316，武汉：武汉市档案馆，1932.

　　⑤ 佚名.关于押放、活存、透支、汇款、定存定押、活押合同等账字函［A］.LS61-1-0837，武汉：武汉市档案馆，1930.

所派人手不够，一两人难以胜任相关业务，另一方面若所派人员与客户不能很好地合作，行栈两方均受影响。汉口堆栈与客户相处多年，相互熟悉情况，由堆栈直接经手押款业务更利于联络客户，维护汉口堆栈的地位。1931年，汉栈经手押款损失较大，确为天灾人祸所致，其他银行的栈货押款均由银行派人驻栈办理，结果其损失更大，足见银行派员驻栈办理押款的效果并不理想。其时，汉行与中国银行、兴业银行约定，堆栈押款折扣、利息一致，这一规定可以制止汉栈滥做押款①。对于汉行的呈请，总行以为，汉口堆栈兼做押款业务既不符合制度规定，又有违管理程序，必须划分管理，以明确权责。同时，上海银行议决以1932年为期，实现堆栈业务与银行押款分别管理。1932年内，堆栈押款业务仍由汉栈承做，由汉行派专员驻栈管理；1932年后，堆栈独立，不得再兼办押款业务②。1933年7月，总经理规定，堆栈押款业务一律由汉行审核承做，并另派人办理押款手续，汉栈则负责押品保管，鉴定货物优劣，调查货物市价，为汉行招揽押款业务，审核殷实客户押款折扣，向汉行介绍殷实客户信用放款等③。至此，汉口堆栈正式独立，上海银行、汉行、汉栈争执已久的栈货押款经营管理问题最终解决。但仔细审视各方争执的焦点不难发现，上海银行的立足点在于革除堆栈代办押款的弊端，降低栈货押款风险，并加强总行对行、栈的经营管理。而汉行、汉栈则据理以争，其关注点更多在于自身的营业收益以及更大的经营自主权。

汉栈押款以棉花为主，而棉花的买卖则以花行为主。棉花从堆栈运出，交打包厂出口商做成押汇后，堆栈才可以收回押款。若棉花出售给纱厂，棉花亦须先行出栈，由客户交给纱厂后，堆栈方可收款。棉花押款后至汉行出栈货款收回前，花商须将棉花卖出，并以售花得款偿还押款。花商将棉花卖予花行需耗时1~2天，卖予打包厂需2天。因此，汉栈须经1~4天才能收回押款。汉地花行信誉不佳，买主交予花行之款若被花行侵吞或花行倒闭，或远期庄票到期而钱庄倒闭，堆栈押款均无从收回。为确保押款安全，汉栈拟另立牌名、另派经理，设立花行，资本则在汉行透支。花行名义上独立于汉栈，由行、栈进行监督、管理④。此议函呈总经理后，总经理以为，另行组建花行难以物色合

①　佚名. 有关上海银行介字函稿［A］. LS61-1-0316，武汉：武汉市档案馆，1932.

②　佚名. 关于押放、活存、透支、汇款、定存定押、活押合同等账字函［A］. LS61-1-0837，武汉：武汉市档案馆，1930.

③　佚名. 关于公字、查字函［A］. LS61-1-0739，武汉：武汉市档案馆，1933.

④　佚名. 上海银行总经理公字函稿［A］. LS61-1-0308，武汉：武汉市档案馆，1931.

适人选，且风险较大。他建议汉栈与当地驳船公司签订合约，由驳船公司将棉花从汉栈运至纱厂或打包厂，汉行与押款人分别派人随同照料，办理看称、交货手续①。对于总行的建议，汉行认为，棉花出售后的运输业务向由花行办理，各花行订有帮规，驳船公司不能代办。汉栈自办花行更加稳妥，可委任张立成为花行经理，由汉行派会计监督，先试办一年，若效果不佳，则立即停办②。对于汉行的提议，总经理认为，试办花行风险过大，不主张开设，创立花行之议遂无果而终。

汉行的内汇业务备受政局及金融政策变化的影响。建立初期，汉行利用汉埠贸易优势，兜揽洋商大户汇款，努力拓展内汇业务。但由于刚刚建立，社会各界对其不信任、金融风潮等因素使汉行内汇业务发展缓慢。北伐战争中，汉行措置得当，不仅使其获利颇丰，还赢得了社会各界的信任，一跃成为汉市汇划中心。20 世纪 30 年代的国内外局势使汉行的内汇业务陷于困境，废两改元的实施虽使汉行内汇额有所减少，但其汇出汇款额仍大于支付汇款额。法币政策的颁行取消了汉行内汇汇水收入及兑换收益，汉行汇款仅收取一定的手续费，加之同业竞争日趋激烈，汉行内汇汇率降低，汇款收入减少。

汉行外汇业务的进展情况一直不佳。在上海银行的倡导下，汉行积极开拓外汇业务。然而，由于受国内外局势动荡、外商银行的竞争以及自身能力有限等因素的影响，汉行外汇业务进展缓慢。尽管如此，汉行利用汉埠外贸优势，竭力拓展外汇业务。出口押汇担保可靠，资金周转速度快，因此，汉行以打包放款招揽出口押汇业务，使其外汇额在各行处中位居前列。但由于中国传统商业重信用轻抵押，商家对出口押汇缺乏了解，加之征信机构起步晚、运输工具落后等因素，汉行的出口押汇业务起色不大。

堆栈为银行兼营的附属事业。银行设立堆栈的初衷在于保管押品，招徕押款业务。保管货物是汉口堆栈的主要业务，然该项业务易受时局及年成的影响。时局安靖、农产品丰收时，堆栈存货较多；局势动荡、农产歉收时，堆栈存货相对较少。独立于汉行后，汉栈业务经营成本增加，所收栈租往往不敷开支。随着时局的变化及其业务的萎缩，汉栈亦相继被裁撤，仅留下一两栈堆存货物。代办栈货押款是堆栈的另一重要业务。汉口堆栈常采取降利减折、为未到栈货物开立栈单、宽滥迁就客户等措施兜揽业务，增加了汉行押款风险。为

---

① 佚名. 业务函电 [A]. LS61-1-0306，武汉：武汉市档案馆，1931.

② 佚名. 上海银行总经理公字函稿 [A]. LS61-1-0308，武汉：武汉市档案馆，1931.

革除弊端、降低营运风险，上海银行要求堆栈将押款业务并入汉行，或由汉行派员经办。对此，汉行、汉栈据理力争，与上海银行展开了激烈争论。上海银行力排众议，决心革除弊端。汉栈最终独立于汉行，并以保管押品、调查市价以及为汉行介绍业务为主业。事实上，银行是经营货币信贷的金融机构，而仓库以保管货物为职责，仓库代办银行业务固然便于兜揽栈货押款，但将内容、性质天壤之别的业务混为一谈，无论在管理上还是在业务经营上均存在诸多弊端。一旦经营不慎，银行就会遭受重大损失，这也是上海银行决心废除这种畸形制度的主要原因。

第五章 上海商业储蓄银行汉口分行的内部管理

内部管理是银行在内部进行的系列管理活动，是商业银行开展有效活动、取得良好经营效果的重要保证①。作为上海银行旗下的重要分行，汉行的内部管理不仅包括其内部组织机构的增减、行员管理、薪酬管理，而且还涉及该行与上海银行的关系。

第一节 组织机构的变迁

从 1923 年改组为分行到 1938 年撤退至重庆，汉行的内部机构随时局、总行管理制度以及业务进展等因素的变化经历了一个动态变化的过程。建行初期，汉行内部机构比较简单。随着总行调整对分支机构的管理方式，汉行也根据业务进展情况增减分支行处，完善内部组织机构。

一、建行初期的内部机构

作为上海银行旗下的重要分行，汉行内部机构的设置深受总行机构设置、业务经营方针及其分支机构管理模式等因素的影响。建立初期，上海银行简设内部机构，汉行内部机构的设置也比较简单。随着业务的拓展、分支机构的增加，上海银行逐步增设内部机构，汉行也根据业务进展状况不断增减分支行处，完善内部机构。

汉行的内部机构情况深受上海银行内部机构设置及其对分支机构管理方式变化的影响。因此，要深入了解汉行内部机构的设置及其变化，务须先了解上

---

① 李建. 商业银行学［M］. 上海：立信会计出版社，1998：211.

海银行的机构设置情况及其对分支机构管理方式的变化。上海银行的内部机构是适应其业务发展的需要而设置并逐渐扩充的。上海银行创立于1915年，成立时实收资本仅10万元①，开业时仅有7个行员，被称为"小小银行"②。由于刚刚成立，资本微薄，业务拓展艰难，该行遂简设机构，以节省开支。斯时，上海银行的组织机构构成情况如图5-1所示。

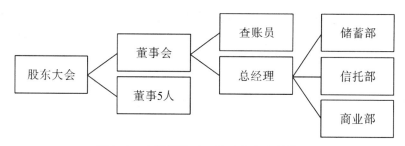

图 5-1　上海银行 1915 年内部组织结构图

（资料来源：中国人民银行上海市分行金融研究所. 上海商业储蓄银行史料［M］. 上海：上海人民出版社，1990：12-15.）

就内部构成来看，主要有股东大会、董事会、查账员、总经理几个层级机构。股东大会和董事会为决策机构，总经理及其领导下的各业务部门是执行机构。上海银行没有设立专门的监察机构，监察职能由从股东中选出的5名董事代行，仅设有储蓄部、信托部和商业部几个业务部门。在实际运行中，各职能部门执行相关业务操作，对总经理负责；总经理执行董事会的决策，对董事会负责；董事会又须对股东大会负责。上海银行各机构分工明确，权责明晰，体现了"自上而下层层领导，自下而上层层负责"的管理模式。同时，上海银行实行有限责任制，如遭遇营业亏损，股东以其所出资本为限，负有限责任。搭建好基本框架后，上海银行即广设分支机构，谋求向外扩展。建立当年，该行就设立了无锡、常州2个分理处。1916—1917年，又设立南京下关、苏州、界路3个办事处。截至1926年，其分支机构多达26个③。在上海银行的分支机构中，寄庄是最简单的机构，设立的目的是寻求商机。若寄庄有较大的发展潜力，便可改组为分理处或办事处，分理处或办事处发展到一定规模又可改组成分行。各分支机构的开业资本由上海银行提供，各行处付周息5厘，津、

---

①　又有一说仅7万元。

②　这7个行员包括庄得之、施再春、王晓籁、李馥苏、陈光甫、楼映斋、徐英卿。

③　中国人民银行上海市分行金融研究所. 上海商业储蓄银行史料［M］. 上海：上海人民出版社，1990：65-66.

汉、宁三行各拨资本10万元，其他分行5万元，分理处（支行）3万元①。在管理层的设置上，上海银行设总经理，总经理下设副经理，副经理下设办事员。分支行设经理，办事处设主任②。

随着分支行处的增加及业务的拓展，管理工作日渐繁重，上海银行深感力不从心。为更好地指导业务，加强管理，1929年，上海银行实行分区管理制，即把分支机构按照地域及各行处间的业务联系划分为若干区域，每区设一区域行，区域行不经营业务，代表总行专门管理本区的分支行。其中，湘、鄂、豫、赣四省划为第一区，设第一区区经理，由总行董事、副经理杨介眉为第一区区经理，负责第一区内各行处营业政策的制定以及人事安排等工作。第一区区经理处设立后，汉行即为第一区区经理处所管辖，其所辖行处如图5-2。

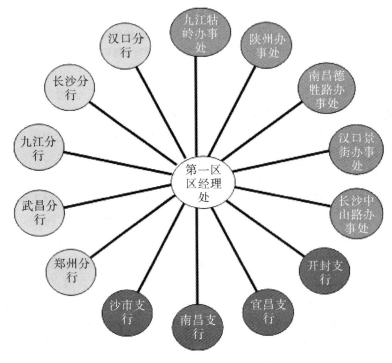

图5-2　第一区区经理处1929年所辖行处图

[资料来源：宋春舫. 上海商业储蓄银行二十年史初稿（三）[J]. 档案史学，2000（3）：16.]

---

① 中国人民银行上海市分行金融研究所. 上海商业储蓄银行史料 [M]. 上海：上海人民出版社，1990：791.

② 宋春舫. 上海商业储蓄银行二十年史初稿（三）[J]. 档案与史学，2010（3）：16.

斯时，第一区区经理处管辖汉口、长沙、九江、武昌、郑州5个分行，沙市、南昌、宜昌、开封4个支行，长沙中山路、汉口景街、南昌德胜路、陕州、九江牯岭5个办事处。每个分支行设经理，办事处设主任。在第一区区经理处的指导下，第一区分行的管理效率均大大提高，于是上海银行又设立第二、第三区区经理处。

随着上海银行不断调整对分支行的管理方式及分支行业务的进展，汉行也不断增设分支行处，完善内部组织机构。1923年4月，汉分理处改组为汉分行，并聘请经理1人、副经理2人。斯时，汉行设有储蓄处，但储蓄处账目并不独立，一切账目均在总行账下结算。1927年，上海银行制定各行处盈亏结算及独立办法。至此，汉行才开始自主结算，自负盈亏①。此后，汉行便开始添设分支机构。1929年10月28日，汉行租赁汉正街永宁巷房屋，在此设立汉正街办事处，专营抵押放款业务，以方便当地客户及棉绸各帮办理业务。同时，任命刘文君为主任，杨祝三为副主任，陈德浤、熊鹤森、杨湘涛3人为业务助理②。设立不到两年，汉正处便因金融形势不佳而被裁撤；形势好转后，该处又重新恢复营业。1931年的天灾人祸使武汉经济凋敝，各行业务寥落，汉正处的押款业务也趋于停顿。1932年3月，汉行裁撤汉正处，清理该处账目，同时酌给津贴，辞退原有行员③。随着中日关系的缓和、废两改元的实施以及证券交易所的设立，汉市金融市场再度活跃。1934年8月19日，汉正处重新开门营业④。鉴于汉景街地理位置优越，工商业较为发达，汉行于1932年1月10日设立汉景街办事处，以充分利用该地区位优势拓展业务。汉景处开业当天，就有100多个存款账户开立，开业仅3个月其存款就达10万元⑤。

除添设分支机构外，汉行还根据业务进展情况增减内部机构。汉行国外汇兑处设立于1923年。斯时，该处依附于总行，直到1931年才脱离总行，独立办理业务。独立后不到两个月，受水灾及日本入侵的影响，武汉经济凋敝，金融濒临破产，国外贸易停滞不前，汉行国外汇兑处业务寥落，仅承做少量进口押汇，业务清淡，前途渺茫⑥。截至1929年，汉行形成了以经理为主导，副经

① 中国人民银行上海市分行金融研究所. 上海商业储蓄银行史料［M］. 上海：上海人民出版社，1990：784.

② 佚名. 汉口正街办事处成立［J］. 海光（上海1929），1929，1（11）：6.

③ 佚名. 业务函电［A］. LS61-1-0306，武汉：武汉市档案馆，1931.

④ 佚名. 关于各分行负责人对行务方面的函件［A］. LS61-1-0478，武汉：武汉市档案馆，1934.；佚名. 上海商业储蓄银行大事纪略［A］. Q275-1-168，上海：上海市档案馆，1935.

⑤ 景处. 汉景街办事处开幕纪略［J］. 海光（上海1929），1932，4（5）：14.

⑥ 严椿林. 汉行办理国外汇兑之经过［J］. 海光（上海1929），1932，4（11）：21.

理、襄理为辅翼，各部门为执行机构的管理格局，详情见图5-3。

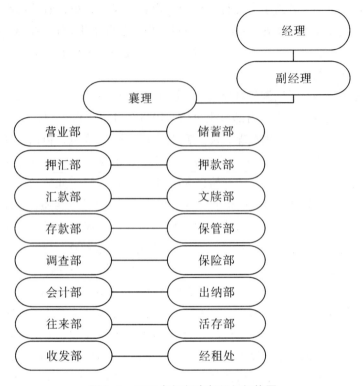

图5-3　1929年汉行内部组织机构图

（资料来源：佚名. 第一区职员表［A］. LS61-1-0144，武汉：武汉市档案馆，1929.；佚名. 有关人员加薪表、行员成绩报告表留底［A］. LS61-1-0951，武汉：武汉市档案馆，1929.）

　　经理为汉分行的最高管理部门，经理下设副经理，副经理下设襄理，襄理以下是各种业务部门，主要有营业部、押汇部、汇款部、存款部、调查部、会计部、往来部、收发部等16个职能部门。这些部门既分工又合作，形成了分工精细、权责明确的管理体系。随着经营环境的变化以及各种管理问题的出现，上海银行再度改变对分支机构的管理方式，加强组织建设，汉行也随之调整内部机构。

二、内部机构的调整

　　南京国民政府成立后，即颁布系列法规，整顿财政金融。新政策的实施在规范商业银行经营管理活动、降低金融风险的同时，也促使南京国民政府加强对金融机构的控制。经营环境的改变以及分区制管理的弊端日益凸显使上海银行再度改变对分支机构的管理方式。在此背景下,汉行亦调整内部机构,适应新的经营环境及管理模式。

上海银行管理模式的改变是在经营环境的变化以及分区制管理弊端百出的背景下进行的。1929—1934 年,南京国民政府颁布了一系列金融法规,如《银行注册章程》《银行注册章程实施细则》《银行法》等,对商业银行的资本额、股份、营业内容、债务清偿次序、营业时间等予以规范①。尤其是 1934 年相关储蓄政策颁布后,商业银行的业务范围、资金运用以及定活期存款额占存款总额的比例等均受到严格限制②。废两改元案实施后,各行与银两有关的业务均在无形中消失,商业银行的经营环境发生了翻天覆地的变化。在此形势下,上海银行重新修订银行章程,以适应新的经营环境。事实上,早在 1931年上海银行增加资本,董事会就提出修订银行章程的议案,但因新银行法尚未颁布,所以章程修订暂时搁置。章程修订完毕后,水灾、日本侵华相继发生,新订章程因之未能付诸实施。业务发展的需要以及经营环境的改变使上海银行必须调整内部机构。况且,随着分支处的增加、业务范围的扩大,上海银行的分区制管理模式弊端百出。由于区分行所辖行处过多,管理范围过宽,遇事层层转核,效率低下,且区经理对所辖行处的指导、检查过于粗糙,工作多与总行重复,其作用与预期设想相去甚远。在内外双重因素的综合作用下,上海银行即着手调整内部机构③。

在调整方针上,上海银行实行总行制。总行制是总分行制的一种,是指法律允许银行在设立总行之外,下属还可设立分支机构的银行体制。根据总行行使经营、管理权的情况,总分行制又可分为总管理处制和总行制。总管理处制下,总行只负责管理监督所辖分支处,纯粹属于管理机关,自身并不对外营业。总行制下,总行除了对内管理各分支行处外,还可直接对外营业④。总行制下的总行肩负管理各分支行处及直接对外营业的双重职能,这不仅能够节省开支,还可以掌握各分支机构的业务运营实情,指导分支行处的经营管理,且

---

① 财政部钱币司. 银行管理法令辑要 [M]. 南京:财政部钱币司,1942:1-6.;中国第二历史档案馆,中国人民银行江苏省分行. 中华民国金融法规档案资料选编:上 [M]. 北京:档案出版社,1989:572-580.

② 中国第二历史档案馆,中国人民银行江苏省分行. 中华民国金融法规档案资料选编:上 [M]. 北京:档案出版社,1989:580-583.

③ 中国人民银行上海市分行金融研究所. 上海商业储蓄银行史料 [M]. 上海:上海人民出版社,1990:789.

④ 孙建林. 商业银行信贷管理 [J]. 上海:中信出版社,1995:3.

总行所订立的营业标准又可以为各分行提供参考，故上海银行实行总行制①。根据修订后的章程及总分行组织大纲，上海银行将全行分为管理、营业2部，原有总经理处各科改为5个处，营业部分16个部。对于分支机构的管理，上海银行废除分区制，实行管辖行制。同时，添设视察员，随时查核总行、管辖行、分支行处、寄庄、仓库及各附属机构的人事、账目②。汉口分行改为汉管辖行，统辖鄂、湘、沙、宜各分行及汉景街、长沙中山路2办事处。同时，管辖行设参事、顾问、专员，管辖行下的各分支行只设顾问，不设参事、专员。管辖行的各机构定名为科，分行定名为课，支行则定名为股，办事处定名为系③。和第一区分行相比，汉管辖行的辖区变小，所属分支行处减少，且各行处基本上位于湖北省境内，有利于汉管辖行加强对所属分支机构业务、人事的指导，提高管理效率。

管辖行制实施后，汉管辖行根据业务经营情况不断调整分支行处，完善内部组织机构。渝、沪、汉直接通航后，各地货物无须再经宜昌转运汉口，宜昌支行的业务因之逐渐衰萎。1935年6月1日，汉管辖行将宜昌分行改组为宜昌办事处④。漯河办事处及驻马店寄庄原为郑州管辖行所辖，这两个分支机构主要经营杂粮押款、押汇业务，其押品一般运汉销售，所购票据也大都在汉行兑现，与汉行业务往来频繁。汉行第九仓库设立后，专门保管杂粮。为方便业务联络，1935年9月，漯河办事处及驻马店寄庄改归汉管辖行所辖⑤。后漯河办事处因业务平庸，于1937年4月被裁撤⑥。截至1937年，汉管辖行辖武昌、长沙2个分行，沙市支行和宜昌、汉景街、汉正街、长沙中山路、衡阳5个办事处，详见图5-4。

---

① 中国人民银行上海市分行金融研究所. 上海商业储蓄银行史料 [M]. 上海：上海人民出版社，1990：686.

② 杨介眉. 总分行改组报告 [J]. 海光（上海1929），1934，6（6）：3.

③ 佚名. 总分行改组情形 [J]. 海光（上海1929），1934，6（6）：23.

④ 佚名. 关于存款章程、升级加薪、承押汇办法等函 [A]. LS61-1-0745，武汉：武汉市档案馆，1935.

⑤ 佚名. 关于存款章程、升级加薪、承押汇办法等函 [A]. LS61-1-0745，武汉：武汉市档案馆，1935.

⑥ 佚名. 上海商业储蓄银行二十五年度营业报告 [N]. 申报（上海版），1937-04-19（11）.

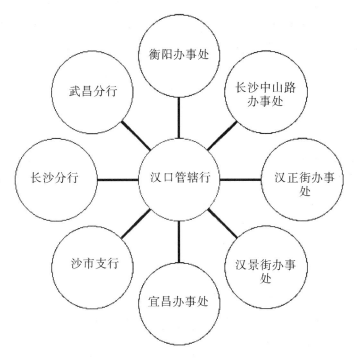

图 5-4　1937 年初汉口管辖行所辖行处情况图

（资料来源：中国人民银行上海市分行金融研究所. 上海商业储蓄银行史料［M］. 上海：上海人民出版社，1990：691.）

除增减分支行外，汉行还随业务的推进不断增减机构，完善内部组织。20世纪 30 年代初，受长江流域水灾、"九一八"事变及"一·二八"事变的影响，全国农村经济凋敝，大量资金涌入上海，上海银行存款额迅速增加，而放款业务却明显紧缩。为拓宽资金流通渠道，1933 年 1 月，上海银行创办农业贷款合作部，后更名为农业部，专门办理农村合作贷款业务。鉴于湖北受水灾及"匪祸"的打击，农村经济濒临破产，上海银行要求汉行成立农业分部。1934 年 3 月，汉行遵照总行指示，成立汉口农业分部，专门办理农村贷款业务①。汉口农业分部由周苍柏兼任主任，沈味之为助员，湘行李启田调汉协助做相关工作②。1934 年 6 月，汉行农业分部改为农业科。从设立起，汉口农业分部的业务进展就不顺利，放款所得利息常不敷开支。1935 年，湖北农业合

---

① 佚名. 商情月报等函稿［A］. LS61-1-1146，武汉：武汉市档案馆，1937.

② 佚名. 关于各分行负责人对行务方面的函件［A］. LS61-1-0478，武汉：武汉市档案馆，1934.

作贷款银行团成立后，湖北农贷业务全部划归该团办理，汉行农业科的业务发展更加无望。1935年8月29日，汉行裁撤农业科，并将其账目转入汉储蓄科，人手调配他处①。1935年的金融危机催生了汉准备分库的设立。美国购银法案实施后，世界银价暴涨，中国白银大量外流。为应付危机，上海银行要求全行提取存款总额的三成作为存款准备金，其中一成为特别准备金，拨存总行，由总行设立准备库保管，另外两成由各行自行保管②。汉行亦拟设立准备分库，以加强管理，集中调度资金③。此时，总行准备库尚未成立，且汉行头寸并不宽裕，总行遂建议汉行，待准备库成立后，再设立汉分库④，后总行准备库与汉分库同时设立。几经整合，汉行形成了以经理、副经理、襄理为管理部门，各科为执行部门的层级管理结构，见图5-5。

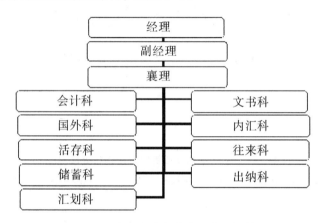

图5-5　1936年汉行内部主要机构设置情况图

（资料来源：佚名. 人事通知及人事安排表［A］. LS61-1-0381，武汉：武汉市档案馆，1937.）

1936年，汉管辖行设有经理、副经理、襄理等管理层，襄理以下则为业务执行部门，主要有会计科、国外科、活存科、储蓄科、汇划科、文书科、内汇科、往来科、出纳科等机构。

抗日战争全面爆发使汉行内部机构及管辖范围再度发生变化。1937年7

---

① 佚名. 关于致总经理及总行部处经理有关押汇人事问题的函稿［A］. LS61-1-0967，武汉：武汉市档案馆，1935.
② 佚名. 关于存款章程、升级加薪、承押汇办法等函［A］. LS61-1-0745，武汉：武汉市档案馆，1935.
③ 佚名. 上海银行关于总分行处经副襄理及主任的函件［A］. LS61-1-0565，武汉：武汉市档案馆，1935.
④ 佚名. 关于致总分行处经理主任有关业务人事等问题的函稿［A］. LS61-1-0968，武汉：武汉市档案馆，1935.

月，随着战事的扩大，上海很快就沦为战区。斯时，京沪铁路被封，京杭铁路起点站改为梵王渡，长江轮船因江阴被封而无法驶进吴淞口，上海邮电、交通几乎瘫痪。为方便对各行处业务、人事的管理，1937 年 8 月 20 日，上海银行在汉行设立总经理驻汉办事处，汉行经理周苍柏兼任主任，总行襄理倪文硕为副主任。汉总处主要管理汉口、郑州、南昌、广州四管辖行及西安分行所属行处，并成为各地款项调拨中心①。1937 年 9 月 2 日，上海银行于南京分行内设立总经理驻宁办事处。南京沦陷后，上海银行的重心移至汉口。随着各地相继沦为战区及国府西迁，各地华商银行纷纷向武汉撤退，上海银行各行处亦相继迁汉，武汉遂成为战时政治、金融中心。1937 年 11—12 月，苏州分行、无锡分行、常州分行、安庆支行、华淮支行、明光办事处等先后撤退至汉口。1938 年 1—5 月，郑州分行、板浦支行、开封支行、合肥办事处等向汉口撤退②。徐州沦陷后，武汉即成为抗日主战场，汉地战火纷飞，各业纷纷迁避。1938 年 7 月，总经理驻汉办事处迁渝。开封沦陷后，武汉形势更加严峻，汉行遂在法租界租屋，设立办事处，着手准备撤退。7 月 21 日，汉行开始向重庆撤退，1938 年 11 月 5 日，汉行开始在重庆美丰大楼三楼办理业务。

三、附属机构的创设

除了设有与银行业务直接相关的机构外，汉行还设有汉口堆栈总办事处、汉旅行分部、保险分部等附属机构，这些机构与汉行相互招徕业务，相得益彰。

汉口堆栈总办事处是管理汉行各堆栈、办理货物保管业务的机构。1928 至 1930 年，汉行先后设立了一至九栈，并设立堆栈总办事处，管理相关事务。汉口为华中地区最大的商品集散地，从上海运来的商品云集汉口转销内地，由重庆、陕西、河南等内陆各省运来的土货集聚汉地，再由汉运沪出口。汉行利用汉口的地理区位优势，设立仓库，堆存过往货物。1928 年夏，汉行租赁保安保险公司的堆栈③，更名为汉口堆栈，专堆茶叶、疋头、洋纱、杂货等。1929 年春，汉行租用汉阳南岸嘴森盛和堆栈，定名为汉口第二堆栈，专堆棉花，改汉口堆栈为第一堆栈。同年，又租黄陂银行汉阳堆栈为第三堆栈，专堆杂粮、杂货，并购买铨兴各栈及铨兴住宅④。随着堆栈范围的扩大，汉行于铨

---

① 佚名. 抗战初期本行之应付 [M]. 海光（上海 1929），1946，10（12）：43-44.
② 佚名. 上海商业储蓄银行大事记 [A]. Q275-1-168，上海：上海市档案馆，1935.
③ 位于特三区华昌街汇丰银行后面。
④ 遇字巷铨兴甲栈、大亨巷铨兴分栈、小兴码头之汉和堆栈及星记堆栈。

兴住宅内设汉口堆栈总办事处，专门管理堆栈事宜，并将铨兴甲栈改为第四栈，铨兴分栈改为第五栈，汉和堆栈改为第六栈。1930年，汉行将星记堆栈改为第七栈，四至七栈专堆棉花、杂粮。沙市打包厂成立后，湖北各区所产棉花大都集中在打包厂附近，堆存武汉各栈的棉花数量大大减少。鉴于此，汉行将第二栈转租给第一纺织公司，第三堆栈因黄陂银行将该栈转给湖北省银行经营而退租，后汉行租赁汉阳兵工厂的同丰堆栈及长裕和盐仓作为第三栈，堆存杂货、杂粮和淮盐。一至七栈设立后，各栈单独营业，各自为政。为集中事权，统一调度，汉行设立汉口堆栈总办事处，办事处的内部构成见图5-6。

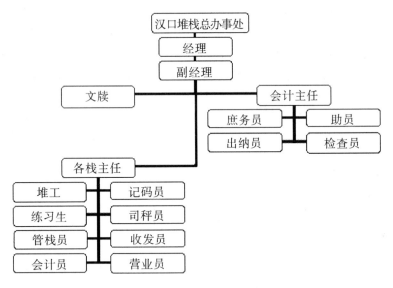

图5-6　汉口堆栈组织系统图

[资料来源：催思恭. 汉口堆栈总办事处报告 [J]. 海光（上海1929），1932, 4（11）：26.]

办事处管理层由经理、副经理、主任三级组成。其中，经理负责全处事务，经理以下设副经理；副经理以下设各栈主任、会计主任、文牍；主任以下设记码员、司秤员、收发员、营业员、堆工、练习生、管栈员、会计员；会计主任下面设庶务员、助员、出纳员、检查员等。各栈营业情况不同，人员数目也多寡不一。1934年，全行改组后，汉口堆栈总办事处改为仓库科，并设驻仓办事处。1936年7月，汉行驻仓办事处撤销，仓库科迁至汉正街办事处办公，由汉正街办事处代汉行办理堆栈业务，处理所有账目①。

---

① 佚名. 关于汉分行致总经理、襄理及总分行经理、副理、襄理承办各工商号保税、汇兑、押款及账务等业务的函稿 [A]. LS61-1-0995, 武汉：武汉市档案馆, 1936.

除设立堆栈总办事处外，汉行还设有旅行分部。汉行旅行分部是上海银行旅行部的分支机构。1923 年 8 月，上海银行设立旅行部①，办理与旅行相关的各种事宜，以宣传银行，为银行兜揽业务。旅行部设立后，就在代售沪宁与沪杭甬两路车票，后陆续与长江南北洋及外国轮船公司订立代办客票合同，不久将代售车票业务推广至京绥、京汉及津浦各路，并在各外埠分行添设旅行分部②。1924 年，汉行设立旅行分部，以充分发挥旅行社"先锋队"作用③。设立之初，汉旅行分部的工作人员仅有招待员与办事员各 1 人，以代售车船票为主业。汉旅行分部附设于汉行，而其业务却是代售车船票。对此，社会各界颇不理解，以至于汉行旅行分部开办月余还无人问津，业务迟迟没有进展。后经汉行多方宣传，设法招揽，其业务才渐有起色。1925 年，汉旅行分部售票额达 15 000 余元，每届结算，还获得 1 000~2 000 元的盈余。汉旅行分部的业务发展深受国内形势变化的影响。1926 年至 1928 年，武汉战争不断，交通阻滞，商业凋敝，民不聊生，汉旅行分社无业可营。1929 年，时局稍稍稳定，交通恢复，汉社业务渐有起色。不料战争又起，汉社业务趋于停滞。1930 年，国内安靖，汉社业务进展迅速。然而，1931 年的水灾及外敌入侵打断了其业务正常发展进程。

汉旅行分部设于汉行内，经费由汉行支给，两者的关系模糊，权责不分，给汉行的经营管理带来了极大的不便。汉旅行分部与铁路局联系紧密，该局及各铁路线频频向汉行借款，且借款常届期不还，使汉行苦恼不已。1925 年以来，受武汉战乱的影响，铁路局收入锐减，入不敷出。为获得营运经费，该局便以旅行分部所售票款向汉行抵押借款。由于该局与旅行分部关系特殊，汉行不便拒绝，只有勉强承借。此例一开，其他铁路线也争相要求借款。上海银行、汉行应接不暇。为革除这一弊病，1927 年，上海银行将旅行部更名为"中国旅行社"，并拨充资本 5 万元，令其单独营业。汉行旅行分部亦改名为汉旅行分社，隶属于中国旅行社④。旅行社单独营业后，各铁路线借款问题也迎刃而解。作为银行的附属机构，旅行社本应独立经营，自负盈亏，并与银行划分权限，而汉行考虑到旅行分部刚刚设立，业务拓展困难，意欲通过银行业务为其招揽业务，打开僵局，故将其设于汉行内部。不仅如此，汉行还承担该

---

① 隶属于上海银行。

② 万宽. 上海银行与中国旅行社 [J]. 中国金融，1985 (7)：48.

③ 中国人民银行上海市分行金融研究所. 上海商业储蓄银行史料 [M]. 上海：上海人民出版社，1990：827.

④ 邹国粹. 汉口中国旅行社纪要 [J]. 海光 (上海 1929)，1932，4 (11)：32-33.

部一切费用，以减轻其负担。汉行对旅行分部的经营管理方式与其他直接业务部门没有任何区别，以至于外界常将旅行社与汉行混为一谈。汉分社独立营业后，行、社各司其职，权责分明，有利于双方的经营管理。

汉保险部是汉行的又一附属机构。抵押放款是汉行重要的放款业务。汉行承做货物押款除须先查验货物、估算价值外，还须为货物购买保险，以防不测。然不少保险公司工作效率低下，押户常因保险手续不全而无法当天获得贷款以应急需，且各保险公司限制棉花押款数量，如超过规定数目，就必须分开购买保险，手续相当烦琐。有鉴于此，汉行与美国保险公司合作设立保险部，定名为上海银行保险部，以方便客户购买保险，为汉行招揽押款业务。汉保险部以承保汉行押品为主，兼办对外保险业务。保险部经理由襄理催幼南兼任，办事员为陈荣海，营业员则视营业情况聘请①。尽管汉保险部的设立方便了汉行押品及堆栈存货购买保险，有利于保险部与汉行相互招徕业务。但汉行代办保险，保险部与银行并没有划分权责，一旦发生纠纷，客户极易将其归咎于汉行，有损汉行声誉。此外，汉保险分部设立后，各项业务发展较快，且获得了数目可观的盈余，使其他保险公司由妒生恨，并趁机造谣生事，恶意宣传，对汉行造成了严重的不良影响。有鉴于此，1932年6月宝丰保险公司成立后，汉行将汉保险部交予宝丰保险公司管理。这样，对外银行与保险公司独立经营，自负盈亏，对内则由银行代办保险，以减轻宝丰的负担②。

第二节　行员职责及福利待遇

在行员管理上，汉行分工精细、明定职责，并对不同职位的行员采用不同的考核方案，以了解行员履行岗位职责情况，为发放薪酬提供依据。汉行的福利待遇是多层次的，月薪是根据行员等级按月发放，加薪和酬金按照考核成绩发放，特储和养老金则属于生活、养老保障。

一、岗位职责及行员考核

汉行对行员详细分工，明定职责，使行员各司其职。然而，各行员的职责并不是一成不变的，而是随着业务的进展及机构的调整而不断发生变化。

---

① 佚名. 杨区经理来函报告创设保险部 [J]. 海光（上海1929），1929，1（6）：1-3.
② 佚名. 上海银行总经理公字函稿 [A]. LS61-1-0308，武汉：武汉市档案馆，1931.

建行初期，汉行行员较少，各员分工并不明确，一人常身兼数职。汉分理处改组为汉分行后，陈光甫聘请汉口钱业大亨龚寿徽为汉行经理，其子龚榕庭为营业员，谢德良为副经理，兼管库房钥匙，周苍柏为第二副经理，负责联系外商业务，其余的会计、出纳等均从总行调派，仅练习生和勤杂人员在汉招聘。此时，汉行仅有经理1人，副经理2人，营业员、杂役几名。1925年，陈光甫之戚赵树荣挪用行款，总行不仅没有严惩赵氏，反而认为谢德良保管钥匙失职，将其解雇。对此，龚寿徽认为，谢氏固须承担部分责任，赵氏亦不能逍遥法外，总行处理极不公正，遂愤然辞职。后总行调副经理唐寿民兼任汉行经理，周苍柏仍任副经理。1927年，唐寿民因工作中与陈光甫意见不合离开汉行，周苍柏任经理。

随着业务的拓展、机构的增加，汉行行员也逐渐增多，且行员分工更加明确。具体情况见表5-1。

表5-1　1930年汉行人事安排表

职　务	行员姓名及负责事项
经理、副经理、襄理	经理：周苍柏　副经理：杨云表 襄理：蔡墨屏、杨福田
营业部	主任：杨俊山 营业员：高渭滨、王友柏、刘香陔、毕丹屏
会计部	主任：蔡墨屏 记账员：未咏恩（代会计）、戴进书（负责本埠行庄）、周慰柏（收介）、蔡纯斋（总分行）、虞中汝（总清）、张麦泉、张培正（现金日记）、袁厚载、胡超德（日记报告），缺核对一人
出纳部	主任：杨福田（兼任） 蔡吟秋（管库）、熊兴仁（收票）、刘国濂（银汇划）、绒瑞桂（洋汇划）、高振武、童泽生（帮汇划）、朱仲屏（往来收付）、王祥生（出纳支付）、程世彰（储蓄收付）、李监泉（出纳付现）、熊阳栋（出纳付钞）、邱月卿、余黎明（活存收付）、王槐卿（汇款及储蓄收款）、传湘丞（进账）、孙羡荣（出纳收款）
活存部	主任：任仲延 贺介凡（照票）、李勉、刘祇安、顾高堪（登账）
往来部	主任：杨福田（兼任） 严道滋、熊尚朴（登账）、张镜清（登记）

表5-1(续)

职 务	行员姓名及负责事项
押款部	主任：朱汝谦 程瑞枭（登账）
押汇部	主任：严桂林 曾庆鹏（助理）
汇出汇款	主管：彭正松 王在铭（助理）
文书部	主任：劳子隽 周君讦（兼发档案）、于平书
调查部	主任：余立青 沈仙桥（兼汉口堆栈第一、第二两堆栈稽核）、张永昌、盛润霖
储蓄部	主任：陆君毂 黄重强（登录）、赵鸣九（登录）、张先达（登录）
保管部	主任：周壁如 王宛雄（助理）
保险部	主任：陈荣海 催勉之（助理）、李宝珊（登账打字）、陈少堂（登账打字）
旅行社	主任：邹忠粹 蒋照明（助理）、邵宗翰（浔分社借去）
汉口堆栈	经理：催幼南（兼） 洪传志（会计）、孙范五（登账）
福新堆栈	陈润生（管栈员）
经租处	萧安丞（经租员）、李渲敬（登账）、戴云青（收租）、王家裕、陈方发、 万雨生（以上三人收租，不做行员）
庶务处	邹元良（庶务兼管文具）、吴少亭（收发）、龚久文（电话）
常经处	施雨亭（现暂调总行）

资料来源：佚名.上海银行汉口分行总经理人字函稿有关人事任免及简历［A］. LS61-1-0299，武汉：武汉市档案馆，1930.

1930年，汉行共有员工82人。其中，管理层有经理、副经理各1人，襄理2人。营业部有主任1人、营业员4人。会计部有主任1人、办事员9人，分别负责本埠行庄、总分行会计、账务清结、收介、现金日记以及日记报告。出纳部有主任1人、职员16人，分别负责管库、收票，银洋汇划、帮汇划，往来、出纳、储蓄收付，出纳付现、付钞等业务。活存部有主任 1 人、办事员 3 人，负责照票、登账等事务；往来部有主任 1 人、办事员 3 人，负责登账、登记相关工作；押款、押汇、汇出汇款部各有主任 1 人、助理 1 人。文书、调查、储蓄等部行员人手数目不同且各有职掌，详情可见 1936 年汉行人事安排表（表5-2）。汉行各行员各司其职，权责分明，形成了既分工又合作的关系。

表5-2　1936 年汉行人事安排表

科别、职务	姓名及经办事项
经　理	周苍柏：所辖本外埠行处及人事
副经理	董明藏：出纳、往来、结存、押放款、典当、催收、庶务等科事务
襄　理	催幼南：兼正处主任及隆茂德记账房 陈雪涛：主管文书、经租、保管等科 余世清：主管会计及内汇科 严椿林：主管外汇科 朱永思：主管储蓄、定存、营业科 洪传志：主管仓库科
会计科	余世清：主管复核审核各项传单、单据报表及与会计事务有关的一切事务 邱宗瀚：襄助会计经办一切会计事务 谢家珍：复算账单及寄发结单 包永卓：登记总清账本、本埠银行存款账及查对现金日记账 刘继青：登记转账日记账及分类咨送转账传票 张培正：缮具库存、报查封存放本埠银行及银行存款账、经租及典账登记、报送账
文书科	劳子隽：撰拟本行对内对外一切文稿及报告 刘伯高：登记文件、帮拟文稿及处理一切文书事务 吴季玉：收译电报、校发函件及负责一切文书事务 月玉枝：华文打字
国外科	严椿林：主管国外科内外一切事项 李树德：登记国外科各种账册、国内押汇及代收款项
内汇科	黎光明、来松龄、邱月卿：办理收介事务 余笙甫：登记、支付汇款账，缮写结账保单、还款销票归档 余绍秋：办理汇出汇款及登账事务

表5-2(续)

科别、职务	姓名及经办事项
活存科	黄叔端：照票对账 徐旭龄、李寿春、孟宪和：登账 程瑞棐：主管往来科各项放款事项 张镜清：登记往来结单以及照票对账 章光英：登记往来账
储蓄科	彭正柏：主管储蓄科一切事项 方少轩：登记储蓄各项账册以及预核利息 胡儒璋：办理定存押款账，登记准备账、往来账及各项报表，开立押款 　　　　及登记对付账 赵仲良：经管礼券推销，预核到期之零存整存 吴祖芬：核对印鉴收付、札现金账、汇办定存
出纳科	荣瑞椿：主管库存现金兼付款 余衡甫：收款 朱仲屏：往来科收付款 叶荣庆：活存科收付款 魏佩声：内汇科收付款 程正予：储蓄科收付款兼登转账、日记账
仓库科	洪传志、王庾甫、王新三、张惠生、杨云卿
汇划科	刘同濂：签具同业轧账支票及管理汇划事项 董俊煊：帮办汇划做账及负责一切汇划事项
营业员	沈仙桥：办理营业上的事项及调查对样
管卷调查科	月孝高：管理卷宗 余立青：办理典当事务 余德森：点收典当金饰及登记账册 蒲安丞：经办催收及诉讼出庭 余立青：办理本行一切庶务 郑虔孙：管理经租部内外事项 胡鼎三：经收租金 余启成：登记经租账册 荣煜昌：晋昌油栈驻栈办事 盛润琳：管理第二仓库 叶达九：漯河大新驻厂办事 刘砥安：大成四厂驻厂办事 张萍舟：管理文具及邮局函件收取 李乾勤：接通电话机、整理装订原始凭证及记账凭证

资料来源：佚名. 人事通知及人事安排表［A］. LS61-1-0381，武汉：武汉市档案馆，1937.

改组为管辖行后，汉行的内部机构更加完善，行员分工更趋精细，专业化程度提高。改组后，汉行各部门由原来的部改为科。汉行高级管理人员增加，行员分工更加精细。据表5-2提供的信息，汉行管理层由经理、副经理、襄理组成，经理仍由周苍柏担任，职责为统筹全行一切事务；副经理董明藏主管出纳、往来、结存、押放款、典当、催收、庶务等科的事务。襄理由1930年的2人增至6人，他们是催幼南、陈雪涛、余世清、严椿林、朱永思、洪传志。其中，催幼南兼任汉正街办事处主任及兼管隆茂德记账房，陈雪涛主管文书、经租、保管等科，余世清负责会计科及内汇科，严椿林负责外汇科，朱永思主管储蓄、定存、营业科，洪传志主管仓库科。会计科的业务被整合，人员有所精简，更加重视账目复核。文书、活存、储蓄等科人员增加，分工更精细，如劳子隽负责撰拟本行对内对外一切文稿及报告，刘伯高负责登记文件、帮拟文稿及负责一切文书事务，吴季玉主管收译电报、校发函件及负责一切文书事务，月玉枝专司华文打字。废两改元实施后，汉行银洋兑换业务消失，出纳科的业务亦被整合，人员也有所减少。同时，汉行将原由出纳部负责的汇划独立出来，成立汇划科，专门负责汇划事宜，并将调查部改为管卷调查科。相较于调查部，管卷调查科的业务范围更加广泛，分工愈加细致，人员也大大增加。堆栈改为仓库科，营业部改为营业科。保险、旅行社和汉行分开营业，撤销保险部和旅行社。同时，汉行还撤销保管部、押汇部、押款部，增加国外科，将汇出汇款部改为内汇科，负责汇进、汇出事宜。机构调整后的人事安排体现出汉行管理层人员增加、行员分工精细、职能整合等特点，这种人事安排更适合业务发展需要，有利于提高汉行工作效率、促进行员专业化。

除了详细分工、明定职责外，汉行还对行员履行岗位职责情况予以考核。一般而言，经理、副经理由总行考核，襄理由经理、副经理考核，各部门主任由分管该部门工作的襄理考核，其他员工则由其主管领导考核。汉行对行员的考核有甲、乙两种方案，甲种方案适用于考核主任及以上行员，乙种方案则适用于主任及以下职员的考核。详见表5-3。

表5-3 主任及以上职务行员考核内容表

考核内容	等级				
	1	2	3	4	5
1. 学识才具	凡庸	守旧	通达	卓越	进步
2. 办事能力	薄弱	拘谨	稳健	干练	特出
3. 办事精神	懈怠	敷衍	平常	整饬	认真

表5-3(续)

考核内容	等级				
	1	2	3	4	5
4. 驾驭能力	宽纵	懦弱	免能应付	坚强	严明
5. 管理方法	疏忽	欠缺法度	固守陈规	间有计划	精密
6. 负责态度	推诿于人	避重就轻	安分守己	肯担当	不畏艰、难不辞劳怨
7. 现在位置	完全不能称职	位置失当	仅可胜任	位置适宜	可任较高位置

资料来源：佚名. 有关人员加薪表、行员成绩报告表留底［A］. LS61-1-0951，武汉：武汉市档案馆，1929.

其中，甲种方案是对管理层的考核，主要考核行员的领导能力和办事能力，考核内容有学识才具、办事能力、办事精神、驾驭能力、管理方法、负责态度、现在位置7个方面，每个方面又分为5个等级。如：学识才具分凡庸、守旧、通达、卓越、进步；办事能力分为薄弱、拘谨、稳健、干练、特出；办事精神分为懈怠、敷衍、平常、整饬、认真；驾驭能力分宽纵、懦弱、免能应付、坚强、严明；管理方法、负责态度、现在位置等均各分为5个等级。利用甲种方案对主任及以上职务行员进行考核，汉行1929年6月的行员成绩报告如表5-4所示。襄理程顺元的学识才具在卓越与进步之间，办事能力在干练与特出之间，办事认真，驾驭能力强，管理严密，属于优秀分子。催幼南和程顺元一样，也属于优秀分子。汉行对主任以下职员的考核使用乙种考核方案，考核内容详见表5-5，主要考核行员服务态度、办事能力、工作质量、合作精神，主要内容有礼貌容态、办事能力、办事精神、合作精神、工作度量、工作品质、现在位置7个方面，每个方面又分5个等级，如礼貌容态分倨傲、轻慢、淡漠、和平、谦恭；办事能力分为必须常加监视、按部就班＆墨守成规、才堪造就、德明活泼、敏捷而不畏烦琐；办事精神分为怠惰、不甚出力、中庸、奋勉、勤劳；其他如合作精神、工作度量、工作品质、现在位置等均可分为5个等级。利用乙种考核方案对汉行职员进行考核，汉行1929年6月主任以下职员考核成绩如表5-6。会计科主任洪传志的服务态度位于和平与谦恭之间，办事勤劳、敏捷不畏烦琐，乐于助人，工作质量良好。试用助员葛志元的礼貌容态介于和平与谦恭之间，办事勤劳、敏捷而不畏烦琐，乐于助人，可做兼人之事，工作品质精确，可任较高位置。其他职员的考核情况可参见表5-6。

表 5-4　1929 年 6 月汉行主任及以上职务行员成绩报告表

姓名	职务	薪水	等级				
			1	2	3	4	5
周苍柏	经理	380					
杨云表	副经理	260					
程顺元	襄理	200	4+5	4+5	5	5	5
催幼南	主任	200	4+5	4+5	5	5	5
黄元吉	办事员,现派活存部	150	4+5	4	5	4	4
陆君毅	办事员,现派出纳处	140	4+5	4	5	4	4
陈荣海	保险部主管员	120	3	4	5	4	4
严椿林	押汇部主管员	110	4+5	4	5	4	4
杨福田	出纳部主任	100	4	4	5	4	4+5
任仲延	活存部主管员	85	3	3	3	3	3
邬忠粹	汉口旅行分社主任	100	4	4	4	4	4
沈仙桥	汉口堆栈经理	100	4	4	5	5	5
劳子隽	文书科主任	100	4+5	4	5	4	4
李渭川	往来部代理主任	75	3	4	3+4	3+4	4
周璧儒	保管部主管员	80	3+4	4	5	4	5
张辅仲	会计部代理主任	60	4	4	5	3+4	4

注:"A+B"表示位于 A 等与 B 等之间。

资料来源:佚名. 有关人员加薪表、行员成绩报告表留底〔A〕. LS61-1-0951,武汉:武汉市档案馆,1929.

表 5-5　主任以下职位行员考核内容表

考核内容	等级				
	1	2	3	4	5
1. 礼貌容态	倨傲	轻慢	淡漠	和平	谦恭
2. 办事能力	必须常加监视	按部就班 & 墨守成规	才堪造就	德明活泼	敏捷而不畏烦琐
3. 办事精神	怠惰	不甚出力	中庸	奋勉	勤劳
4. 合作精神	依赖他人	不肯帮助他人	无力帮助他人	尚能帮助他人	乐于帮助他人
5. 工作度量	总做不完	常落人后	仅可做完	做得快	可做兼人之事
6. 工作品质	时常错误	偶有错误	平常	可靠	最精确
7. 现在位置	完全不称职	位置失当	仅可胜任	位置适宜	可任较高位置

资料来源:佚名. 有关人员加薪表、行员成绩报告表留底〔A〕. LS61-1-0951,武汉:武汉市档案馆,1929.

表 5-6　1929 年 6 月汉行主任以下职务行员成绩报告表

部门	姓名、职务、职责	薪水	等级				
			1	2	3	4	5
文牍部	王子勤：助员，文牍兼发文具	50	4	2+3	5	3	3
会计科　会计部	洪传志：主任	70	4+5	5	5	5	5
	葛志元：试用助员，管收银	35	3+4	4	4	4	4
	华育德：试用助员，管出纳现金日记账	35	3+4	4	4	4	4
	张寿泉：试用助员，管出纳现金日记账	35	4	3	3+4	3	3
	于平书：试用助员，抄报日流	40	5	4	4	4	3
	虞中汝：试用助员，抄报日流	35	5	4+5	4	4	4
	沈礼均：初级助员	30	4	4	4	4	4
	杨各生：初级助员	30	3+4	3+4	4	3	3
	王家骝：初级助员	30	4	3	4	3	3
出纳部	施雨亭：助员，收款	80	4	2	3	2	3
	林友琴：助员，收款	75	5	3	3+4	3	4
	史济良：助员，收款	60	4	2	5	3	3
	严道兹：助员，收款	55	4	4	4	4	4
	刘同濂：试用助员	45	4	5	5	3	5
	熊锡栋：试用助员	40	2	3+4	3+4	3	4
	朱仲屏：试用助员	40	2	3	3	3	3
	李鉴泉：试用助员	40	3+4	4	4+5	3	4
	李洤荪：试用助员	40	4	3	4	3	3
	赵鸣九：初级助员	30	4	4	4	4	4
营业员	高渭滨	80	5	5	4	5	4
	余立青	70	5	4+5	4+5	5	4
	张永昌	65	4	3	5	5	4
	王友柏	65	5	3+4	4	4	4

表5-6(续)

部门	姓名、职务、职责	薪水	等级				
			1	2	3	4	5
活存部	李勉孙：试用助员	45	4	4+5	4	3+4	4
	蔡纯斋：助员	50	4	4	4	3	3+4
	刘砥安：试用助员	40	3+4	3+4	3+4	3	3
	吴煦：初级助员	30	4	3+4	4	3	3
往来部	熊尚模：助员	50	4	4	4+5	4	4
	雇越庄：初级试用助员	30	2+3	3	4	3	3
储蓄部	王子文：助员	50	5	5	4+5	4	4
	蒋启明：助员，收款	50	4	4	4	3	4
	朱泳思：助员，收款	50	3+4	4	4	4	4
	王宛雄：试用员	40	5	4	4	4	4
押款部	程瑞乐：助员	55	4	5	4	4	4
押汇部	刘法殿：助员	50	5	5	5	3	3
汇款部	陈德洼：助员	55	2+3	4	4	4	4
保险部	李宝珊：初级试用助员	30	3	4	4	3	4
旅行社	邵宗瀚：初级试用助员	30	3	2+4	4	3	4
	萧安丞：庶务员	65	4	5	4	4	4
	龚久文：初级试用助员	30	2+4	3	4	3	4
福新申新栈	陈润生：栈务助员	75	4	2	5	4	3
汉口堆栈	陈剑如：会计员	60	3+4	5	4	4	4
	邬元良：监督员	65	4	5	5	5	4

注："A+B"表示位于 A 等与 B 等之间。

资料来源：佚名. 有关人员加薪表、行员成绩报告表留底［A］. LS61-1-0951，武汉：武汉市档案馆，1929.

行员考核是一个系统而复杂的工作，它不仅需要考核行员的工作水平、学习能力，还要考核其综合素质、发展潜力等。各行员在每个方面的表现不尽相同：有的服务态度良好但是合作精神不够；有的办事勤劳但是墨守成规；有的服务态度较差但是工作品质良好、能力较强；等等。每个人各有长短优缺，只有根据行员的特点将其安置在适合其展现才能的岗位上，取长补短，才能最大限度地发挥其潜能。而汉行职员考核维度单一，标准简单，非常笼统，很难体现行员的实际工作表现及其动态变化情况。因此，从考核所得结果仅能了解行员部分工作情况，为发放福利待遇提供一些参考，无法通过考核发掘行员潜力、促进其全面发展。

二、行员的福利待遇

汉行行员的福利待遇主要包括工资、加薪、酬金、特储以及养老金。其中，工资根据行员等级按月发放，加薪及酬金则根据行员考核成绩发放，特储与养老金为行员的生活、养老保障。

汉行行员的月薪根据行员等级按月发放。发放等级详见表5-7。

表5-7　上海银行行员等级月薪表　　　　　　　单位：元

助员等级	月薪	办事员等级	月薪	职员等级	月薪
试　用	35~45				
三等三级	50	三等三级	100	三等三级	200
三等二级	55	三等二级	110	三等二级	220
三等一级	60	三等一级	120	三等一级	240
二等三级	65	二等三级	130	二等三级	260
二等二级	70	二等二级	140	二等二级	280
二等一级	75	二等一级	150	二等一级	300
一等三级	80	一等三级	160	一等三级	320
一等二级	85	一等二级	170	一等二级	340
一等一级	90	一等一级	180	一等一级	360
超等	95	超等	190	超等	380

资料来源：中国人民银行上海市分行金融研究所. 上海商业储蓄银行史料［M］. 上海：上海人民出版社，1990：818-819.

《上海银行行员服务待遇规则》规定，全行总经理以下的员工可分为助员、办事员以及职员三类。其中，助员又分为五等，每等又有不同的级别；办事员和职员分为四等，每等也有不同级别。行员月薪按级发放，行员等级不同其月薪亦各不相同。助员的月薪为35~95元，试用助员为35~45元，最低和最高月薪相差 60 元，且每增加一级，月薪增加 5 元，如试用助员的月薪为 35~45 元，三等三级 50 元，三等二级 55 元，三等一级 60 元，二等三级 65 元，二等二级 70 元，二等一级 75 元，一等三级 80 元，一等二级 85 元，一等一级 90 元，超等 95 元。办事员和职员分为一至三等及特等四个等级，其中一至三级又可分为三等。办事员月薪为 100~190 元，每提高一级，月薪增加 10 元，最低、最高月薪相差 90 元。职员月薪为 200~380 元，每提高一级月薪增加 20 元，最低、最高月薪相差 180 元。由此可见，行员等级越高，月薪越高，且每提高一级，月薪增加额越大，最低、最高月薪的差距也越大。同时，不同类别的员工月薪差距更大。助员与办事员的最低月薪相差 65 元，最高月薪相差 95 元，办事员与职员的最低月薪相差 100 元，最高月薪相差 190 元，助员与职员的最低月薪相差 165 元，最高月薪相差 285 元。行员等级越高，其月薪越高，且级别越高，每提高一级其月薪增加额越大。汉行工资发放的制度安排使行员工资发放有章可依，有利于合理控制收入差距。

除按等级发放月薪外，汉行还根据考核情况给行员升级加薪。一般而言，行员升级加薪须视全行营业情形、行员任职多少、成绩优劣等情况而定。成绩特别优秀者，由总经理特许破格提升；其他行员则由汉行及各分支行处主任考核后，于每年 12 月初呈报总经理核办。被辞退及去世行员可以领得离职当月全薪，被开除或自行辞职者，其工资可支至离职之日。其他如助员、办事员、职员升级加薪办法如下：初级试用助员及试用助员入职半年后，汉行按照其办事成绩甄别去留及加薪，最优秀者可升为三等三级助员，次优者可以升级加薪，成绩平常者不予加薪，此后须满一年于年终再予以考核。助员从事该等级工作满一年后，汉行对其考评，成绩最优秀者可以连升两级，次优者可升一级，平常者不升级；办事员须从事该等级工作满一年方可对其考核，成绩优秀者可以连升两级，次优者升一级，平常者不升级；职员任职一年后考核，成绩最优秀者升两级，次者升一级，平常者不升级，至一等一级后，升级加薪均由总经理特定。助员若升为办事员，须在有缺位且审查及格的情况下才可升补；办事员升为职员亦须有缺位，并由总经理遴选升补①。根据上述升级加薪标准，1931 年汉行行员加薪情况如表 5-8 所示。

---

① 中国人民银行上海市分行金融研究所. 上海商业储蓄银行史料 [M]. 上海：上海人民出版社，1990：821.

表 5-8　1931 年汉行行员加薪情况表　　　　　　　　　　单位：元

姓名	现支薪额	进行日期	前次加薪		拟加薪额	共计支额	缘由
			1930. 1	1930. 7			
周苍柏	400		20			400	
杨云表	300		40		60	360	
李其猷	240	1930.12. 1				240	
催幼南	220		20		40	260	
杨福田	160			40	20	180	
陆君毅	150			10	20	170	请升襄理
陈荣海	140		20		10	150	
严椿林	120		10		20	140	停止津贴
朱汝谦	120	1930.6. 1			30	150	调宜昌
邬郭纯	110		10		10	120	
杨俊山	100					100	
沈仙桥	100	1929. 3. 1			10	110	
蔡墨屏	95			15	45	140	办事极勤勉
任仲延	95		10		25	120	停止津贴
周璧儒	90		10		20	110	
余立青	85		15		15	100	
周君讦	80			10	5	85	
陈润生	80		5			80	
王友柏	80			10	10	90	
毕丹屏	80			10	20	100	
刘香陔	80	1929.10. 21			20	100	
蔡吟秋	75		10		5	80	
萧安丞	70		5		15	90	
邹元良	70		5		5	75	
崔勉之	70	1929. 9. 12			10	80	
严道滋	65		10		15	80	

　　资料来源：佚名. 有关人员加薪表、行员成绩报告表留底［A］. LS61-1-0951，武汉：武汉市档案馆，1929.

其中，杨云表办事勤劳，应付有方，筹划汉行及第一区各行处营业，同时还兼管区属事务，拟加薪3倍，并另送津贴。催幼南办理堆栈事务，用心革除流弊，办事认真、细心。在他的精心管理下，汉行堆栈营业成绩良好，请升二级。杨福田办事认真，责任重大，请升二级。蔡墨屏办事勤恳，但原薪太少，拟请升特级。朱汝谦办事细致，有条理，熟悉多项业务，请升三级，其余则请升一至二级或三至四级[①]。就加薪数额与职位的关系而言，职位越高，行员加薪越多。襄理以上职位的行员加薪最多，高一个等级加薪20元；各部门主任次之，高一个等级加薪10元；普通员工再次之，高一个等级加5元。不过，汉行所定加薪原则仅为升级加薪供参考，并不是绝对的，各员具体加薪额还须视其考核成绩而定，成绩优秀者可破格加升。如蔡墨屏本为超等助员，但因办事勤恳，1931年1月汉行拟为其加薪45元。还有不少同级别员工，因考核成绩不同，其加薪额亦多寡不一。汉行的升级加薪既有基本指导方针，又根据不同情况灵活处理，体现了按劳分配、注重激励的分配原则。

此外，办事尽心和勤恳最受重视，成为汉行行员升级加薪的主要缘由。表5-9显示，大部分员工因办事尽心和勤恳而获得保举加薪。

表5-9　汉行1929年保举加薪单　　　　　　　单位：元

姓名、职务	最后加薪时间、数额		现薪	拟加	理　　由
	年、月	金额			
襄理杨福田	1929.7	20	120	40	兼管出纳往来，责任繁重，办事勤勉，原薪水太少，拟请升加
办事员黄元吉	1929.4	进行	150	20	办事勤勉，此次桂军入湘，湘处多得帮助
储蓄主任陆君毅	1929.3	进行	140	10	办事勤恳
助员周君讦	1928.9	进行	70	10	办事勤恳
营业员王友柏	1929.7	5	70	10	办事勤恳
营业员毕丹屏	1929.10	进行	70	10	熟悉商情，虽办事未满一年，请破格
庶务萧安丞	1929.1	6	70	10	催收房租以及对外招揽极尽心力，应付得宜
助员熊尚仆	1929.7	5	55	10	催收房租以及对外招揽极尽心力，应付得宜

① 佚名. 有关人员加薪表、行员成绩报告表留底 [A]. LS61-1-0951, 武汉：武汉市档案馆，1929.

表5-9(续)

姓名、职务	最后加薪时间、数额		现薪	拟加	理　由
	年、月	金额			
助员刘同濂	1929.7	10	55	10	催收房租以及对外招揽极尽心力，应付得宜
助员彭正柏	1929.7	15	50	10	催收房租以及对外招揽极尽心力，应付得宜
助员荣瑞桂	1929.10	进行	50	10	催收房租以及对外招揽极尽心力，应付得宜
试用助员李鉴泉	1929.7	5	45	5	
试用助员彭正松	1929.6	进行	45	10	办事勤恳
试用助员戴进书	1929.6	进行	45	10	办事勤恳
试用助员赵鸣九	1929.8	10	40	15	办事勤恳且极老练
试用助员余平书	1929.5	进行	40	10	
孙范五	1929.9	进行	40	10	
朱仲屏	1928.4	进行	40	5	
王祥生	1929.12	进行	35	15	办事勤恳
顾高堪	1929.8	5	35	10	办事勤恳
周慰柏	1929.8	进行	30	20	办事勤恳老练，本年1月已满试用期，自2月份起请加
凌霄鸣	1929.8	进行	30	5	
陈少堂	1929.9	进行	30	5	
张先达	1929.9	进行	30	5	
传湘丞	1929.9	进行	30	5	
吴少亭	1929.10	进行	30	10	办事勤恳
王槐卿	1929.10	进行	30	5	
熊兴仁	1929.10	进行	30	10	办事勤恳
曾庆鹏	1929.12	进行	30	20	办事极勤恳老练，本年5月已满试用期，请自6月份拨加
龚久久	1928.10	12	30	5	

资料来源：佚名. 有关人员加薪表、行员成绩报告表留底［A］. LS61-1-0951，武汉：武汉市档案馆，1929.

1929 年，汉行共保举 30 人加薪，其中有 20 人有详细的加薪缘由。在这 20 人中，有 14 人的加薪缘由有办事勤恳，有 9 人仅为办事勤恳，有 5 人为办事尽心、应付得宜，有 3 人为办事勤恳老练，有 1 人为责任繁重，办事勤勉，原薪水太少，其余的则未注明理由。从汉行行员保举加薪缘由不难看出，行员加薪更注重办事态度、勤劳等主观努力程度。

同时，汉行还根据考核成绩酌定酬金，激励行员。全行每年营业纯收益除提取公积金、股息外，如有盈余，上海银行按照考核成绩发给行员的部分即为酬劳金。酬金发放与否及分配办法须视全行营业情况而定，一般由总经理与董事会共同决定。1934 年，全行上下两期结账后共提取盈余 22 万洋元，作为总经理及总行副经理以下行员酬金。行员所得酬金数额须视考核成绩而定，成绩满意者约可得 1933 年 12 月份薪水的 2.5 倍，成绩优秀者可增加酬金，平庸者则减少，训练班练习生的酬金由教务处另行发放。分支行处副经理、主任以及分支行会计员所得酬金额由总经理拟订，总行直接发放，其他人员则由其主管部门领导根据总行所分数额及各员成绩分配，服务满 1 年者可得全数，新进行员满 9 个月者可得 3/4，满 6 个月者可得 1/2，满 3 个月者可得 1/4，不满 3 个月者无酬金。其他额外试用人员由各行处主任根据考核成绩发给，但数额最多不得超过 1933 年 12 月份薪水的 2 倍。除经副襄理及办事处主任外，服务满 1 年且星期天工作半天者特别送 1 个月薪水[①]。不仅如此，若全行营业情况良好，在行服务满 3 个月者基本上都能获得酬金，且所得数额还比较可观。详情见表 5-10。

表 5-10　1930 年汉行酬金分配表　　　　　单位：元

姓名	在行时间	应得成数	应得酬金	超过例假日数	扣除酬金	净得酬金
李其猷	30 天	0				
杨福田	全年	100%	1 000	9.5/365		
陈荣海	全年	100%	630			
陆君毅	全年	100%	653			
严椿林	全年	100%	600			
朱汝谦	210 天	50%	300			
邬忠粹	全年	100%	495			

① 佚名. 总经理发致武昌支行的人事通告 [A]. LS61-1-0167, 武汉：武汉市档案馆, 1932.

表5-10(续)

姓名	在行时间	应得成数	应得酬金	超过例假日数	扣除酬金	净得酬金
劳子隽	全年	100%	495			
张伯耆	65天	0				
沈仙桥	全年	100%	450			
蔡墨屏	全年	100%	700			
任仲延	全年	100%	500			
周璧儒	全年	100%	405	2/365		
余立青	全年	100%	400			
洪传志	全年	100%	400			
刘香陔	全年	100%	400			
陈润生	全年	100%				
周君讦	全年	100%	338			
王友柏	全年	100%	400			
毕丹屏	全年	100%	400	53/365		
蔡吟秋	全年	100%	340			
张永昌	全年	100%	280	15/365		
邹元良	全年	100%	315			
萧安丞	全年	100%	315			
贺介凡	242天	50%	158			
崔勉之	全年	100%	315			
严道滋	全年	100%	350			
程瑞枭	全年	100%	300			
熊尚朴	全年	100%	270			
刘同濂	全年	100%	340			
朱永思	全年	100%	300			
荣瑞椿	全年	100%	300			
陈德洼	全年	100%	300			
李勉洼	全年	100%	148			

资料来源:佚名. 有关人员加薪表、行员成绩报告表留底 [A]. LS61-1-0951,武汉:武汉市档案馆,1929.

1930 年，除李其猷、张伯耆在行时间不满 3 个月，没有得到酬金，贺介凡、朱汝谦在行不满 1 年，发一半酬金外，其余行员基本上都是全额发给，部分行员如杨福田、张永昌、毕丹屏、周璧儒请假时间超过规定，汉行也没有扣除其酬金。此外，汉行行员酬金数目可观，基本为 148~1 000 元，最高与最低相差 852 元。其中，杨福田的酬金最高，为 1 000 元，蔡墨屏 700 元，陆君毅 653 元，陆荣海 630 元，李勉泩酬金最少，为 148 元。从整体来看，行员职位高者所得酬金高，职位低者所得酬金就相对较低。汉行的酬金分配充分体现了行员所得与银行收益一致、奖励力度较大的特点。

此外，汉行还以特储、发放养老金等方式保障行员基本生活和养老，解除其后顾之忧。行员的储蓄又称特别储蓄，简称"特储"。特储创办于 1920 年，是上海银行为优待行员、提倡储蓄而创设的储蓄新品种。上海银行规定，凡在职行员、月薪 35 元以上的试用助员及练习生均须照章存储，存储数额为行员月薪的 1/10，存储时间为每月发薪日。除按规定存储外，汉行还附送与存储额相等的数额一并存入，未支全月薪金者免存，因请假逾限未支全月薪金者，按支全月薪存储。汉行原定特储年息 7 厘，1924 年增至年息 1 分，利息于每年阳历 6 月、12 月底各结算一次，并入本金内转存。从 1929 年开始，特储以开户月份算起，满 10 年即可全数提取；在行服务满 5 年以上的行员，开户满 5 年后可提取特储，嗣后续存满 5 年，可再提取一次；在行工作满 4 年者，须开户满 6 年方可提取，其他则以此类推。此外，因工受伤或残疾、在职身故以及因特殊原因离行者，不论服务年限，均可全数提取特储；被开除或辞职人员，如无未清结事件，在行服务满 6 年者，可提取一半特储，工作 6 年以上者，可提取 6 成，其他多一年加提一成；被开除者，如经手事件完全清结，不论服务年限，均只能提取半数特储，如有舞弊行为，则将半数特储抵偿损失，不足部分另行追加；年龄超过 50 岁且服务满 5 年以上，无过退休者，可全数提取[①]。汉行的特储是在综合考虑各种因素的基础上实施的，特储除了可以保障行员基本生活外，还能为其过失买单。汉行正是利用特储使员工的行为与其收入挂钩，加强管理，降低营运风险。

此外，汉行还为退休行员发放养老金，为其提供养老保障。汉行规定，所有行员满 65 岁均须退休。若无私取公物、亏空公款、违反行章等重大过失，退休行员每月均可领取养老金。养老金数额则以服务年限为依据发放，服务满

---

① 中国人民银行上海市分行金融研究所. 上海商业储蓄银行史料 [M]. 上海：上海人民出版社，1990：824.

10 年者，每月可领取的数额为其退职时月薪的 3/10，满 15 年者可领 5/10，满 20 年者可领 7/10，养老金均是行员在世时领取，死后不再发放抚恤金①。汉行为在行时间较长的员工发放养老金，服务年限较短的行员则没有任何保障。作为私营商业银行，汉行常随时局及业务营运情况增减人手，行员变动非常频繁，普通员工随时都有可能下岗，服务长达 10 年及以上者较少，而管理层服务满 10 年及以上者较多。因而，汉行养老金主要针对管理层，普通员工常因服务年限不够难以享受，故其养老金覆盖面较窄，有一定的局限性。尽管如此，作为自负盈亏的私营企业，汉行能够为部分员工提供养老、生活保障已属难得。

第三节　与总行的关系

汉行与上海银行的关系随时局及其业务进展情况呈现动态变化趋势。建立初期，汉行在资金、业务营运等方面严重依赖上海银行，但由于业务拓展艰难，上海银行尚未形成固定的分支机构管理模式。此时，汉行业务经营自主权较大。随着分支机构的增加，上海银行集中管理权，加强对分支机构的管理。斯时，汉行业务经营的灵活性降低，常为获得部分经营自主权与总行暗中博弈。但在非常时期，汉行基本上服从总行指导，按照总行指示办事。

一、分区行制下汉行与总行的互动

汉行与上海银行的关系随汉行业务及上海银行对分支机构管理方式的变化而变化。建立初期，汉行在资金、业务等方面严重依赖总行，但由于业务拓展艰难，汉行有较大的业务经营自主权。随着总行对分支机构的管理的加强，汉行的业务经营自主权逐渐减小。

建立初期，汉行虽严重依赖总行，但其业务经营灵活，营业自主权较大。汉分理处设立后，隶属于总行，其一切账目均附设于总行账上。对于汉处存入总行之款，总行以不让汉处亏耗为原则，给汉处活期存款月息 6 厘，定期则随时议息。起初，汉处严格遵守总行所定存款利息标准，办理存款业务过于呆板，致使业务拓展困难。为充分调动积极性，总行规定各行处吸收存款可按当

---

① 中国人民银行上海市分行金融研究所. 上海商业储蓄银行史料 [M]. 上海：上海人民出版社，1990：825.

地行市订立存款利率，不必拘泥于总行的规定，并给各行处一定的营业自主权。对于分理处间相互托收放款，总行要求各行处在托收款项前先函报总行，若总行不用款，再托分理处代放①。汉分理处刚成立时，总行对其权限的划分并不十分明确，汉处有一定的经营自主权。如汉处承做汉口恒顺花号押汇及贴现放款业务，押汇折扣，汇票贴现放款额度、手续等均自行订立，结果恒顺花号倒闭，汉处棉花押汇、贴现放款以及代垫款大部分无法收回，损失不小。因此，总行在总结经验教训时，屡次指责汉处未遵照总行指示办理业务，致使损失较大②。为避免类似事件再度发生，总行着手划分分支行处的权限，明确职责，统一事权。

随着业务的进展，汉行的独立性大大提高，但随着总行对分支机构管理的加强，其经营自主性逐渐降低。1923 年 4 月 11 日，汉分理处改组为分行。改组后，汉行就函呈总行，要求自立储蓄存款账目，获总行批准，总行储蓄处于当月底就将各类单据抄齐转寄汉行，汉行遂开始独立办理定活期储蓄存款业务③。随着业务的拓展、分支行处的增加，上海银行的办事手续也日渐繁杂。为划分权限，明确职责，1924 年，上海银行制定分支行处办事手续，规定：各行处重要业务须事前报告，获总行核准后，方可实施；行员升级加薪由经理、副经理或主任函报总行行员部办理，账务及报告表册，报由总行检查部核办；各行处对外订立的营业合同、契约等文件，须报总行批准④。办事手续通报全行后，汉行基本照章执行。在上海银行汉口分行档案中，有不少关于汉行向总行汇报本行业务、汉埠金融市况以及总行指导汉行业务的函件，在此略举两例。1926 年春，受湖北官钱票市价跌落的侵扰，武汉爆发金融危机，汉行深受影响。汉行经理唐寿民将汉埠金融市况函报总行。总经理陈光甫认为，若不设法维持汉市金融市场，长此以往必将破坏商业信用，国内各埠同受其害，遂与张公权商议救济办法，并表示"如有需此间帮助之处，只要有确实抵押品，弟视力之所及，无不暗中尽力帮助"。后银行业和钱业共筹款 200 多万两，

① 中国人民银行上海市分行金融研究所. 上海商业储蓄银行史料［M］. 上海：上海人民出版社，1990：66.

② 中国人民银行上海市分行金融研究所. 上海商业储蓄银行史料［M］. 上海：上海人民出版社，1990：151-153.

③ 佚名. 有关金融公债、汇价、请托单、票据、押汇利息等问题的函稿［A］. LS61-1-0525，武汉：武汉市档案馆，1923.

④ 中国人民银行上海市分行金融研究所. 上海商业储蓄银行史料［M］. 上海：上海人民出版社，1990：69.

收买官票 1 460 万元①。北伐军入汉后，汉口工人运动高潮迭起，汉埠华商银行的行员组成银行行员工会，工会提出加薪、改善待遇条件 8 条。汉行收到函件后，立即将行员工会所提条件函报总行②。总行认为，所提条件脱离了汉行实际，要求汉行按原定数额支付薪金，并提醒汉行，如没有总行的批准，不准提高工资。此间，对于政府的强征硬摊，汉行均及时呈报总行，总行要求汉行处设法避免政府勒借③。

随着分支行处的进一步增加，上海银行实行分区制。分区制的实施改变了汉行与总行联系的方式，汉行须通过区经理处与总行间接联络。1929 年 1 月，上海银行实行分区制，先定湘、鄂、粤、赣为第一区，由杨介眉任第一区区经理，负责第一区内分支行处营业政策的制定及人员的管理④。1930 年 7 月，第二区经理处成立，管辖南京、芜湖、临淮、蚌埠各分支行处。第一、二区区经理处成立后，上海银行划分区经理处权限，明确职责。1930 年 7 月，总行制定区经理处组织大纲，对区经理处的人员部署、薪金发放、区经理的职权等予以明确限定。大纲规定：区经理可全权调整辖区内各行行员职务，考核经理、副经理、襄理及主任，核查账务报告；所辖行处行员增减、行员报单及功过记录、行员升职加薪、营业方针的制定等均须先行呈报总经理核准⑤。大纲赋予区经理部分决策权，但大部分人事、业务决策仍须函报总经理裁决，区经理则根据总经理的指示指导所属行处业务，起着上传下达的作用。在分区制管理模式下，汉行属第一区管辖，其与总行的联系基本上是通过第一区区经理进行的。汉行通过第一区区经理获悉总行的指示，如 1931 年，针对汉行押款存在的问题，总行屡函呈区经理，要求区经理转达汉行，请其注意改进。同年 1 月，总行查阅汉行押款报告后发现，汉行棉花押款折扣高达 9 折，且每担棉花估价高达 50 元，比当时市价高 5 元。而当时上海棉花押款折扣均在市价以内，汉地棉花市价又低于上海，且汉行曾有因花价低落，棉花押款损失较大的先例，故总行要求区经理"嘱汉行慎加注意"⑥。同年 3 月 24 日，总行函告区经

---

① 佚名. 致唐寿民私人的信件涉及湖北官钱局问题及大革命时期情况 [A]. LS61-1-0199, 武汉：武汉市档案馆, 1926.

② 佚名. 总经理人事通告 [A]. LS61-1-0143, 武汉：武汉市档案馆, 1929.

③ 佚名. 总经理人事通告 [A]. LS61-1-0143, 武汉：武汉市档案馆, 1929.

④ 佚名. 总行通告 [J]. 海光（上海 1929），1929, 1（2）：1.

⑤ 中国人民银行上海市分行金融研究所. 上海商业储蓄银行史料 [M]. 上海：上海人民出版社, 1990：788.

⑥ 佚名. 关于押放、活存、透支、汇款、定存定押、活押合同等账字函 [A]. LS61-1-0837, 武汉：武汉市档案馆, 1930.

理，锦茂栈已有信用透支 3 万两，汉行又承做该户活存透支糖栈单十足抵押洋例银 17.8 万两，数目较大，"希转汉行注意"①。1931 年水灾中，汉行因堆栈被淹，受损严重，总行查阅汉行押款报告后，要求第一区区经理转告汉行，洪水未退，暂停承做货物押款，并将已做之新押款上报总行②。除总行下达的业务指示由区经理传达外，汉行内部人事、业务的变化也须经区经理呈报总行。1931 年初，汉行人事变动频繁，张永昌、重泽生、李宝珊调往沙市支行，孙范五、虞中汝调往郑州代理处，朱汝谦、彭正松、荣瑞桂拟调往宜昌，蒋启明辞职，陈方全被开除，汉行需添补行员 13 人。这些信息汉行均呈报给区经理，由区经理上报总行③。

分区制固然有利于总行对分支行处的管理和指导，但由于各地经济形势、各行处所营业务有别，总行的指导和要求常不同程度地脱离各行处实际，各行处难以做到。1931 年，上海银行要求各分支行收缩业务，各行皆不愿照办便是例证。受水灾、"九一八"事变的影响，全国经济低迷，总行及部分行处发生提存风潮。鉴于此，总行要求宜、沙、湘、鄂等行暂时停做放款业务，暂缓进行分支行处的添设工作。对此，宜、沙、湘、鄂等行均认为，各地情形不同，更宜因地制宜，灵活处理。此时，华景街办事处已筹备完成，房屋也基本改造完毕，若立即停止，损失过大。况且，办事处筹备工作全部做好却不开业，易使人心生怀疑，"有不得不进行之苦衷也"。此外，各行对于限停放款亦"颇为难之处"④。同年 11 月，汉行承做棉花押款 10 余万元，有违总行紧缩放款的规定，而汉行又未将多余头寸调还总行垫款。对此，总行颇为不满，要求汉行照章办理。对此，汉行通过第一区区经理竭力向总行解释缘由，新做棉花押款与总行紧缩规定有所抵触，但"实有万不得已之苦衷"，汉口堆栈向以堆存棉花为主，而棉花押款与汉口堆栈唇齿相依，目前客户均急需用款，若此时拒绝放款，必将影响堆栈的信誉，进而影响汉行押款业务。尽管总行不理解，但汉行"逼此实有不能推绝之可能"⑤。在总行规定与银行信誉之

① 佚名. 关于押放、活存、透支、汇款、定存定押、活押合同等账字函 [A]. LS61-1-0837，武汉：武汉市档案馆，1930.

② 佚名. 关于押放、活存、透支、汇款、定存定押、活押合同等账字函 [A]. LS61-1-0837，武汉：武汉市档案馆，1930.

③ 上海银行汉口分行. 总经理人字函稿有关人事任免及简历 [A]. LS61-1-0299，武汉：武汉市档案馆，1930.

④ 杨云表. 杨云表致陈光甫私人函件 [A]. LS61-1-0203，武汉：武汉市档案馆，1931.

⑤ 佚名. 有关经理蔡云苏私人聘书及往来函件 [A]. LS61-1-0003，武汉：武汉市档案馆，1937.

间，汉行最终选择了维护本行信誉。

此外，上海银行对拨给汉行的资本额及汉行在总行所存欠款的利息也有规定。汉行设立时，总行拨给资本 10 万元。从 1930 年 7 月 1 日起，该款以对公周息 5 厘计算。若汉行向总行存款或借款，须在总行专门开立存、欠户，活期存款利息由总行与汉行随时订立，定期银户则按照市场利率拆借，洋户月息 5厘。汉行向总行透支，银户以市场利率加 2 两为息，洋户则按月息 9 厘计算，存欠款利息一旦确定，双方均不得随意更改。在规定数额外，若汉行因营业需要还须向总行额外透支，可随时与总行商洽；若遇金融市面变动，总行可随时通知汉行停止或酌量收回透支款①。对于各行处的透支额度，上海银行亦有明确规定，但各分行并不按照规定办理，经常出现逾期不还、将透支款转为定存以及要求继续结欠等事情。甚至有些行处利用洋厘结价关系，在洋厘涨落中投机取巧。具体操作办法是：银拆上涨时，各行争相向总行透支；银拆下跌时，又纷纷将余款调存总行，使总行支配困难，反须坐认利息，蒙受损失。为此，上海银行根据营业情况，公定各分支行处透支额度②。此外，各行处结欠总行款的利息也参差不齐，无锡、小东门、汉行等行按钱庄拆息加 2 两计息，有的分行则按月存 5 厘、欠 9 厘给息，还有的以存 6 厘、欠 9 厘计算。同时，各分行将款存于总行时，想获得较高的利息，却又想以低息向总行借款，使总行不仅无利可图，反而还有亏损。对于各分行存于总行之款，总行有时给息甚至高达八九厘，但各分行仍嫌利息过低。对于总行存于各分行之款项，各分行给息较低，且存款达到一定数额，各分行即要求总行转成定期，不少分行尤还利用洋厘涨落投机取巧。为革除以上弊病，上海银行公议存、欠款利率，以方便管理，减少争端③。1931 年的第一次全行会议召开。会议议决，凡区属分支行托总行或其他分支行处代理收付款项，均须在区管分行开户。这一规定实施后，区分行转账手续烦琐，且还须层层转递汇出汇款收据，致使转账延迟，效率低下。为简化手续，提高办事效率，总经理规定：收付频繁的区属分支行，可与总行直接开立往来户；各行处若需透支，其透支额度仍须由区经理行上报总行，透支款在该区透支总额内划拨，若透支额或存数过多，可以整数拨转于区经理行账上，以减少区经理行转账手续④。管辖行制实施后，汉行与总行的关

---

① 佚名. 第一次大会休会记录 [J]. 海光（上海 1929），1930，8（2）：73-75.

② 佚名. 总行规定各分行处之透支额案 [J]. 海光（上海 1929），1930，8（2）：11.

③ 佚名. 总行规定各分行处之存欠款利率案 [J]. 海光（上海 1929），1930，8（2）：12.

④ 佚名. 关于押放、活存、透支、汇款、定存定押、活押合同等账字函 [A]. LS61-1-0837，武汉：武汉市档案馆，1930.

系进入一个新的阶段。

二、管辖行制下汉行与总行的合作及矛盾

分区行制管理的弊端使上海银行废除分区制，实行管辖行制，强化对分支机构的管理。在管辖行制下，汉行的经营自主性进一步降低，该行常为获得部分经营自主权而与总行博弈。但在非常时期，汉行基本上遵照总行的指示，办理各项事务。

分区行制的弊端使上海银行不得不重新改变管理方式。在此背景下，汉行与总行的关系再度发生变化。分区行制的实行一定程度上方便了总行对各行处业务、人事的管理，但该制度的实施也使诸多管理问题日益凸显。《区经理处组织大纲》规定了区经理处的各项职责，但其中有不少职责各区经理处并未真正履行。这样一来，不少工作又须由总行负责。在此情况下，若继续扩充分区制，不仅各区处与总行所开展的工作重复，而且有些行处不好划分归属。同时，各区经理处所辖区域过广，信息传达须辗转呈报，不仅耗费时间，而且贻误商机，从而降低了各行处的工作效率。有鉴于此，上海银行于1934年6月1日撤销各区经理处，实行管辖行制度。在具体操作上，总行设视察员，随时查核总行、管辖行、各分支行处、寄庄、仓库以及附属事业的人事、账目等，而分支行开设的办事处、寄庄仍由各行处直接管辖。改组后的汉行成为汉管辖行，统辖鄂、湘、沙、宜各分行及汉景街、长沙中山路二办事处。相较于第一区区经理处，汉口管辖行所辖行处减少，有利于加强其对所辖各行处的指导。1934年8月，上海银行厘定管辖行办事手续，规定管辖行及所属行处的职权范围。其中，管辖行须向总经理呈报所属行处仓库的增设、合并、裁撤以及人事调动等情况，并将总经理的指示转达给所属行处，全权办理行员迁调，审核信用放款等。而放款、仓库、领券、合同订立、开支预算、房地产的购置等均由各分支行处直接呈报总经理，将副本寄交管辖行即可①。在管辖行制下，汉行兼管分行及管辖行事务，如办理存、放、汇等业务即属分行事务，调度区域内各行处的款项则为管辖行事务。对于管辖行事务，汉行本着"凡不甚重要之事务，不得呈报总行，径由管辖行解决之，所以减省总行管理之麻烦也"的原则办理②，传达总行指示，汇报所属行处情况，起着上传下达的作用。管辖行制的确立使全行营业、人事大权几乎全部集中于总行，强化了总行的管

---

① 佚名. 规定管辖行手续 [J]. 海光（上海1929），1934，6（9）：37.
② 中国人民银行上海市分行金融研究所. 上海商业储蓄银行史料 [M]. 上海：上海人民出版社，1990：687-688.

理,削弱了管辖行的权力,有利于提高办事效率,但也一定程度上降低了各行处业务运营、人事安排的灵活性。

总行的"集权"管理使汉行深感营业不便,汉行常为获得部分营业自主权而与总行暗中博弈。1934年,汉管辖行拟重新厘定活期特别存款利息,拟订100元至1 000元周息5厘,1 000元至5 000元周息5.5厘,5 000元以上周息6厘,并将所订利率呈报总行。总行核查后,认为所订利息不符合加息办法,要求汉行按照6个月内每日结数均满1 000元才可加息1厘的原则,重新拟订利率,然后再报告总行核准。后汉行重订利息,将原拟周息5.5厘改为周息5厘,每日结满1 000元者给周息6厘,获总行批准。尽管汉行最终按照总行指示办理,但总行还是对汉行颇为不满,函电中措辞严厉:"此后尊处武昌分行及汉正街办事处、汉景街办事处对于活储利率均须一律按照上述办法办理,不能有所差异。"①1930年,上海银行创办信用小借款业务,辅助小工商业者周转资金。汉行也按照总行要求,办理该项业务。然而,总行在审查武昌分行、汉景街办事处业务状况时,发现二处信用小借款常常不能按期收回。总行认为,当时内地匪旱为灾,农村经济濒临破产,信用小借款难以收回,若拒绝借贷易遭人反感,若勉强贷给,银行又会蒙受损失,遂要求汉行转嘱二处,立即停止承做个人小借款。汉行收到指示后,并没有立即责令二处停止承做该项业务。1934年9月,总行在查账时发现景处仍有小借款放出,遂发函电,要求汉行"应即加以制止"。同时,上海银行还发现汉正街办事处也放出信用小借款600洋元。对此,总经理极为不悦,认为汉行"不按照敝函主张,仍予继续承做,于处理方面有失当",要求汉行立即转嘱二处,应"设法收回,以后万不能再放"②。对于总行的指示,汉行不以为然。该行认为,信用小借款能救人之急,为社会所称赞,且鄂行共放款8.2万元,已收回6.5万元,未如期收回部分可于年内收回。景处共放出8.9万余元,已收回4.6万余元,其余部分可随时催收补交,利息亦可收回。汉行坚持要求缩小信用小放款范围,变通处理。对于汉行的坚持,总行没有直接回绝,而是提出折中处理方案,即要求鄂行、汉正街办事处的信用小借款业务交予汉景处承做,并限定放款数额,集中管理,以观成效③。

时局稳定时期,汉行屡因经营自主权问题与总行产生矛盾,但非常时期,汉行大都遵照总行指示办理各项事务。1936年,中日矛盾冲突升级。在此形

① 佚名. 关于存、放款、押汇等来函 [A]. LS61-1-0749,武汉:武汉市档案馆,1934.
② 佚名. 关于存、放款、押汇等来函 [A]. LS61-1-0749,武汉:武汉市档案馆,1934.
③ 佚名. 关于存、放款、押汇等来函 [A]. LS61-1-0749,武汉:武汉市档案馆,1934.

势下，总行致电汉行，要求汉行厚积准备，收缩业务，确保资金安全①，汉行一律按照总行要求办理。同年 10 月，总经理通告全行，要求各管辖行悉心研究存、放款处理办法，做好战时应急准备，并对各行处战时业务安排及人事迁避做出总体指示。总行要求各行处战时业务推进既要遵守政府命令，又要按照总行的要求，一旦战争发生，各行处须与同业一起商讨战时应付方案，集中办理业务。同时，各行应首先迁避不必要人员，安排留行人员，重新分给任务，待战争结束后，由各行处经理、主任呈报总行分别奖惩，妥善安置留行人员家眷，使留行人员安心工作②。对于总行的战时应急安排，汉行亦一一遵行。抗日战争全面爆发后，汉行收缩放款，厚积准备，同时将各分支行处集中于一处，共同办理业务。1937 年 8 月 20 日，总行在汉口分行设立驻汉临时办事处，汉行经理周苍柏兼任主任，驻汉办事处管理汉口、郑州、南昌、广州四管辖行以及西安分行所属行处，各地款项调拨均集中于汉总处。国府西迁后，处于战区的各行纷纷迁汉，汉口遂成为全国政治、金融中心。9 月 2 日，总行又在南京分行内设立总经理驻宁办事处。随着各地相继沦为战区，上海顿成孤岛，无法指挥全行业务。宁、汉两总处设立后，上海总行遂名存实亡。南京沦陷后，上海银行的重心移至汉口。1938 年 7 月，总行将银行管理部分迁至香港，设总经理处，并将总经理办事处迁至重庆，改为驻渝办事处；在上海设立总经理驻沪办事处，将原营业部改为上海管辖行，统辖上海 10 个分行。随着各地相继沦陷，武汉也岌岌可危，1938 年 11 月，汉行撤退至重庆。

内部管理是银行经营活动顺利开展的重要保障，汉行的内部管理受其业务发展情况及总行对分行管理方针变化的影响经历了一个变化过程。

汉行内部机构的设置随汉行业务发展情况及上海银行对分支机构管理方式的变化而不断变化。建行初期，汉行内部机构设置简单。随着上海银行分区制的实施、汉行业务的拓展，汉行开始添设分支行处，完善内部机构，并形成了以总经理、副经理、襄理为管理机构，各业务部门为执行机构的既分工又合作的管理体系。分区行制的弊端日益凸显后，上海银行废除分区制，实行总分行制，并设置管辖行，管理各分支机构。在总分行制下，汉行成为汉管辖行，它除对外营业外，还须负责管理所属分支机构。此外，汉行还创办旅行社、堆栈和保险部等附属机构，以扩大对银行的宣传，与银行相互招揽业务。汉行设立

---

① 上海商业储蓄银行. 上海商业储蓄银行关于 1936 年中日关系紧张作准备记录、1941 年港行战后人事安排及胜利后初步复员计划［A］. Q275-1-1343，上海：上海市档案馆，1936.

② 上海商业储蓄银行. 上海商业储蓄银行关于 1936 年中日关系紧张作准备记录、1941 年港行战后人事安排及胜利后初步复员计划［A］. Q275-1-1343，上海：上海市档案馆，1936.

附属机构旨在方便本行营业，拓展二者业务，使之相互促进、相得益彰。但银行与附属机构权责不明，在经营管理上弊端百出。为此，汉行明确划分附属机构的业务范围，令其独立营业。

详细分工、明定职责、员工考核及福利发放是汉行内部管理的又一重要内容。汉行行员数量及其职责随业务的拓展而不断变化。设立伊始，汉行行员较少，各员分工并不精细。随着汉行业务的拓展，行员数目逐渐增加，行员分工也日趋细致。改组为管辖行后，汉行管理层人员增加，行员分工更加精细，部分行员职能整合，有利于提高工作效率，促进行员专业化发展。明定职责后，汉行还使用甲、乙两种方案对行员履行岗位职责情况予以考核。行员考核是一个系统、复杂的工程，汉行行员考核维度单一，标准简单，仅能为发放福利待遇提供部分参考，难以体现员工实际表现及其动态变化情况，更无法发掘行员潜力、促进其全面发展。汉行行员的福利待遇包括工资、加薪、酬金、特储以及养老金。汉行行员的工资按职位和等级发放，酬金根据考核成绩酌定，特储和养老金是汉行为行员提供的生活、养老保障。

作为总行旗下的重要分行，汉行与上海银行的关系亦是不容忽视的问题。刚刚建立时，汉行在资金、账目等方面严重依赖上海银行。由于建立不久，社会影响力有限，业务拓展艰难，汉行有较大的经营自主权。上海银行实行分区制后，汉行为第一区区经理所管辖。汉行上呈总行的函件以及总行下达的指示均须经第一区区经理转达。此时，汉行大都按照总行要求办理相关事宜，但总行的要求若脱离实际，汉行也会暗中抵制。分区制的弊端日益凸显后，上海银行废除分区制，实行总分行制，对分支机构的管理则采用管辖行制。在管辖行制下，汉管辖行所属分支机构之要事可直接呈报总行，不太重要者则向汉管辖行汇报。总行的管理权更加集中，各分支机构的经营自主权却大大降低。对此，汉行颇不习惯，常为获得部分经营自主权与总行暗中博弈。不过，在非常时期，汉行还是严格按照总行的指示办理各项事务。

第六章 上海商业储蓄银行汉口分行的风险规避

银行风险①存在于银行业务运营的每一个环节，商业银行提供金融服务的过程也是承担和防控金融风险的过程。汉行从创立、发展到逐渐成为影响汉口金融市场的重要力量，既是其艰苦创业的过程，又是其防控和应对金融风险的历程。对于市场风险，在不同的发展阶段，汉行采取不同的应对措施。对信用风险，汉行则从制度建设、人事管理、放款的收回等方面予以防范。

第一节 市场风险与上海商业储蓄银行汉口分行的应对

金融风潮是由金融市场动荡引发的市场风险。从 1923 年建行至 1938 年撤退至重庆，汉行共经历了 1923 年金融风潮、1924 年银钱两荒风潮、1926 年官钱票倒塌风潮、1927 年集中现金风潮、1929—1930 年"金贵银贱"风潮以及 1934—1935 年白银风潮等几次影响较大的金融危机。在不同的发展阶段，汉行应对金融风潮的措施亦各不相同。

---

① 根据商业银行的业务类型，商业银行风险可分为资产风险、中间业务风险和外汇业务风险；根据风险的危害程度，商业银行风险可分为低度风险、中度风险和高度风险；根据风险诱因的不同，商业银行风险分为信用风险、市场风险、流动性风险、操作风险、国家风险、法律风险等。信用风险指借款人借款到期后不愿或不能履行还本付息协议造成商业银行遭受损失的可能性，信用风险从本质上讲是一种违约风险。市场风险是指利率、汇率、股票价格市价的变动使银行表外和表内业务发生损失的可能性。流动性风险是指银行现金和其他流动性资产不足，无法满足客户提现和正常贷款需求，使商业银行丧失清偿能力，蒙受损失甚至倒闭的可能性。流动性风险的危险性较大，严重时甚至会置商业银行于死地，可能是商业银行倒闭破产的直接原因。操作风险是指内部程序、人员、系统的不完善或失误或外部事件造成直接或间接损失的可能性。[周浩明，肖紫琼，龚治国. 商业银行经营管理 [M]. 上海：上海交通大学出版社，2014：110.；韩克勇. 关于金融风险的若干思考 [J]. 南京金专学报，1988（2）：7-8.]

一、建行初期的金融风潮及汉行的应对

建行初期，由于业务尚未充分展开，汉行的社会影响力有限。对于此时期的金融风潮，汉行在收缩放款确保资金安全的同时，还在其他行庄停业观望的情况下甘冒风险，继续营业，以扩大社会影响。

汉行建立于北洋时期。斯时，战乱不断，政局动荡。武汉特殊的地理位置及其与各地的经济贸易联系使历次战争均不同程度地波及汉埠，汉地金融风潮频发，仅1923—1927年，汉埠就接连爆发4次金融风潮。1923年，受四川、湖南等地战争的影响，汉口货物外运受阻，上海等地的货物又源源不断地运汉，汉埠货款交多收少，银根紧缺。同时，沪埠现银来源稀少，银根奇紧，该埠商人不断催促汉埠交款，使汉埠一时银、洋两荒，拆息暴涨。尽管湖北官钱局及本国银行放出现银40万两接济市面，然所放银两杯水车薪，无济于事。1924年秋，江苏、浙江两省战乱又起，上海金融顿时紧张。受沪地金融市况影响，武汉不少商店歇业倒闭，银钱两业所放之款一时难以收回，加之存户纷纷提存等因素使汉埠拆息、洋厘放涨，申汇逆涨①。此时，武汉外商银行拒收庄票、纸币，只收现银，加剧了汉埠的金融恐慌。经地方当局、商会以及银、钱两业共同议决，由钱业公会发行维持流通券165万两，银行界放30万两及30万元，各业才勉强渡过难关。1926年，受战争的影响，汉口水路交通长期受阻，贸易呆滞；春季汉埠又遭遇官钱票跌价风潮，加之上海金融界对汉口只收不放，武汉银行界被吴佩孚劫夺而去的数百万两巨款亦无法收回，使汉埠银根奇紧。湘、鄂战争爆发后，汉口金融市面更加紧张，洋厘、拆息暴涨，银、钱各业相继停业，金融呈现恐慌之象。北伐军入汉后，随着战争的推进及武汉国民政府的建立，武汉国民政府的军政费开支骤增。为解决财政困难，武汉国民政府颁行集中现金条例。政令实施后，武汉银行业、钱业现金被封，市面现金绝迹，物价飞涨，资金大量逃匿；上海各埠宣布暂与汉埠断绝一切经济往来，武汉金融顿陷绝境。

1923—1927年的历次金融风潮对汉行造成了不同程度的影响。但由于建行不久，汉行业务尚未充分拓展，社会各界对其颇不信任，故汉行收缩放款，尽量规避金融风险，并采取措施扩大社会影响。1924年金融风潮中，工商各界拒用汉口钱业发行的流通券。此时，汉行却为本行支票兑现，该行支票因之

---

① 所谓"逆涨"指兑换上海规元1 000两所需的洋例银数目增加，即通常以洋例银966.67两兑换上海规元1 000两，9月间已涨至洋例银1 025两合规元1 000元。（武汉地方志编纂委员会. 武汉市志·金融志 [M] 武汉：武汉大学出版社，1989：131.）

备受社会各界青睐。1925 年金融风潮中，各行庄相继停业。汉行却甘冒风险，继续营业。1927 年集中现金令实施后，银行业各同人纷纷迁避自保，汉行周苍柏遭眷独留，并冒着极大的风险，坚持营业。现金解禁后，钞票价格暴跌，现金市价飞涨，汉口各行庄均停业观望。汉行却独自营业，并对禁现令实施前的存款一律兑现，对禁现令实施后者则按照市价兑现。汉行因此赢得了社会各界的信任，知名度大大提高，成为汉市汇划中心。

二、南京国民政府时期的金融风潮与汉行的防范措施

随着业务的拓展、营业额的持续攀升，汉行的社会影响也逐步扩大。对于南京国民政府时期的金融风潮，汉行应对的重心则在于降低营运成本，确保放款安全。

20 世纪 20 年代末至 30 年代初，世界金本位国家的白银沦为普通商品，以黄金表示的普通白银价格下跌。受此影响，上海爆发了一场波及全国的"金贵银贱"风潮，引起中国金融市场剧烈震荡。风潮中，中国黄金外流，白银大量涌入，使上海黄金市价飞涨，银价暴跌①。世界银价暴跌使中国货币贬值，白银大量涌入中国，上海银根松弛，游资充斥，银行业畸形发展。为寻找资金出路，各华商银行在政府的担保下大量购买公债，不遗余力地吸收游资，使其储蓄存款额猛增，自有资本骤降，资金风险增加。此外，银价暴跌还使中国财政负担加重，对外贸易停滞，金融市场投机疯狂，银行经营风险倍增。

世界白银涌入上海，再由上海流向各通商要埠，使各埠银行存款额迅速增长。1929 年，汉行存款额为 1 720 万元，1930 年增至 1 810 万元，1931 年为 1 700 万元②。1929 年，汉行储蓄存款为 259 万元，1930 年增至 350 万元③。天津分行的资金也严重过剩，存款者须宴请经理，才能存款于津行，且存款 6 万元，其中半数不付利息，成为"一种金融之变态"。存款数量剧增，放款却没有出路，各分行遂将余资存入上海银行，以减轻负担，使上海银行的存款额迅速增长。1929 年，上海银行的存款额为 62 738 950 元，1930 年增至 89 777 487 元，1931 年增加到 95 553 966 元，三年之间增加 32 815 016 元，约

---

① 1929 年 12 月 15 日以前，标金常盘在 432 两左右，20 日以后标金猛涨，31 日涨至 456 两，1930 年 1 月 8 日涨至 494 两，银价则跌至 20 便士左右，"开从来未有之最低价"。[佚名. 金价狂涨与银价暴跌 [J]. 星期评论 (上海民国日报附刊)，1930，3 (38)：10.]

② 周苍柏. 汉行十年来之回顾 [J]. 海光 (上海 1929)，1932，4 (11)：11.

③ 陈惕如. 汉行储蓄处经历概况 [J]. 海光 (上海 1929)，1931，4 (11)：18.

增加 52%。不仅如此，截至 1933 年，上海银行的余资高达 4 000 万元①。存款急剧增加，余资却无处投放，导致各行自有资金减少，利息开支增加，提高了经营成本和风险。针对资金过剩，大量余资无处可放，且定期存款期限越长利息越高的实际情况，汉行决定不收长期存款，凡 2 至 3 年以上的存款一律不收，1 年至 15 个月者仍按原定办法办理；对于已定存款期限的老客户，其存款仍照规定办理，以减少利息支出，降低存款成本②。

"金贵银贱"风潮平息不久，白银风潮来袭。汉行调整放款方针，厚积准备，节省开支，与他埠互通消息，最终平稳度过危机。

白银风潮是美国购银政策实施引起的中国金融市场震荡。出于应付经济危机的需要，美国提高银价，并在世界范围内大肆收购白银，致使国际银价暴涨，中国白银大量外流。受此影响，沪埠银根奇紧，拆息高昂，外汇涨落不定，银行业和钱业收缩业务，歇业、倒闭之风蔓延。武汉与上海经济贸易上的联系使汉埠金融严重依赖沪埠，并以沪埠盛衰为转移。本来，受 1931 年水灾及"九一八"事变等因素影响，汉埠经济形势严重恶化。加之，金融恐慌中上海各行庄不仅停止对汉放款，还不断催收欠款，汉埠白银亦源源不断运往上海。这使汉埠挤兑风潮频发，不少行庄相继歇业、倒闭，金融恐慌严重。

觉察到武汉金融市场的异常后，汉行相机调整放款方针。放款能否收回直接关系银行资金安全。因此，承做信用放款业务前，汉行要求经手人务必调查清楚贷款人的信用情况，严格限定信放额度。款项放出之后，须随时注意贷款人的营业情形，每月循环调查客户当月账面、所办期现货及贩卖情况，是否从事投机交易及其内部管理情况等。对于新开信用放款户，开户前营业员须严格审查放款手续是否完备；开户后须审查其每日欠款数额，票据来源去路是否正当；对于超出营业范围的投机户及亏损户，汉行要求经手人事先制订应急处理方案，以免事发后措手不及。抵押放款为对物的信用，若借款人不能偿还借款，银行可将押品变卖抵偿，因而风险较小。但对于押款，汉行仍要求行员选择流动易售押品，审慎订立押品折扣，随时关注并审核押品市价，以免物价跌落，使汉行蒙受损失。对于外栈栈单押款，亦须先切实调查货栈信用状况，然后再可承做押款业务。票据放款流动性较强，但当时中国票据市场欠发达，所做贴现票据业务仍以庄票为主，商业票据极少，除部分购入票据为款项调拨

---

① 中国人民银行上海市分行金融研究所. 上海商业储蓄银行史料 [M]. 上海：上海人民出版社，1990：412.

② 中国人民银行上海市分行金融研究所. 上海商业储蓄银行史料 [M]. 上海：上海人民出版社，1990：412.

外，大半为变相押汇。押汇有货物作担保，银行放款本应比较安全。但中国商人往往不愿以押汇向银行融通资金，大多数客户只出具外埠票据，银行凭借客户所出票据放款。这种放款纯属信用放款性质，风险极大。一旦付款商号倒闭，其所出票据即形同废纸，银行放款亦难以收回。因此，对于此类放款，汉行要求营业员向客户商做押汇，以降低风险，"慎勿避一时之繁忙而贻未来之患"。由于市场变化莫测，各货市价时有波动，汉行要求经手人放款前斟酌权衡，将资金分放于各业各户，以分散风险，避免放款过于集中，一户一业经营不善而危及银行全局的情况出现①。

在调整放款方针的同时，汉行还紧缩放款，不断提高服务水平，并与他埠互通消息②。白银源源外流，汉埠银根紧张，拆息高昂，各方争取现金。在此情况下，汉行紧缩各类放款。对于信用放款，汉行从 1935 年 4 月 27 日起，一律不放长期信用款；对于已放出的信用款，到期一律收回；如客户商请转期，汉行规定转期数额不得超过放款总额的一半。同时，不再新开透支户，对于已核准者，严格按照限额放款，不得以远期票据抵用或给予临时透支。票据贴现以当地殷实银行本票为主，期限最多 15 天；购入票据以殷实银行或商号开立、外埠付款者为限，期限不得超过 15 天。抵押放款虽有担保，但汉行仍缩小押款范围。短期押款以稻、米、麦、杂粮、棉花等易销商品为主，押款期限最长不得超过 3 个月，押汇不得超过 1 个月，不承做呆滞商品及他行存单、各项证券、股票、房地产押款，易售商品押款利率低于 9 厘者一律不予承做。此外，汉行还酌量出售以银圆为准备的各项公债、股票③④。

金融不景气，各行颇受影响。广东银行因发生内部纠纷突然宣告倒闭，香港国民银行受其影响继而停业，汉埠不少钱庄亦相继停业、倒闭，沪、汉各埠人心惶惶。有人为谋私利趁机造谣生事，蛊惑人心。时有传言谓上海银行与政府对立，或谓总经理陈光甫将离职，或谓该行头寸极紧等⑤。谣言传出后，经故意中伤之人肆意渲染，极易引起市面轰动，进而引发提存风潮。因而，汉行要求行员态度镇静，按部就班、踏踏实实地开展各项业务。同时，行员团结一

---

① 佚名. 总经理致武昌分行密字通函 [A]. LS61-1-0134，武汉：武汉市档案馆，1930.

② 佚名. 通告及目录 [A]. LS61-1-0690，武汉：武汉市档案馆，1935.

③ 除保证准备外。

④ 佚名. 总经理处通函、处罚办法、保险业法、银行法、印花税法 [A]. LS61-1-0872，武汉：武汉市档案馆，1934.

⑤ 佚名. 关于总行所属单位的经、副、襄理及主任的来往函件 [A]. LS61-1-0439，武汉：武汉市档案馆，1935.

致，不信谣，不传谣，对于谣言"可姑妄听之，不可盲从谈论"①。同时，提高服务水平，对待客户的言语态度均须谨慎，不可因态度不佳令客户不满②，尽量"使社会公正人士尽为本行之友"③。汉行与他埠互通消息。金融形势严峻，一旦某地出现金融恐慌，就会波及其他商埠，进而引发全国性的金融震荡。因此，汉行谨慎处理行务，避免误会事件发生，并将本地及所属各行处所在地的金融市况、商业变迁以及有可能影响金融市场的事件及时电告上海银行及其他分行，并仔细分析其他商埠的商业金融情况，随时调整业务营运方针④。

此外，汉行厚积准备，节省开支。中国白银大量外流，各埠银根奇紧，拆息高昂，上海银行、汉行银根存底日益薄弱。同业均不肯放出现洋，人心恐慌异常。在此形势下，若银行存款准备金额过低，难以应付大规模的提存风潮。为防患于未然，汉行严格遵守总行指示，设法补足存款准备金，并将多款汇沪，以厚积准备，充实保障⑤。1935年4月，汉提取存款总额的三成作为存款准备金，并将其中一成拨存总行，由总行准备库保管，另外两成由汉行保管，以备不时之需⑥。汉行还撙节开支，避免浪费⑦。1935年3月，鉴于汉口各行争相在武昌望山门设立分行、办事处，为避免本行业务为他行兜揽而去，武昌分行函呈总行，要求在望山门设立办事处，获总行批准⑧。汉行与武昌分行悉心策划，办事处最终成立。但其人事安排严格执行总行及汉行业务紧缩计划，办事处主任由鄂行派人兼任，会计、出纳、助员、茶役等由郑州分行调派，试用助员一人则由鄂行添补。办事处各项开支由鄂行负担，不结盈亏⑨。汉行也节省开支。购置物品时，汉行先组织购物委员会详细审查物品质量、价值以及

---

① 汉口管辖行.关于所属各行会议记录 [A].LS61-1-0810，武汉：武汉市档案馆，1935.

② 佚名.关于会议记录及仓库存货报告 [A].LS61-1-0790，武汉：武汉市档案馆，1935.

③ 佚名.关于总行所属单位的经、副、襄理及主任的来往函件 [A].LS61-1-0439，武汉：武汉市档案馆，1935.

④ 佚名.总经理处通函、处罚办法、保险业法、银行法、印花税法 [A].LS61-1-0872，武汉：武汉市档案馆，1934.

⑤ 佚名.总经理处通函、处罚办法、保险业法、银行法、印花税法 [A].LS61-1-0872，武汉：武汉市档案馆，1934.

⑥ 佚名.关于存款章程、升级加薪、承押汇办法等函 [A].LS61-1-0745，武汉：武汉市档案馆，1935.

⑦ 佚名.关于会议记录及仓库存货报告 [A].LS61-1-0790，武汉：武汉市档案馆，1935.

⑧ 佚名.关于会议记录及仓库存货报告 [A].LS61-1-0790，武汉：武汉市档案馆，1935.

⑨ 佚名.关于致总分行处经理、副经理、主任有关业务人事等问题的函稿 [A].LS61-1-0968，武汉：武汉市档案馆，1935.

价格，再以投标的方式购买，以免所买物品价格偏高，增加银行成本①。汉行要求行员勤俭节约，以适应当时环境，并切实执行以守为进的经营方针，以免业务经营不当，影响银行收益，进而影响行员个人生活②。

第二节　上海商业储蓄银行汉口分行防控信用风险的举措

信用风险存在于放款业务的始终。因而，汉行从放款制度的设计、对市场及客户的调查、人事管理、放款的收回及呆账的处理等方面防范和控制信用风险。

一、制定严密的放款制度

科学合理的放款制度是降低放款风险的基本保障，而制定严密的放款制度是防范放款风险的重要环节。在制度设计方面，汉行构建了以调查、决策、执行、监察为核心的放款体系，并根据不同性质的放款，制定相应的放款办法，严格规定放款手续，尽可能地将放款风险降低到最小范围。1929 年，汉行与放款有关的组织机构有调查部、营业部和押款部。其中，调查部负责调查客户信用、资产、营业状况以及工商市面等，并将调查所得信息分类、整理、归档，以备查阅。营业部主要负责处理与放款相关的事务，如开拓市场、办理手续、清理到期放款及催收呆账等。押款部则专门办理押款业务。汉行的账目由总行派检查员检查。检查员对汉行处放款手续、数额、收回等情况予以详细检查，并将检查情况报告总经理，总经理以此全面了解汉行放款情况，并提出改进意见③。

汉行还成立放款委员会，专门研究放款事宜并据此做出决策，从决策层面防控放款风险。汉行放款委员会是在上海银行的指导下成立的。1934 年 5 月，上海银行成立放款委员会，放款委员会以总行副经理、业务、人事、检查等部门主管及重要职员为委员。各委员于每周星期四上午开会，讨论下星期放款及投资方案、催收呆账办法、其他事项，改订存放款利率，决定押款、押汇折扣

①　汉口管辖行. 关于所属各行会议记录［A］. LS61-1-0810, 武汉：武汉市档案馆, 1935.

②　佚名. 关于会议记录及仓库存货报告［A］. LS61-1-0790, 武汉：武汉市档案馆, 1935.

③　中国人民银行上海市分行金融研究所. 上海商业储蓄银行史料［M］. 上海：上海人民出版社, 1990：752.

及押品选择原则，报告放款兜揽及接洽情形，决定放款是否承做等①。根据总行的指导精神，1937年4月，汉行亦成立放款委员会，专门研究放款业务②。至此，汉行已经建立起集调查、决策、执行、检查于一体的放款管理体系。放款体系的各组成部分职责明确，既分工又合作。其中，放款委员会制定放款方针，执行部门负责执行。在具体操作上，客户提出放款申请后，由调查部调查客户信用、资产、营业等情况，营业部根据调查部所提供的信息，初步确定是否放款以及放款额度，然后呈报经理，由经理核准后，再办理放款手续。放款办理完后，检查员对放款手续、数额、收回等进行监督检查③。制度上的严密设计有利于汉行防范放款风险，减少放款损失。

放款性质不同，其潜在的风险亦不相同。因此，汉行针对不同性质放款存在的潜在风险，制定相应的放款制度，尽量规避风险。外栈货物押款管理困难，且放款容易出现意外。因此，汉行规范外栈押款手续，加强对外栈押款的管理。外栈押款有营业员驻栈监察，比较可靠。故各行处将其视为普通押款，尽量予以承做，却忽略了押款存在的潜在风险。事实上，外栈货物押款弊端颇多，经常出现外栈营业失败，盗押客货、栈单重复及利诱银行检查员串通舞弊等事件，使银行遭受巨大损失。有鉴于此，汉行对不同类型货栈的货物押款制定了不同的管理办法。对于资本充实、信用可靠、专营仓库业的货栈以及允许汉行派员驻栈管理、签发栈单及查账查货的他业兼营货栈，汉行一律承做其货物押款业务。在人员安排上，汉行至少派2名管栈员驻外栈监察，管栈人员必须随时关注堆栈营业状况、进出情形，定期检查外栈账目，尽量拉拢客户仅与汉行进行业务往来。汉行还随时考核管栈员的品行、称职与否、有无外务等情况，以防止其与外人勾结舞弊④。汉行的管理措施降低了外栈货物押款风险。1935年7月1日，南京国民政府新刑法正式施行。新刑法第382条规定：损毁他人所有物，或令其不堪使用，足以损害公众与他人者，构成损毁罪。外栈货物押款虽押品已抵押给银行，但所有权仍属于外栈，若押户窃取损毁押品，按照新刑法规定，其行为不构成犯罪，只能按照民法的规定请求损害赔偿。新刑法实施后，该项押款失去了法律保障，汉行不得不停止承做外栈货物押款业

---

① 中国人民银行上海市分行金融研究所. 上海商业储蓄银行史料 [M]. 上海：上海人民出版社，1990：500.

② 佚名. 汉行成立放款委员会 [J]. 海光（上海1929），1937，8（5）：47.

③ 中国人民银行上海市分行金融研究所. 上海商业储蓄银行史料 [M]. 上海：上海人民出版社，1990：677-678.

④ 佚名. 总经理处通函、处罚办法、保险业法、银行法、印花税法 [A]. LS61-1-0872，武汉：武汉市档案馆，1934.

务。鉴于外业仓库货物押款缺乏法律保护，押款风险极大，汉行遂停止承做外业仓库货物押款业务①。

抵押放款虽有押品，但亦存在风险。因而，汉行制定了严格的抵押放款制度，尽可能地降低放款风险。抵押放款是借款人以一定的抵押品为还款保证的贷款。若贷款人无力清偿债务，银行可将押品变卖抵偿，一定程度上降低了放款风险，但是若押品市价下跌或难以出售，押户信誉不佳等，也会直接影响放款的收回，给银行带来损失。因此，对于抵押放款，汉行规定尽量承做流动易售货物、由铁路局担保的路货提单押款业务，不承做呆滞商品、外栈货物押款业务。汉行要求营业员随时调查押品生产、运输、流通、市价、消费等情况和该商品经营者的历史、组织、内容、信用等详情，以全面掌握押品及押户的具体情况，为放款决策提供真实可靠的信息参考。若决定承做押款业务，汉行要求营业员认真检查押品等级、质量、重量等，按照规定办理押款手续。押款办理完后，汉行要求押户按照押品价值购买火险，保单及保费收条则由汉行保管。若押户不能如期偿还借款，汉行可将押品变卖抵偿，但押品处分前须提前通知押户，处分押品须依民法、物权法的规定拍卖，并依法办理拍卖手续②。棉花押款是汉行重要的押款业务之一，汉行根据不同客户制订不同的棉押方案。对于折扣不符及资本不足的押户押款，汉行要求经手人收回放款，以后不再增加放款；对于资本雄厚且仅与汉行往来的老客户，汉行准其随时用款，但押款折扣不得低于押品市价的六折；对于因清偿汉行债务而要求用款的客户，须在八折以内押用款；对于押品超过八折的押户，若有新花需要押款，以当时行市六折承押，以减少损失；对于押款数量，汉行规定每天承做的押款额不得超过每日收回额，以顾全信誉，避免头寸不足③。此外，为方便押户办理保险，确保押品安全，汉行还创设了保险部④。1929 年 3 月，汉行联络美国保险公司代理商，洽谈办理保险事宜，并与美国保险公会订立合同，由汉行代理其中一家在会保险行，定名为上海银行保险部，专门承保上海银行押款货物，并兼营对外保险业务⑤。保险部的设立既方便了客户办理保险事务，又使汉行押

---

① 佚名. 总经理处通函、处罚办法、保险业法、银行法、印花税法［A］. LS61-1-0872，武汉：武汉市档案馆，1934.

② 佚名. 关于存款章程、升级加薪、承押汇办法等函［A］. LS61-1-0745，武汉：武汉市档案馆，1935.

③ 佚名. 关于致总经理及总行部处经理有关押汇人事问题的函稿［A］. LS61-1-0967，武汉：武汉市档案馆，1935.

④ 佚名. 关于业务问题的来函［A］. LS61-1-0883，武汉：武汉市档案馆，1929.

⑤ 佚名. 区经理致总经理函［A］. LS61-1-0151，武汉：武汉市档案馆，1929.

品具有保险保障，从而降低了押款风险。

严格放款手续是汉行防范放款风险的又一举措。全面了解客户信息，做到知己知彼便是放款前的必修课。因此，汉行通过填写放款调查表了解客户信息。早在 1919 年，汉分理处就要求营业员分别填写各类放款调查表；对于汇票贴现，务必先填写调查表，限定贴现额，报上海银行审批后，才承做此类放款业务①。汉分理处改组为分行后，汉行按照总行的要求，无论承做何种放款业务，均先填制调查表，并报总行检查部备案。汉行还严格抵押、信用放款手续。对于抵押放款，汉行要求营业员在放款前就先调查清楚押品市价、流动性以及质量等情况，全面了解押品信息；若押品为股票，亦须调查其行市、流动性等详情，并须照章过户。检查手续办好后，营业员填写放款审查表，并将填好的表格先交经管部主任及调查员签字，再送经理审核，经理审核通过后，方可付款。对于急于用款且信誉良好的老客户，汉行规定，营业员须先将客户情况、借款数额等信息呈报经理，获经理批准后，可给予适当的通融，允许部分客户在未办好放款手续前贷给款项，事后再将所需手续补齐。信用放款没有押品，风险较大。因此，汉行规定，承做信用放款业务前，营业员须详细调查客户信息，并按要求填写调查表，报经理批准后，方可用款。款项放出后，对于抵押、信用放款透支户，汉行要求放款部门每月报告客户平时经营状况，详细了解其进出情况；对于有抵押品者，详细调查押品市价是否与原定市价相等，如遇押品市价跌落，不敷抵押折扣时，应通知客户立即补足押品，或减少透支额②。对于放款期限及偿还时间，汉行规定，定期押款一般为 1 至 3 个月。押款到期后，如客户商请转期，须呈报经理批准后，方可转期，且转期次数不得超过 2 次。活存或往来抵押透支，一般在阴历或阳历年终清结一次，利息则每月、每 3 月或每半年加本计算，年终不能清结者，须转为定押。活存或往来信用、担保透支均以阴历或阳历年终结清，欠息每月、每 3 月或每半年加本清结，年终有拖延的客户，下年即拒绝其开户。汉行的放款程序是在充分了解客户及市场信息的基础上，从制度层面对放款手续严格把关，尽可能地降低放款风险。

① 中国人民银行上海市分行金融研究所. 上海商业储蓄银行史料 [M]. 上海：上海人民出版社，1990：62.

② 中国人民银行上海市分行金融研究所. 上海商业储蓄银行史料 [M]. 上海：上海人民出版社，1990：146-148.

二、严格人事管理

人是执行制度的关键性主体，再严密的制度，若没有负责任、高素质的执行者，制度也终成一纸空文。因而，汉行加强人事管理，不断提高行员的职业素养和综合素质，严厉惩处顶风作案违反规定的行员。

高素质的行员是有效执行放款制度的基本保障。上海银行制定与实施行员培训制度，为各分支行提供了大量业务能力强、综合素质高的人才，从人事管理层面降低了放款风险。受外商银行影响和经济发展的刺激，华商银行在各通商口岸次第设立，且数量逐渐增多。各银行间竞争激烈，银行业务经营愈加困难。若行员不熟悉业务、恪尽职守，银行很难在激烈的竞争中占据一席之地。因此，上海银行拨充专用资金，筹设银行传习所，全面提高行员的综合素质。1923 年，上海银行成立实习学校，学员在实习学校修业满 6 个月，通过学校组织的考核后，再陆续被派入行中实习。随着业务的拓展，各行处需要更多高素质行员，而仅靠 6 个月的培训无法全面提高学员综合素质。1929 年，上海银行将实习学校改为银行传习所，专门培养人才，为学员毕业后投身银行界奠定坚实的基础。1930 年，上海银行规定，各分支行处录用的行员必须经过总行（或区总行）6 个月的训练，经考核合格后，方可正式上岗①。1931 年，上海银行又将传习所改为训练班。训练班学员一般为未沾染社会恶习、有志上进的青年。学员既须熟悉银行业务、社会现状及农工商发展实况②，还须加强道德、责任、理性、人品等个人修养的锤炼，尽量避免"人品不齐，智能各别，稍生弊端，极易影响全体"情况的出现③。培训结束后，学员须接受考核，通过考核后才可进入各行处实习。行员训练制度的制定和实施，提高了行员业务能力，锤炼了行员的人格品行，为上海银行及各分支行提供了大量的高素质人才，有利于降低放款风险。

除了行员培训外，汉行还要求所有进行人员均须提供保证人，以避免行员违规却无人承担责任的情况出现。行员进行时，汉行详细登记每位行员及其保证人的基本信息。其中，行员信息包括姓名、年龄、进行时间、介绍人等，保证人信息更为详细，包括姓名、职业、工作地址、家庭住址、资产、信用以及与被保人的关系等，在详细了解信息的基础上建立行员及保人档案。若发生欠

---

① 调查部. 分支行之录用行员须经总行或区分行短时间之训练 [J]. 海光（上海 1929），1930，2（8）：26.

② 佚名. 本行之行员训练班 [J]. 海光（上海 1929），1946，10（6）：79-80.

③ 朱汝谦. 训练行员之必要与研究 [J]. 海光（上海 1929），1930，2（9）：6.

债、舞弊、携款潜逃等事件，行员下落不明或无力赔偿时，一切责任均由保证人担负①。若保证人退保、死亡以及不符合保证资格等，行员须另觅保证人。在行员找到新保证人前，汉行要求该行员的上司暂停其职务，或调任清闲职务，或责令其尽快另觅保证人。行员找好保证人后，汉行派员调查保证人实际情况。若符合规定，汉行即开立新保单，并于6个月以后发还旧保单，避免行员在旧保证人担保期间，其经手事件存在问题，暂时未被发现，待发现后无法追责的事情发生，以降低风险②。为全面了解老行员的品行，汉行随时暗中调查，对有不良嗜好者予以警告，对屡教不改者予以开除。比如，在查得朱晓鹏办事草率，有烟瘾，且屡教不改后，汉行遂将其开除，以儆效尤。对于新近行员的考核与调查，由催幼南和邬忠粹暗中进行，以防微杜渐③。

汉行还发动并奖励行员检举舞弊劣员。尽管汉行重视培养行员良好品德，并严格限定保证人条件，但行员舞弊行为仍然屡禁不止。劣员的不端行为是滋生舞弊事件的种子，为杜绝劣员不端行为，将舞弊事件扼杀在萌芽状态，汉行奖励行员检举劣员舞弊行为，以避免行员舞弊造成重大损失。1935年，上海银行在逃人员陈民德舞弊案发生后，该员久避不出，造成了极为恶劣的影响。上海银行怀疑与其关系要好的行员早已知晓其舞弊事件，或与其暗通声气，要求各行处切实研究防弊办法，以标本兼治，防患于未然。汉行按照总行要求，制定防弊办法，对检举舞弊劣员者予以奖励，对知情不报者予以惩处。对于检举舞弊劣员行径者，所检举之事不论巨细，一经查实，一律奖给检举人1 000洋元，因行使职务而发现舞弊行为者不给奖励。如查悉某人举止反常或形迹可疑，一时又未能知悉其详情，检举者可报告该行员上司，由其上司暗中监视，但不得挟嫌攻讦。检举方式有书面检举、口头报告经理以及报告舞弊行员上司，但无论采取哪种方式，均不得透露检举人信息。如舞弊之事与行员本职工作有连带关系，该行员失察或知情不报，汉行则根据情节轻重，给予记过、罚薪或开除处分④。上海银行舞弊案发生后，交通、工商两行又有巨案发生。为防微杜渐，汉行要求行员相互观察日常行为。汉行认为，舞弊人员触犯法律，作奸犯科，均事出有因，不少行员或因投机失败，或因入不敷出，或受环境逼

① 佚名. 汉栈总办事处及各栈员姓名表 [A]. LS61-1-0152, 武汉：武汉市档案馆, 1930.

② 佚名. 总经理致第一区经理有关人事函件 [A]. LS61-1-0166, 武汉：武汉市档案馆, 1934.

③ 佚名. 第一区区经理函稿（涉及当时国民党党政情况）[A]. LS61-1-0201, 武汉：武汉市档案馆, 1927.

④ 佚名. 关于存款章程、升级加薪承做押汇办法等函 [A]. LS61-1-0729, 武汉：武汉市档案馆, 1935.

迫等，不得已才做出舞弊之事，其舞弊动机应该早可洞见。因此，汉行要求各部门主管人员观察其所属行员日常行为和生活，对与其关系密切的同事亦须多加留意。如发现行员有豪华奢侈习惯、投机嫌疑及支出超过收入者，一面善言规劝，一面冷眼观察；对于情节严重者，应随时报告行为失常行员的上司，由其上司核办，以"防患于未萌，除恶于未然"。一旦舞弊事情发生，舞弊行员的上司及与舞弊行员接近之人均应了解情况，对于失察者，一概斟酌情形予以惩处或开除。

此外，完善办事手续、加强对行员的监管也是汉行预防舞弊事件发生的重要手段。尽管汉行各项业务的办理手续较为缜密，制度也紧凑完善，不给劣员以可乘之机，但汉行业务范围广，手续繁杂，舞弊行为难以杜绝。因而，汉行鼓励行员建言献策，完善办事手续，并严惩违规行员，防止舞弊事件发生。汉行要求行员对其经办事务提出改进建议，若其建议能被采纳且可有效地防止舞弊事件的发生，汉行援引检举舞弊案例，予以奖励。对于可简化办事手续、方便顾客、提高工作效率、节省开支、拓展业务的意见，汉行亦从优酬奖①。同时，汉行还不嫌烦琐，从小处着手，悉心培养行员，尽量避免舞弊事件再度发生。汉行会辞退不称职或不堪造就的行员，"籍免害群而资整饬"②。1935年3月，中国银行第一栈营业员伪造客章，携1 600洋元潜逃，此事引起了汉行的高度重视。由于各仓库主任公务繁忙，不能常在仓库督率练习生，汉行于每仓库指派一人，负责管理该仓练习生，并禁止练习生无事在外游荡，如因事外出，须说明缘由；若不听指令私自外出或不按时返仓者，该仓负责人须随时报告仓库科；对于隐匿不报者，一经查出，即与违反规定者同等处罚。严格考核仓库职员是了解其工作情况及经办事项的重要方法。因而，汉行制作了职员办事记录表，记载各员办理客货进出仓等事的详情，以了解各员工作动态，杜绝舞弊事件发生③。

汉行严格管理行员，旨在从根本上杜绝因行员品行不端而出现的各类案件，降低资金风险。严密的管理制度及严厉的惩罚措施确实有利于防范风险，对行员也有一定的震慑作用。但在具体的实践中，制度的实施效果与制定者的主管意图往往相去甚远，如鼓励行员相互观察、揭发不端行为原本是为尽早发

① 佚名.关于存款章程、升级加薪承做押汇办法等函［A］.LS61-1-0729，武汉：武汉市档案馆，1935.

② 佚名.上海银行关于总分行处经副襄理及主任的函件［A］.LS61-1-0565，武汉：武汉市档案馆，1935.

③ 汉口管辖行.关于所属各行会议记录［A］.LS61-1-0810，武汉：武汉市档案馆，1935.

现舞弊苗头，并将其扼杀在萌芽状态而设定，但若行员之间存在矛盾，其揭发不仅不能达到防弊的目的，反而会加剧行员之间的矛盾，甚至有些揭发本身也极易挑起行员间的矛盾，致使行员人人自危，不利于团结、和谐的人事关系的建立。

三、清理呆欠款的常规手段

尽管汉行从制度设计、人事管理层面尽力减少呆账、坏账的产生，降低放款风险，但呆账、坏账还是会不可避免地出现。呆账、坏账产生后，汉行首先设法对其清理，若实在无从清理就转入催收账下，由放款经手人设法催收，尽量将损失降低到最小。

弄清呆账、坏账产生的原因是避免此类债务再度产生的首要步骤，表6-1提供的数据表明，上海银行的呆欠大都是客观原因所致。

表6-1　上海银行历年呆欠原因分析表　　　　单位：元

原因	户数	金额
人事	26	544 644
情面	17	78 364
摊派借款	24	255 435
调查不明	8	167 745
天灾兵祸	13	52 455
行员舞弊	3	88 415
市面变动	250	2 322 826
对方经营不善	10	306 667
总数	351	3 816 551

资料来源：佚名. 总经理致武昌分行密字通函［A］. LS61-1-0134，武汉：武汉市档案馆，1930.

截至1933年5月，上海银行有据可查的呆账共计351户，欠额380余万元[①]。其中，有297户因客观原因欠款，欠款额为2 937 383元，分别约占欠款总户数和欠款总额的84.62%、76.96%。有54户因主观原因欠款，欠款额为879 168元，分别约占欠款总户数和欠款总额的15.38%、23.04%。整体而言，

---

① 1 000元以下的欠户并未记入，若并入计算共有520户，欠额520万元，此数为现在催收项内各户实欠金额，包括已扣除之数。

上海银行的呆欠款多由人事、市面变动、摊派借款引起。其中，有 26 户因人事原因欠款，欠款额为 544 644 元，分别约占欠款总户数和欠款总额的 7.41%、14.27%。有 24 户因摊派借款欠债，欠款额为 255 435 元，分别约占欠款总户数和欠款总额的 6.84%、6.69%；有 250 户因市面变动欠款，欠款额为 2 322 826 元，分别约占欠款总户数和欠款总额的 71.23%、60.86%。以上数据显示，上海银行各分支行的呆欠款大部分由客观因素引起，由主观因素引起的呆欠款，无论是欠款户数还是欠款总额都相对较小，汉行也是如此。

对于到期未偿欠款，汉行动用各种社会关系，不厌其烦地催收，以尽可能地收回放款，减少损失。1934 年，岳口义茂恒欠商债 20 余万元。其中，部分欠款为岳口寄庄债务。为躲避债主追讨，该庄店主暗中转移存货，携账款避匿。为追回债款，岳口寄庄彭正柏请求李团长帮助。李团长将该庄存货扣留，但因系商债，李团长不愿强制提转该庄存货，但他转告当地商会，请商会出面寻找该庄店主，由债权债务人双方协商，清偿债务，以示公允①。在各方的协助下，岳口寄庄得以妥善处理该项债务。反复催收，不厌其烦，是汉行减少放款损失的又一良方。云龙公司雄黄押款及贴现放款共欠汉行 31 500 洋元。汉行多次催理，欠款始终未能全部清偿。该户曾允诺于 1933 年 10 月中旬将贴现欠款如数还清。后汉行几次催还，截至 1934 年 1 月，该户仅偿还 500 元。债款久欠不还，汉行别无他法，只有严加催理，以防呆滞②。金子毅为汉行提供棉花货样，并在汉行开立往来户。该户呆欠汉行款历时两年，屡催不还。1934 年 4 月 18 日，汉行核算此项欠款本息，截至 1933 年 10 月 25 日，该户共欠 1 527.56 元。汉行多次催理，金子毅均以家道中衰为由，要求转期。该户因系杨介眉介绍，汉行不得已，只得将此项欠款转入暂欠账内，以后再继续催收③。

经过反复催理，欠户仍不能清偿债务的，汉行便根据具体情况采取不同的措施。对于抵押放款，若押户屡催不还，汉行则在押品市价较高时，将其变卖抵偿。汉行屡次催赎大昌黏谷押款，但该户仅能将押款利息付清，汉行遂选择合适时机，变卖押品，以抵偿债务。1934 年 5 月正是汉口青黄不接的时候，由于新谷尚未上市，陈黏谷市价较高，汉行要求放款经手人于 6 月 15 日以前将该户押品全数变卖，抵偿欠款，以免秋季新谷上市，押品市价低落，增加汉

① 佚名. 关于信用合作组织情况及工作计划纲要、进出口货物情况、股东名单等 [A]. LS61-1-0775, 武汉：武汉市档案馆, 1934.
② 佚名. 有关业务方面的来函 [A]. LS61-1-0145, 武汉：武汉市档案馆, 1934.
③ 佚名. 有关业务方面的来函 [A]. LS61-1-0145, 武汉：武汉市档案馆, 1934.

行放款成本和放款损失①。若债主畏债潜逃，汉行按照合约，责令借款担保人负偿还责任。星华电料行欠银行、银号款 118 000 元，其中欠汉行 7 100 元，由车友军担保。1934 年 6 月，星华电料行经理及司账逃匿，各债权人组织债权团处理该行债务。因该放款有担保人，汉行不愿加入债权团，遂要求担保人车友军负赔偿责任。担保人亦同意按照保单规定，偿还 7 000 元，但要求汉行加入债权团，若处理存货追收款不足 7 000 元，不足部分再由担保人偿还。汉行担心车友军变卦，要求该担保人先付一部分款，待欠款收回后，再重新核算②。对于营业员违反规定放款，致使放款最终不能收回者，汉行责令营业员赔偿。1935 年，汉口中华钢公司倒闭，该公司欠汉行款 11 000 余元。由于此项放款不符合规定，又未经总经理处核准，根据惯例，该款应由营业员照数赔偿，但该款又与普通倒账有所不同。因而，汉行遵照总行的要求，秉公处理此事，并责令经手人赔偿，以整饬内部，确保行款不受损失③。此外，对于久欠不还的借户，无论欠款多少，借款未清偿前，汉行不再对其放款。陈翼生在汉行透支 2 000 元，1933 年该户存货过多，无法售出，拖欠汉行 1 500 余元。截至 1934 年 6 月，该款仍未偿清。后该户又要求汉行按照原定透支额继续透支，以资调剂。对此，汉行认为，目前蛋业生意不佳，前途黯淡，且"旧欠未清，复举新债，从井救人之政策，不可为也"，要求该户逐月偿还欠款，务必于 1934 年底结清债务。

放款催收虽然比较严格，但汉行还是根据各债务的具体情况予以适当通融。为尽量减少放款损失，汉行给无力偿债户以资金通融，允许其以所获利润清偿旧债。汉行陈麻押款户欠款久欠不还，汉行虽积极催收，但各户陈麻难以出售，濒临停业、倒闭的绝境。各户除元春、同德金户收歇外，其他各户均勉强挣扎，恒茂、同义、同昌、永和四家无力筹全债务。为收回放款，汉行变卖部分押品，但因陈麻市价下跌，汉行损失不小。在此情况下，汉行若要清理债务，只有仿照钱庄麻帮押款处理办法，令各户偿还一半债务，以全部清结。否则，只有继续以低折扣给予押款，给各户以资金融通。汉行与各户约定，由汉行给各户押款 10 万元，月息一分，押期一年，每捆④麻押款 6 洋元，青麻 7 洋元，按照市价给予 6 折折扣，除以原有陈麻为押品外，还须四家连环担保，所

---

① 佚名. 有关业务方面的来函 [A]. LS61-1-0145，武汉：武汉市档案馆，1934.

② 佚名. 有关业务方面的来函 [A]. LS61-1-0145，武汉：武汉市档案馆，1934.

③ 佚名. 上海银关于总分行处经副襄理及主任的函件 [A]. LS61-1-0565，武汉：武汉市档案馆，1935.

④ 重 55~56 斤。

获利润用于偿债①。对于信用卓著、资本雄厚且有盈利前景的欠款户，汉行则根据情况，予以适当展期。怡泰兴花号透支汉行款 2 万元，该款于 1934 年 4 月 28 日到期。而该户以棉花市场兴旺，营业正在进行，且棉花来源稀少，市价稳定，颇有薄利可图为由，要求汉行展期 3 个月，于该年 7 月底归还。对于怡兴泰花号的请求，汉行仔细调查其营业情况，发现该户所说情况属实，且其透支款系维持花号营业，所获利润用以归还旧欠款，遂同意其展期请求②。对于多次催理仍无力偿债的小额欠款关系户，汉行只得免其债务。德福兴户原欠汉行 1 492.23 元，汉行屡次催收，但该户却一直未能清偿，汉行遂要求担保人代为偿还。对此，该户不仅托人前往汉行说情，自己还向汉行诉苦，称其生意失败后，生活无以维系，实无力清偿，虽变卖产业也只能筹措到 600 元，并跪拜央求汉行以 600 元全数清偿，若汉行不允许，只有听凭诉讼。对于该户的情况，汉行派人详细调查，发现其所言情况属实。汉行认为，该户无力偿债，即使追诉亦属徒劳。况且，该户的借款担保人为武汉最高长官，且与汉行的交情较深，如要求担保人赔偿该户未偿之款，恐伤双方感情，对汉行不利。因此，汉行再三斟酌，最后允许该户以 600 元清偿全部债务③。

除了采取多种措施处理欠款外，汉行还成立催收小组委员会，专门办理呆账催收事宜。1937 年春，汉行成立催收小组委员会，并拟订办事细则 16 条。办事细则规定，委员会分为法律组、债务组和催理组，各组既分工明确，又紧密合作。其中，法律组负责撰写控诉呈函、诉讼文件等，研究诉讼程序及法律出庭等事务，协助胜诉案件的执行，以书面形式报告败诉案件的过程及缘由，并将书面报告提交委员会，由委员会研究补救办法，直至案件终止。债务组负责整理各项催收款的账目及证据，存档保管；检查债务催收的过程、会计科目的变更等情况，确保账目首尾清晰一致，并于每周例会时报告呆账数额及由委员会制作的编制报表。催理组专门办理向客户及担保人追讨债务事宜，且每人负责若干债户的债务催理，调查研究债户最近的情况及有无隐匿财产事件，撰写书面报告并提交委员会审核。催收组追讨经手债务必须认真负责，不得借故拖延。办事细则还规定，每星期二举行一次例会，讨论经办及正在办理的催收

---

① 佚名. 关于汉分行致总经理、襄理及总分行经、副理、襄理承办各工商号保税、汇兑、押款及账务等业务的函稿 [A]. LS61-1-0995，武汉：武汉市档案馆，1936.

② 佚名. 有关业务方面的来函 [A]. LS61-1-0145，武汉：武汉市档案馆，1934.

③ 佚名. 上海银行有关人员提升、保证书、押款等件 [A]. LS61-1-0975，武汉：武汉市档案馆，1935.

事宜，研究催收办法，并听取经手人报告，必要时可召集催收经手人列席会议①。催收小组委员会成立后，除责成经手人相机催理催收项下欠款外，汉行还组织催收小组委员会予以催理②。汉口管辖行所属行处的呆账催收情况则由各行处及时向汉行汇报。鉴于汉行催收欠款有专人负责，催收效果良好，而汉管辖行所辖各行处人手短缺，无专人负责欠款催收事宜，且汉管辖行与各行处函件往来磋商耗费时间，容易使各行处坐失良机，总行遂要求武昌分行、汉正街办事处以及汉行仓库科呆账及催收款项均集中汉行催理，以提高办事效率，减少呆账损失③。

四、诉诸法律，追回欠款

若经过反复催收，欠款还是不能收回，且担保人亦不愿履行偿还责任，汉行便诉诸法律，尽量追回行款。

在汉行的放款诉讼案中，有不少案件的审判结果与汉行法律诉求还有较大的差距。鲍云卿借款案和耿泽生放款案就是其中比较典型的案例。

义顺盛号主人鲍云卿于1930年8月20日凭志丰号主任鲍逸臣担保在汉行透支借款。双方约定，如到期借款未还，于当年年底偿清，以担保契约为据。截至1931年6月21日，该号共欠汉行洋厘纹银382.38两。从6月22日起，欠款利息为月息一分二厘，共欠息银47.41两。截至1932年2月底，共欠本息银429.79两。此款由鲍云卿经手，但汉行要求鲍氏偿还时，鲍氏藉词搪塞，敷衍塞责。汉行遂要求担保人负责偿还，鲍逸臣亦设法延宕，借故推辞。鉴于这种情况，汉行不得不呈请武昌地方法院调解，不料鲍云卿届期拒不到案，调解无果。汉行遂向汉口地方法院提起诉讼，要求法院传唤志丰号号东鲍逸臣及其经理鲍丙堃，追偿应还本息④。

绿华通公司耿泽生以其义坊小新码头、正街德隆巷内、凤联里门牌单数一至九号地基一段，连同私巷和地面楼房五栋等为抵押，向汉行抵押借款，但房屋租金仍由耿泽生自行收用。借款期到后，汉行屡催不还，截至1933年3月底，该公司已欠汉行8280元。鉴于押品市价低落，若其持续下跌，即使将押

---

① 佚名. 关于会议记录及函件 [A]. LS61-1-0809, 武汉：武汉市档案馆, 1937.

② 佚名. 上海银行有关人员提升、保证书、押款等件 [A]. LS61-1-0975, 武汉：武汉市档案馆, 1935.

③ 佚名. 关于致总行办理有关人员介绍房地产收押业务问题函稿 [A]. LS61-1-0940, 武汉：武汉市档案馆, 1936.

④ 佚名. 放款诉讼案 [A]. LS61-1-1098, 武汉：武汉市档案馆, 1934.

品变卖也不敷抵债，加上该债务人又无其他资产抵偿债务，汉行遂向法院提起诉讼，要求法院对抵押房产实施假处分①，债务人所收房租由汉行经收缴存，待法院确定汉行诉追欠款案成立后，再行处置，汉口地方法院受理了汉行的诉讼。经法院调节，1933 年 6 月 14 日，债权人、债务人在汉口地方法院尝试和解，双方当事人申请将债务人原抵押房屋五栋连同地基巷路估价拍卖，以资抵债。经过五次减价拍卖，押品均无人承购。1936 年 3 月 21 日，汉口地方法院发布强制管理命令，要求抵押房产全部过租，由汉行全权经收，以租抵息，若因房屋空闲，所收租金不敷抵息，由债务人及担保人负责补足。所收租金每百元提一元五角收租费，住户如欠租发生诉讼事件，诉讼费由债务人承担，房屋修理费、捐税等均由债务人负担，如债务人在债务延长期内仍违约抗拒履行，法院将强制变卖押品，抵还借款②。

汉行提起诉讼旨在追回欠款，但其欠款追偿案常常衍生出其他复杂的司法案件。龚瀛堂欠款案及鼎新公司欠款案即是典型案件。

龚瀛堂于 1931 年 7 月 21 日以寄存于汉口利华打包公司棉花 186 件③与该公司栈单为抵押，向汉正街办事处押借银 33 900 元。1932 年 1 月，怡泰兴花行店主将棉花变卖偿还一部分押款后，该户尚欠汉行款 14 252.38 元。龚瀛堂无力偿还欠款，遂以龚藻堂为担保人，以其位于汉口市杨千总巷 17 号的一栋房屋为押品，以月息 9 厘的利率向汉行押款 14 252.38 元，以偿还积欠汉正街办事处之款。从 1931 年 10 月 31 日借款成立到 1934 年，除本金外，该户还欠利息 1 450.03 元。借款到期后，汉行屡催不还，遂向汉口地方法院提起诉讼，要求将押品变卖抵偿，如变卖押品所得不足偿还债务，由龚瀛堂设法补足，如其无力偿还余款，则由担保人龚藻堂负责偿还。对于汉行的诉讼要求，被告龚瀛堂及其代理人提出，房屋押款系龚瀛堂之兄龚藻堂在汉行内担任总稽核职务时二人共同作弊所为，自己完全不知道有借款事件。房契虽为龚瀛堂所有，但 1930 年 9 月间龚瀛堂远出，房契寄存于龚藻堂家中，杨婆可为之作证，其借据并非龚瀛堂所立，图章亦系伪造，不能作为押款证据。且汉行所提供的怡泰兴花行清单中所载机花 186 件，按照当时价格计算，其价值超过 14 800 余两，足以证明清单与押款均系伪造。汉口地方法院经审查后判决批准汉行要求，并

---

① 是为保全金钱债权以外的特定物给付、转移及其他特定物给付为目的之请求权的执行，或对有争议的权力关系以确定暂时状态为目的的裁判，或作为其执行所做的处分。(我妻荣. 新法律学辞典 [M]. 北京：中国政法大学出版社，1991：119.)

② 佚名. 放款诉讼案 [A]. LS61-1-0185，武汉：武汉市档案馆，1934.

③ 净重 71 044 斤。

判处龚瀛堂、龚藻堂负担诉讼费。对于汉口地方法院的一审判决，龚瀛堂、龚藻堂不服，二次提起抗诉，要求驳回原判。汉口地方法院驳回了龚氏兄弟的诉讼请求，维持原判。法院判决令执行后，抵押品公开拍卖，但无人承买。汉行遂呈文法院，要求将押品交给汉行管理，所获收益抵债，获法院批准。对于房屋管理期间可能产生的费用，法院要求仍由债务人负担，若债务人还清债款，押品应归还债务人。龚瀛堂认为，怡泰兴花行出售的那部分棉花数量不符，价格亦低于市价，遂以业务侵占为由，将汉行周苍柏、龚藻堂及高干青告上法庭。经审理，汉口地方法院判处高干青侵占罪，周苍柏无罪，对龚藻堂的诉讼则不予受理[1]。

鼎新公司欠汉行款 251 000 余元，欠总行 11 000 余元，此项欠款延欠多年，未能清理。1934 年，鼎安公司经理李鼎安向汉行协商，将押品鼎安里房产 6 栋卖予汉行，以清偿欠款。汉行与总行磋商后，总行同意将抵押房产作价 28 万元抵债。对于该房产，李鼎安尚有分契在外，须以现款清理。因而，上海银行及汉行允许该公司以 206 000 元偿还汉行欠款，另由汉行付现款 71 000 元，供李鼎安赎回分契。除总行欠款外，该户尚欠汉行 50 000 余元，此款则以该公司交予汉行的马路地皮及支票作抵。6 栋房屋均分别过租，补款也全部交齐，而当第八号房屋退租时，朱稚臣却以该屋为其出资、托李鼎安购置为由，率其家眷占领此屋。对于突如其来的变故，汉行措手不及，遂报告特区管理局。管理局派警勒令朱氏及其家眷搬迁，并将该屋查封。朱氏不服，遂以李鼎安盗其房产作为押品为由，向汉口地方法院提起诉讼。经检查厅侦查后，判处朱氏的控告不成立。朱氏又向汉口民事法庭控告汉行。出人意料的是，法院偏袒朱氏，以汉行接收房产未向法院登记为由，判决汉行与李鼎安所订抵押契约无效。因房屋登记司法与行政管理出现矛盾，处理方案无先例可循，汉行只得一面向湖北省法院上诉，一面向汉口地方法院提起诉讼，要求涂销对方登记，以尽量维护债权，减少放款损失[2]。

武汉近代金融风潮频发，汉行根据不同情况采取相应措施应对危机，降低金融风险，最终平稳度过危机。同时，汉行还从管理制度、人事安排以及放款的收回等方面降低放款风险。

汉口历次金融风潮均对汉行产生了一定的影响。在不同的发展阶段，汉行采取不同的措施应对金融风潮。北洋至武汉国民政府时期，武汉战乱频仍，政

---

① 佚名. 放款诉讼案 [A]. LS61-1-1098，武汉：武汉市档案馆，1934.

② 佚名. 总经理关于福新股票股息、大新美孚等押拨汇申款、小本贷款组织大纲、贷款章程等件 [A]. LS61-1-0935，武汉：武汉市档案馆，1936.

局动荡，汉埠金融风潮频发；南京国民政府时期，金贵银贱风潮和白银风潮爆发。历次金融风潮均对汉行产生了不良影响。在不同的发展阶段，汉行也采取不同的措施应对危机。建行初期，汉行资金微薄，各项业务尚未充分展开，社会影响有限。对于此时的金融风潮，汉行除收缩放款确保资金安全外，还甘冒风险，坚持营业，为本行本票及钞票兑现、购买外商汇票等。通过以上措施，汉行不仅获得了利润，还赢得了各界的信任，扩大了社会影响，一时名声大噪。20世纪30年代，经历了建行初期的积累和磨砺，汉行分支机构与日俱增，各项业务次第开展，并有了一定的资本积累。因此，对于此时期的金融风潮，汉行采取收缩放款、催收欠款、厚积准备、节省开支、调整存放款利率、降低经营成本、提高服务水平等措施，以保障资金安全，尽量避免提存风潮发生。

汉行从放款制度的订立、人事管理、放款收回等方面防控放款风险，竭力降低放款损失。汉行制定了严密的抵押放款制度，严格规定押款程序，规范外栈货物押款。汉行还成立放款委员会，专门从事放款研究、决策工作，并建立以调查、决策、执行、监察为主要内容的放款体系。汉行还加强行员管理，改良办事手续，奖励行员检举劣员舞弊行为。此外，汉行还采取各种措施，催收呆欠款。若采取各种措施还是不能追回欠款，汉行便诉诸法律，追收欠款。汉行的放款诉讼案旨在利用法律手段，达到追回欠款、减少损失的目的，但案件的侦查、审理、判决和执行不仅过程复杂，费时较长，而且最终处理结果也不尽如人意。因此，若非情不得已，汉行也不轻易提起诉讼。

事实上，无论是金融市场变动引起的市场风险，还是由信用原因导致的放款风险，汉行防范的核心都在于降低放款损失。汉行风险防范制度设计严密，人事管理也近乎苛刻，制度的执行更是不遗余力，一定程度上降低了风险。尽管如此，在中国近代货币制度落后以及金融体制不健全的社会大背景下，商业银行缺乏得力的援助和坚实的保障。金融危机来临时，人人自危，各求自保。一旦出现问题，就只有面临歇业、倒闭的悲惨命运了。

结语

1923—1938 年是中国政局由动荡到相对稳定的过渡时期，也是中国经济、金融从自由放任、无序发展向政府统制、有序发展的转型期。在政治、经济形势多变的背景下，汉行从建立到逐步发展壮大并成为影响汉埠金融市场的重要力量的历史，既是汉行克服困难、开拓创新的历史，又是武汉经济社会的变迁史。

一、上海商业储蓄银行汉口分行在区域经济变迁中所扮演的角色

在武汉经济发展中，汉行辅助工商，服务社会，坚持商业银行立场，善于与同业合作，积极参与各种社会活动，热心公益事业，是一个通过服务社会发展自己的负责任的私营商业银行。

汉行通过辅助工农商来发展自己，使本行进步与经济发展相互促进、相得益彰。汉行资金主要投向棉纺织业、路货、食盐等工商业。工商放款资金流动性较强，周转速度快，可使汉行获得较高的利润，有利于降低放款风险。同时，工商放款可为工商业者提供资金融通，促进了地区间的交流与合作，有利于扩大再生产，推动社会经济发展。农业放款是在汉行寻求资金出路及南京国民政府改造农村经济的背景下开展的。汉行成立农业分部，协助棉统会在湖北推广良种棉籽，指导农民科学种植棉花，提高湖北棉花质量，办理棉花运销合作，承做信用社及农村公共设施修筑放款业务等。由于近代湖北天灾人祸接连不断，农村经济凋敝，辅助农村经济需要投入大笔资金。汉行商业银行的性质决定它不可能不计成本地向农村投放大量资金，故其农贷业务进展不佳。中华农业贷款合作银行团成立后，汉行收缩甚至停止农业放款，持续不到一年的农贷业务最终草草收场。尽管如此，汉行的系列举措为农民购买棉种和肥料、兴建农村基础设施提供了一定的资金支持，有利于促进良种棉籽的推广，提高棉花质量。此外，汉行还积极参与各种社会活动，服务社会。汉行参与汉口流动

国货展览会，宣传国货，并在会场设立临时汇兑处，为参展厂商提供汇款便利；参与涉外经济交流，为经济考察团服务，同时扩大自己的社会影响；支持教育及市政建设，出资赈灾，热心公益事业。

汉行还注意与政府保持一定的距离，尽量避免政府放款，坚持商业银行立场。北洋至武汉国民政府时期，战争频发，政局动荡不安，历届政府屡以军政费用缺乏为由向汉行借款。北洋时期，汉行政府借款数额相对较小，且大都以切实收入为担保，但由于政权更迭频繁，汉行政府放款偿还得不到保障。武汉国民政府时期，汉行政府放款次数更加频繁，数额相对较大，且大都以公债、库券为担保。斯时，政府滥发公债、库券，市面上纸币充斥，市价低落，形同废纸，以公债、库券作为借款担保，几乎等同于没有担保。因此，此期汉行政府放款收回困难，风险极大。南京国民政府时期，政局比较稳定，汉行政府放款愈加频繁，数额更大，且大都以公债为担保。尽管此时的政府借款仍然带有部分强制性，但由于时局相对安靖，公债信誉较好，市价稳定，且可以自由买卖，因此，汉行政府放款流动性较强，有利于降低资金风险。政府放款具有数额大、次数频繁、担保不可靠、风险高以及对社会经济发展作用有限等特点。因此，对于政府借款，汉行态度颇为矛盾。若承借过多，不仅资金风险较大，且有悖商业银行经营原则；若一味抵制，又担心惹恼政府，招致封行。故汉行只有尽量与政府周旋，竭力避免勒借；若实在无法逃避，也不得不稍微承借。同时，汉行尽可能地与同业共同分摊借款，并将政府放款公债化，加快资金周转速度，降低放款风险。

二、关于上海商业储蓄银行汉口分行发展的思考和启示

汉行从初创时期的艰难开拓到逐步发展为影响汉埠金融市场重要力量的过程，既是其锐意进取、不断开拓创新的历程，又是其披荆斩棘、克服重重困难的过程。在复杂多变的环境中成长起来的汉行，在经营管理、风险防范以及社会关系处理等方面均给我们留下了诸多值得吸取的经验教训。

汉行灵活调整分支及内部机构，明确行员分工，注重激励，并为行员提供养老和生活保障，管理有序。

汉行根据业务进展情况及总行对分支机构管理方式的变化不断调整分支及内部机构。建行初期，由于业务尚未充分发展，汉行内部机构设置简单。上海银行实行分区制后，汉行为第一区区经理处所管辖。斯时，汉行开始添设分支机构，完善内部组织机构，逐步建立起既分工又合作的管理体系。随着经营环境的变化及分区制管理模式的弊端日益凸显，上海银行废除分区行制，实行总

分行制，并设置管辖行，管理各分支机构。在总分行制下，汉行升格为汉管辖行，肩负着经营本行业务、代总行管理部分分支机构的双重任务。此外，汉行还创设旅行社，兼营堆栈业务，使附属机构与汉行相互招揽业务，相得益彰。但在实际运作中，汉行与附属机构权责不明，不利于业务的经营管理。鉴于此，上海银行划分汉行与附属机构的营业范围，令附属机构单独营业。

在人事管理上，汉行明定行员职责，详细分工。建行初期，由于业务尚未充分展开，汉行行员人数较少，各员分工并不明确。随着业务的拓展、人员的增加，行员分工愈加精细，专业化程度不断提高。明定职责后，汉行还利用甲、乙两种方案对不同职位的行员予以考核。汉行的福利待遇包括工资、升级加薪、酬金、特储和养老金。汉行实行等级工资，行员工资的高低与其职位、等级呈正相关关系。升级加薪及酬金则根据考核结果而定。特储和养老金是汉行为行员提供的生活和养老保障。汉行福利待遇的发放注重激励，按劳分配，有利于充分调动行员的积极性和主动性，但也存在行员收入差距较大、养老保险的覆盖面窄等局限性。汉行根据业务进展情况及总行对分支机构管理方式的变化不断调整其与总行的关系。建行初期，汉行在资金、账目等方面严重依赖上海银行。由于汉行社会影响有限，业务拓展艰难，其业务经营自主权较大。随着业务的拓展、营运风险的日增以及上海银行对分支机构管理方式的变化，汉行的业务经营自主权大幅缩小，该行常为获得部分营运自主权与总行暗中博弈。不过，非常时期汉行则严格按照上海银行的要求办理各项业务。

在业务运营方面，汉行注重吸收存款，谨慎放款，推广汇款，兼营堆栈，善于降低运营成本和风险，使其业务运营具有成本较低、方式灵活、经营稳健、行栈相互促进等特点。

汉行重视吸收存款，推广银元并用，并酌给银元存款付息；不断调整存款利息，增设存款品种；降低存款成本和风险，使其存款额持续增长，并在上海银行各分支行中占据重要地位。汉行活期存款占存款总额的比例较大，定期存款所占的比例较小，存款结构比率偏高，资金基础不够稳定。此外，汉行根据环境变化不断调整放款方针，严格放款手续，谨慎放款。经济不景气时，汉行调整放款利率，降低放款成本；金融形势恶化时，汉行紧缩放款，确保资金安全，并根据政策变化改变资金流向。在汉行的灵活经营下，其放款额较快增长。汉行放款以抵押放款为主、信用放款为辅，资金风险较小，放款比较安全。汉行抵押放款以押汇、押透和储押为主，押品以农产品、食盐、典货为大宗，信用放款则以信用透支为主。

汉行汇款业务进展缓慢，不过汉行竭力推广，使其汇兑业务获得一定程度的发展。汉行详细调查汉埠及他埠内汇行市，全面了解全国各地金融市况，指导本行内汇业务。同时，与各公司签订汇款合同，兜揽洋商汇款。在汉行的努力下，其内汇业务获得初步发展。集中现金令的颁行及1931年的内忧外患使汉行内汇业务遭遇重创。幸运的是，汉行应对有方，扭转了不利形势。南京国民政府的币制改革对汉行内汇业务产生了深远的影响。废两改元后，汉行兑换收入减少，与兑换相关的人员、账簿不复存在，汇款成本降低，手续简化，汇率降低，汇款收入减少，但其汇出额仍然大于支出额。法币政策实施后，汉行汇款仅收取部分手续费，内汇业务竞争日趋激烈，利润降低。受银行实力、时局、认识水平等因素的影响，汉行的外汇业务一直进展不佳。但汉行利用打包放款招揽、宣传并推广出口押汇，使其外汇业务稍有起色。此外，汉行还兼营堆栈业务。汉行设立堆栈的初衷在于代行保管押品，介绍栈货押款给汉行。但在实际运作中，堆栈收取一定的佣金，代汉行办理栈货押款业务。堆栈代办押款固然可以便利客户，招徕押款，但堆栈往往降利减折，迁就客户，以招徕业务，弊端颇多。鉴此，上海银行力排众议，划分行栈业务运营范围，令堆栈独立营业，并以保管押品为主业。

汉行从机构设置、制度设计、人事管理、放款收回、资金安全、营运成本的降低等方面严加防范信用风险和市场风险。

不同时期，汉行应对市场风险的举措不同。1923—1927年，汉行业务尚未充分扩展。对于市场风险，汉行除紧缩放款外，还在其他行庄停业观望的情况下，冒险营业，并为其本票及存款兑现，以赢得各界的信赖，扩大社会影响。1928—1938年，汉行业务充分拓展，营业额快速增长，是汉行发展的黄金期。此时，汉行防范和应对市场风险的重点在于确保资金安全。金融市场动荡时，汉行收缩放款，催收呆欠款，厚积准备，节省开支，降低运营成本。对于信用风险，汉行则从机构设置、制度设计、人事管理等方面严加防范。汉行建立了以调查、决策、执行、监察等机构为核心的放款体系，并针对不同性质的放款制定相应的制度，严格放款手续。汉行还加强人事管理，不断提高行员职业素养和综合素质，严惩顶风作案、违反行规者。对于呆账、坏账，汉行首先设法清理，若实在无法清理，就转入催收账下，派员竭力催收；若多次催收，仍无法收回，诉诸法律便是最后选择。汉行防范金融风险的核心在于确保资金安全，其风险防范制度设计严密，执行有力，人事管理近乎苛刻，一定程度上降低了金融风险。尽管如此，由于中国近代金融制度不健全，央行定位模糊，职能缺失，故私营商业银行缺乏坚实的后盾。当金融危机来临时，各行只有各求自保，稍有不慎，就只有面临歇业、倒闭的命运了。

汉行发展与武汉社会变迁唇齿相依，唇亡齿寒。武汉社会变迁影响汉行发展，而汉行在区域社会变迁中时刻保持私营商业银行立场，妥善处理社会关系，经营稳健，方式灵活，管理有序，在武汉社会发展中扮演着推动者、维护者、合作者、公益事业者的角色。

读史明智，鉴往知来。史学的借鉴功能使研究汉行史具有一定的现实意义。目前，我国涉及金融领域的改革逐渐驶入"深水区"，当今的商业银行如何应对新形势，并在改革浪潮中站稳脚跟，是一个亟待思考和研究的重大课题。诞生于北洋时期的汉行，在经营管理、风险防范、社会关系处理等方面均留下了宝贵的经验和教训，即便是在近百年后的今天，仍然值得吸取。

参考文献

《武汉国民政府资料选编》编辑组，1986. 武汉国民政府资料选编 ［M］. ［出版地不详］：［出版者不详］.

《武汉金融志》办公室，中国人民银行武汉分行金融研究所，1985. 武汉钱庄史料 ［M］. 武汉：中国人民银行武汉分行.

《武汉金融志》办公室，中国人民银行武汉分行金融研究所，1987. 武汉银行史料 ［M］. 武汉：武汉金融志编写委员会办公室.

财政部财政科学研究所，中国第二历史档案馆，1997. 国民政府财政金融税收档案史料（1927—1937）［M］. 北京：中国财政经济出版社.

财政部财政年鉴编纂处，1935. 财政年鉴：上 ［M］. 北京：商务印书馆.

财政部钱币司，1942. 银行管理法令辑要 ［M］. 南京：财政部钱币司.

蔡鸣龙，2014. 商业银行信贷管理 ［M］. 厦门：厦门大学出版社.

沧水，1927. 上海商业储蓄银行之事业批评 ［J］. 银行周报，7 (12).

曾兆祥，1986. 湖北经济贸易史料选辑（1840—1949）：第 4 辑 ［M］. 武汉：湖北省志贸易志编辑室.

常叶青，2014. 国际财务管理 ［M］. 北京：清华大学出版社.

陈光甫，2002. 陈光甫日记 ［M］. 上海：上海书店出版社.

陈惕如，1931. 汉行储蓄处经历概况 ［J］. 海光（上海 1929），4 (11).

陈天表，1934. 中央银行之理论与实务 ［M］. 上海：中华书局.

陈伟，2014. 国际结算 ［M］. 北京：清华大学出版社.

陈文彬，2002. 社会信用与近代上海银行业的发展——以上海商业储蓄银行为中心 ［J］. 学术月刊 (11).

陈熙坤，2010. 上海商业储蓄银行汉口分行研究（1927—1937）［D］. 武汉：华中师范大学.

陈贤庆，2009. 民国军阀派系 ［M］. 北京：团结出版社.

陈振嵽, 2006. 银行外汇业务会计 [M]. 上海: 复旦大学出版社.

程本固, 1921. 对于银行设立堆栈之管见 [J]. 银行周报, 5 (41).

程霖, 1999. 中国近代银行制度建设思想研究 [M]. 上海: 上海财经大学出版社.

程尚林, 1936. 中国的银行业 [J]. 经济评论, 3 (3).

催思恭, 1932. 汉口堆栈总办事处报告 [J]. 海光 (上海 1929), 4 (11).

代春霞, 2012. 20 世纪 30 年代世界经济萧条影响下的中资银行业研究 [D]. 天津: 南开大学.

丁振一, 1934. 堆栈业经营概论 [M]. 上海: 商务印书馆.

东明, 1938. 农业仓库及农产储押业务经营之讨论 [J]. 浙光, 4 (5).

董昕, 2005. 中国银行上海分行研究 (1912—1937) [D]. 上海: 复旦大学.

费久黎, 2012. 抗战前江苏省农民银行研究 (1928—1937) [D]. 南京: 南京大学.

冯定学, 2011. 民国时期安徽地方银行研究 [D]. 合肥: 安徽大学.

逢壬, 1933. 湖北之棉产 [J]. 钱业月报, 3 (12).

葛士彝, 1937. 二十八年来服务之回忆 [J]. 海光 (上海 1929), 8 (7).

宫捷, 宋冬林, 1994. 商业银行经营与管理 [M]. 长春: 吉林大学出版社.

辜雅, 2014. 川康平民商业银行研究 [D]. 重庆: 西南大学.

郭荣生, 1945. 中国地方省银行概况 [M]. 上海: 中央银行经济研究处.

何品, 2006. 从官办、官商合办到商办: 浙江实业银行及其前身的制度变迁 (1908—1937) [D]. 上海: 复旦大学.

贺水金, 1998. 论 20 世纪 30 年代前中国货币紊乱的特征与弊端 [J]. 史林 (4).

黑广菊, 刘茜, 2010. 大陆银行档案史料选编 [M]. 天津: 天津人民出版社.

洪葭管, 2005. 中央银行史料 [M]. 北京: 中国金融出版社.

洪葭管, 2008. 中国金融通史: 第 4 卷 [M]. 北京: 中国金融出版社.

胡邦宪, 1934. 沙市棉花事业调查记 [J]. 国际贸易导报, 6 (12).

黄汉江, 1990. 投资大辞典 [M]. 上海: 上海社会科学院出版社.

黄鉴晖, 1994. 中国银行业史 [M]. 太原: 山西经济出版社.

黄鉴晖, 2002. 山西票号史料 [M]. 太原: 山西经济出版社.

黄江华, 2013. 服务、信用、创新——爱国银行家陈光甫之研究 [M]. 北京: 中国言实出版社.

黄艳, 2011. 聚兴诚银行的经营理念和特色 (1937—1945) [D]. 重庆: 西南大学.

江绍贞, 1988. 略论陈光甫对上海银行的经营管理 [J]. 近代史研究 (5).

姜宏业, 1991. 中国地方银行史 [M]. 长沙: 湖南出版社.

姜帅, 2013. 四川美丰银行研究 (1922—1950) [D]. 重庆: 西南大学.

蒋慧, 2007. 陈光甫研究 [D]. 长沙: 湖南大学.

蒋立场, 2012. 上海银行业与国民政府内债研究 (1927—1937) [M]. 上海: 上海远东出版社.

交通银行总管理处, 1943. 各国银行制度及我国银行之过去将来 [M]. 上海: 交通银行总管理处.

交通银行总行, 2007. 交通银行史料 [M]. 北京: 中国金融出版社.

兰旭日, 2007. 近代中国商业银行的激励机制探析——以上海商业储蓄银行为例 [J]. 南方论丛 (2).

雷世仁, 1987. 汉口银行公会的建立与发展 [J]. 武汉文史资料 (1).

黎明, 1994. 货币银行学 [M]. 台北: 台湾开明书店.

李恭楷, 1922. 堆栈业概说: 下 [J]. 银行周报, 6 (8).

李海涛, 2008. 论"满洲中央银行"的金融政策 (1931—1936) [D]. 长春: 东北师范大学.

李建, 1998. 商业银行学 [M]. 上海: 立信会计出版社.

李伟民, 2002. 金融大辞典 [M]. 哈尔滨: 黑龙江人民出版社.

李琰, 2012. 商业银行经营管理 [M]. 北京: 清华大学出版社.

李一翔, 1997. 近代中国银行与企业的关系 (1895—1945) [M]. 台北: 东大图书有限股份公司.

李一翔, 2005. 近代中国银行与钱庄关系研究 [M]. 上海: 学林出版社.

李永, 2013. 货币银行学 [M]. 北京: 清华大学出版社.

李玉, 2011. 略论陈光甫的"银行服务社会观" [C]. 第四届中国近代社会史国际学术研讨会会议论文.

良辅, 1933. 美国大借款 [J]. 东方杂志, 30 (13).

刘鸿儒, 1987. 经济大辞典: 金融卷 [M]. 上海: 上海辞书出版社.

刘慧宇, 1999. 中国中央银行研究 (1928—1949) [M]. 北京: 中国经济出版社.

刘俊峰, 2010. 社会变迁中的汉口华资银行业 (1912—1938) [D]. 武汉: 华中师范大学.

刘隆亨, 1992. 现代经济法辞典 [M]. 北京: 北京大学出版社.

刘平，2008. 近代中国银行监管制度研究（1897—1949）[M]. 上海：复旦大学出版社.

刘平，2014. 希见民国银行史料初编 [M]. 上海：上海书店出版社.

龙，1925. 上海商业储蓄银行进步观 [J]. 钱业月报，5（特刊号）.

鲁传鼎，1947. 民国初年的中国银行 [J]. 通讯（湖南），7（6）.

栾成斌，2014. 川渝地区金融地理研究（1890—1949）[D]. 重庆：西南大学.

罗介夫，1913. 中国财政问题 [M]. 上海：太平洋书店.

马公瑾，2006. 上海银行汉口分行及郑州分行 [J]. 武汉文史资料（4）.

牛锡明，2015. 交通银行史 [M]. 北京：商务印书馆.

欧阳红兵，2013. 商业银行经营管理 [M]. 上海：上海财经大学出版社.

彭明，洪京陵，1999. 中国现代史资料选辑 1931—1937 第四册 [M]. 北京：中国人民大学出版社.

皮明庥，1993. 近代武汉城市史 [M]. 北京：中国社会科学出版社.

皮明庥，2006. 武汉通史：中华民国卷 [M]. 武汉：武汉出版社.

皮明庥，冯天瑜，陈均，等，1981. 武汉近代（辛亥革命前）经济史料 [M]. 武汉：武汉地方志编纂办公室.

蒲嘉锡，2014. 同床异梦：中华懋业银行的历史（1919—1927）[M]. 北京：北京大学出版社.

阮加，2013. 金融学 [M]. 北京：清华大学出版社.

商业部纺织品局，1989. 新中国的纺织品商业（1949—1985）[M]. 北京：中国商业出版社.

上海商业储蓄银行，1949. 陈光甫先生言论集 [M]. 上海：上海商业储蓄银行.

尚海，孔凡军，何虎生，1991. 民国史大辞典 [M]. 北京：中国广播电视出版社.

施正康，1999. 困惑与诱惑：中国近代化进程中的投资理念与实践 [M]. 上海：上海三联书店.

石安，2014. 上海花旗银行研究（1945—1956）[D]. 上海：上海师范大学.

石涛，2010. 南京国民政府中央银行研究（1928—1937 年）[D]. 上海：复旦大学.

时广东，2005. 1905—1935：中国近代区域银行发展史研究——以聚兴诚、四川美丰银行为例 [D]. 成都：四川大学.

寿充一，寿乐英，1987. 中央银行史话 [M]. 北京：中国文史出版社.

舒新国，林放，1997. 西方商业银行财务会计 [M]. 北京：企业管理出版社.

宋德用，1994. 当代货币金融通论 [M]. 郑州：河南人民出版社.

孙建国，2009. 近代银行防弊制度的设计——以上海商业储蓄银行为中心 [J]. 河南大学学报（社会科学版）（1）.

孙建林，1995. 商业银行信贷管理 [M]. 上海：中信出版社.

田秋野，周维亮，1979. 中华盐业史 [M]. 北京：商务印书馆.

田兴荣，2015. 北四行联营研究（1921—1952）[M]. 上海：上海远东出版社.

调查部，1930. 分支行之录用行员须经总行或区分行短时间之训练 [J]. 海光（上海 1929），2（8）.

童丽，2004. 中国金融创新思想的先驱（1912—1949）[D]. 上海：复旦大学.

万邦恩，1991. 武汉纺织工业 [M]. 武汉：武汉出版社.

王承志，1936. 中国金融资本论 [M]. 上海：光明书局.

王晶，2009. 上海银行公会研究 1927—1937 [M]. 上海：上海人民出版社.

王梅，2014. 商业银行业务与经营 [M]. 北京：中国金融出版社.

王强，2014. 近代银行业资金运用研究 [M]. 北京：中国政法大学出版社.

王廷科，冯嗣全，2007. 中国商业银行转型与国际化研究 [M]. 太原：山西经济出版社.

王玉灵，2010. 北洋政府经济立法及其实效分析 [J]. 武汉科技大学学报（5）.

王志莘，1988. 中国之储蓄银行史：三编第 44 辑 [M]. 台北：文海出版社.

王专，2009. 陈光甫与近代中国旅游业 [D]. 苏州：苏州大学.

我妻荣，1991. 新法律学辞典 [M]. 北京：中国政法大学出版社.

邬国粹，1932. 汉口中国旅行社纪要 [J]. 海光（上海 1929），4（11）.

吴承禧，1934. 中国的银行 [M]. 上海：商务印书馆.

吴承禧，1946. 中国银行业的回顾与前瞻 [J]. 经济周报，2（4）.

吴经砚，1991. 陈光甫与上海银行 [M]. 北京：中国文史出版社.

吴景平，2001. 评上海银钱业之间关于废两改元的争辩 [J]. 近代史研究（5）.

吴景平，2002. 上海金融业与国民政府关系研究（1927—1937）[M]. 上海：上海财经大学出版社.

吴景平，2003. 上海银行公会改组风波（1929—1931）[J]. 历史研究（2）.

吴景平，戴建兵，2012. 近代以来中国金融变迁的回顾与反思 [M]. 上海：上海远东出版社.

吴景平，马长林，2003. 上海金融的现代化与国际化 ［M］. 上海：上海古籍出版社.

吴景平，王晶，2002. "九一八"事变至"一·二八"事变期间的上海银行公会 ［J］. 近代史研究（3）.

吴其焯，1935. 农工商业法规汇辑 ［M］. 天津：百城书局.

夏彬洋，2013. 广西银行业务研究（1932—1945 年）［D］. 桂林：广西师范大学.

萧清，1987. 中国近代货币金融史简编 ［M］. 太原：山西人民出版社.

熊光前，1946. 金融法规 ［M］. 上海：大东书局.

徐沧水，1923. 上海商业储蓄银行之事业批评 ［J］. 银行周报，7（12）.

徐沧水，1925. 上海银行公会事业史 ［M］. 上海：银行周报社.

徐鼎新，1981. 旧中国上海银行的经营管理 ［J］. 学术月刊（9）.

徐寄庼，1926. 最近上海金融史 ［M］. 上海：商务印书馆.

徐智，2012. 上海商业储蓄银行南京分行发展历程述略（1917—1937）［J］. 兰州学刊（4）.

许彩国，1991. 中国商业大辞典 ［M］. 上海：同济大学出版社.

许道夫，1983. 中国近代农业生产及贸易统计资料 ［M］. 上海：上海人民出版社.

薛念文，2003. 1927—1937 年上海商业储蓄银行的农贷活动 ［J］. 民国档案（1）.

薛念文，2004. 上海商业储蓄银行研究（1915—1937）［D］. 上海：复旦大学.

薛念文，2005. 上海商业储蓄银行研究（1915—1937）［M］. 北京：中国文史出版社.

薛念文，2006. 实用性超越——陈光甫经营管理思想研究 ［J］. 同济大学学报（社会科学版）（4）.

严椿林，1932. 汉行办理国外汇兑之经过 ［J］. 海光（上海 1929），4（11）.

杨端六，2011. 国币与银行 ［M］. 武汉：武汉大学出版社.

杨介眉，1934. 总分行改组报告 ［J］. 海光（上海 1929），6（6）.

杨柳，2012. 中国现代化进程中的日本因素（1895—1945）［M］. 兰州：兰州大学出版社.

杨荫溥，1936. 杨著中国金融论 ［M］. 上海：黎明书局.

杨志勇，2014. 近代金融机构变迁研究 ［D］. 太原：山西财经大学.

尧秋根，2003. 制约与创新：近代中国银行市场化（1905—1949）［D］. 北京：

中国社会科学院研究生院.

姚会元，1993. 中国货币银行（1840—1952）［M］. 武汉：武汉测绘科技大学出版社.

佚名，1917. 上海商业储蓄银行之今昔观［J］. 银行周报，1（22）.

佚名，1929. 汉口正街办事处成立［J］. 海光（上海1929），1（11）.

佚名，1929. 杨区经理来函报告创设保险部［J］. 海光（上海1929），1（6）.

佚名，1929. 总行通告［J］. 海光（上海1929），1（2）.

佚名，1930. 第一次大会休会记录［J］. 海光（上海1929），8（2）.

佚名，1931. 汉行注意服务精神［J］. 海光（上海1929），3（10）.

佚名，1932. 行务会议中之重要谈话［J］. 海光（上海1929），4（4）.

佚名，1932. 景处、汉景街办事处开幕纪略［J］. 海光（上海1929），4（5）.

佚名，1933. 五千万美金棉麦大借款［J］. 上海商业月报，13（6）.

佚名，1934. 储蓄存款保管会正式成立［J］. 银行周报，18（36）.

佚名，1934. 储蓄法第九条银行公会呈复财政部遵办［J］. 银行周报，18（32）.

佚名，1934. 储蓄银行法［J］. 交通公报（582）.

佚名，1934. 规定管辖行手续［J］. 海光（上海1929），6（9）.

佚名，1934. 总分行改组情形［J］. 海光（上海1929），6（6）.

佚名，1935. 津行修改存款章程［J］. 海光（上海1929），7（3）.

佚名，1937. 汉行成立放款委员会［J］. 海光（上海1929），8（5）.

佚名，1937. 上海商业储蓄银行二十五年营业报告［N］. 申报（上海版）（11）.

佚名，1946. 本行之行员训练班［J］. 海光（上海1929），10（6）.

佚名，1946. 抗战初期本行之应付［J］. 海光（上海1929），10（12）.

佚名，2000. 上海商业储蓄银行二十年史初稿（1-6）［J］. 档案史学（1-6）.

易棉阳，2003. 20世纪初华资银行与外资银行关系略论［J］. 湖南工程学院学报（1）.

易棉阳，姚会元，2005. 1980年以来中国近代银行史研究综述［J］. 近代史研究（3）.

殷汶，1993. 现代融资知识词典［M］. 北京：中国经济出版社.

银行周报社，1923. 上海金融市场论［M］. 上海：银行周报社.

永嘉徐，1933. 最近上海金融史附刊［M］. 上海：华丰铸字所.

于彤，刘冰，1989. 中华民国金融法规选编［M］. 北京：档案出版社.

余捷琼, 1936. 民国十六年武汉的集中现金风潮 [J]. 社会科学杂志 (北平), 7 (4).

远翔, 1996. 汉口打包业的兴起 [J]. 武汉文史资料 (3).

张静, 郑先炳, 1993. 金融新语术语俗语词典 [M]. 北京: 中国经济出版社.

张丽, 2011. 1927—1937 年湖南银行业研究 [D]. 湘潭: 湘潭大学.

张启祥, 2006. 交通银行研究 [D]. 上海: 复旦大学.

张强, 乔海曙, 2014. 中央银行学 [M]. 北京: 首都经济贸易大学出版社.

张庆君, 2014. 货币银行学 [M]. 大连: 东北财经大学出版社.

张润钧, 1933. 废两改元后对于金融业之组织及金融业之收益开支有无影响试引证述之 [J]. 海光 (上海 1929), 5 (2).

张天政, 2009. 上海银行公会研究 (1937—1945) [M]. 上海: 上海人民出版社.

张宪文, 方庆秋, 2001. 中华民国史大辞典 [M]. 南京: 江苏古籍出版社.

张学, 潘金生, 1989. 金融信托法规资料汇编: 上 [M]. 北京: 北京科学技术出版社.

张艳青, 2011. 陈光甫的旅行社管理思想 [D]. 济南: 山东大学.

张郁兰, 1957. 中国银行业发展史 [M]. 上海: 上海人民出版社.

章有义, 1957. 中国近代农业史资料 (1927—1937): 第 3 辑 [M]. 北京: 生活·读书·新知三联书店.

郑猛, 2014. 抗战时期贵州银行研究 (1941—1945) [D]. 重庆: 西南大学.

郑焱, 蒋慧, 2009. 陈光甫传稿 [M]. 长沙: 湖南师范大学出版社.

郑逸侠, 1948. 当前省银行问题 [J]. 西北经济, 1 (3).

中国第二历史档案馆, 1986. 中华民国史档案资料汇编: 第 4 辑 [M]. 南京: 江苏古籍出版社.

中国第二历史档案馆, 1994. 中华民国史档案资料汇编: 第 5 辑·第 1 编·财政经济四 [M]. 南京: 江苏古籍出版社.

中国第二历史档案馆, 中国人民银行江苏省分行, 1989. 中华民国金融法规档案资料选编: 上 [M]. 北京: 档案出版社.

中国人民银行北京分行金融研究所, 《北京金融志》编委会办公室, 1990. 北京金融史料·银行篇 (一) [M]. 北京: 中国人民银行北京分行金融研究所.

中国人民银行金融研究所, 1980. 中国农民银行 [M]. 北京: 中国财政经济出版社.

中国人民银行上海市分行金融研究室，1983. 金城银行史料［M］. 上海：上海人民出版社.

中国人民银行上海市分行金融研究所，1990. 上海商业储蓄银行史料［M］. 上海：上海人民出版社.

中国人民银行总行参事室，1986. 中华民国货币史资料（1912—1927）：第1辑［M］. 上海：上海人民出版社.

中国人民银行总行金融研究所金融历史研究室，1990. 近代中国金融业管理［M］. 北京：人民出版社.

中国社会科学院近代史研究所，娄献阁，朱信泉，2000. 中华民国史料丛稿·民国人物传：第10卷［M］. 北京：中华书局.

中国银行行史编辑委员会，1995. 中国银行行史（1912—1949）［M］. 北京：中国金融出版社.

中国银行经济研究室，1917. 全国银行年鉴：上［M］. 台北：台湾学生书局.

中国银行上海国际金融研究所行史编写组，1991. 中国银行上海分行史（1929—1949）［M］. 北京：经济科学出版社.

中国银行总管理处，1931. 中国银行报告（1930年）［M］. 上海：中国银行总管理处.

中国银行总管理处，1932. 中国银行报告（1931年）［M］. 上海：中国银行总管理处.

中国银行总管理处，1933. 中国银行报告（1932年）［M］. 上海：中国银行总管理处.

中国银行总管理处，1934. 中国银行报告（1933年）［M］. 上海：中国银行总管理处.

中国银行总管理处，1936. 中国银行报告（1935年）［M］. 上海：中国银行总管理处.

中国银行总管理处经济研究室，1933. 中国重要银行最近十年营业概况研究［M］. 上海：中国银行总管理处经济研究室.

中国银行总管理处经济研究室，1937. 全国银行年鉴（1934—1937）［M］. 上海：中国银行总管理处经济研究室.

中国银行总行，中国第二历史档案馆，1991. 中国银行行史资料汇编1912—1949［M］. 北京：中国档案出版社.

中央储备银行调查处，1945. 上海银行业概况［M］. 上海：中央储备银行调查处.

中央银行，1935. 中央银行规章汇编［M］. 上海：中央银行.

钟思远，刘基荣，1999. 民国私营银行史（1911—1949）［M］. 成都：四川大学出版社.

周葆鉴，1923. 中华银行史［M］. 上海：商务印书馆.

周苍柏，1932. 汉行十年来之回顾［J］. 海光（上海1929），4（11）.

朱汝谦，1930. 训练行员之必要与研究［J］. 海光（上海1929），2（9）.

朱斯煌，1935. 银行经营论［M］. 上海：商务印书馆.

诸静，2008. 金城银行的放款与投资（1917—1937）［M］. 上海：复旦大学出版社.

总行，1930. 规定各分行处之透支额案［J］. 海光（上海1929），8（2）.

附录

表 A1　汉口仓库科暨部分仓库职员一览表（1934 年 10 月）

科别	职务	姓名	年龄	籍贯	进行日期	月薪元	立保月日	担保人	担保人职业及住址
	主任	催幼南	50	安徽太平	1928.10	330			
	副主任	凌弼臣	53	湖北汉阳	1929.6	187	1932.10	裕通云记公司	粉袋厂，汉中路 278 号
	会计	洪传志	29	安徽歙县	1929.3	154			
	会计助员	王庚甫	28	湖北咸宁	1929.6	71.5	1931.9	卢泰昌	棉花号，汉正街宏昌里
	会计助员	王新三	26	江苏江宁	1934.9	44	1934.9	胡元和	货庄，万寿宫
	文书	刘伯高	41	湖北武昌	1931.1	71.5	1931.1	汪鼎珊	保险业，特三区协平洋行车边街添生巷 5 号
仓库科	出纳	张惠生	50	江苏江宁	1929.6	71.5	1929.6	陈晋卿	煤炭，生成里保大煤焦公司，法租界三德里 29 号
	庶务	杨云卿	47	湖北武昌	1931.3	38.5	1934.8	和兴	文具纸业，府东一路 82 号
	检查	苏务本	33	江苏无锡	1934.10	30	1934.10	张械录	纱厂业，汉口申新纱厂，无锡小三里跷 45 号
	练习生	黄庆汉	20	湖北沔阳	1929.10	27	1934.11	佰源信	棉花号，宏昌里
		黄新春	21	湖北汉阳	1929.6	25	1934.8	卢泰昌	棉花号，宏昌里
		苏天麟	20	湖北武昌	1931.4	20	1931.4	袁瑞泰	营造厂，智民里
		涂纪铨	20	湖北武昌	1929.10	20	1932.11	周操柏	美记公司，特三区六码头，住特二区黄陂路
		陈继煊	18	安徽休宁	1931.1	18	1931.6	志成	鞋店，宝成里 65 号

科别	职务	姓名	年龄	籍贯	进行日期	月薪/元	立保月日	担保人	担保人职业及住址
仓库科		陈秒法	18	湖北汉川	1931.6	18	1931.6	鲜晴峰	棉花业，汉口花园巷
		刘业伟	20	湖北汉川	1930.9	18	1930.9	卢泰昌	棉花号，宏昌里
		金国华	16	江西鄱阳	22年9月	13	1933.9	姚顺记	蚕行，汉口俞花楼
		李建植	15	湖北汉川	1933.12	13	1933.12	卢泰昌	棉花号，宏昌里
		徐崇增	15	江苏南通	1934.10	13	1934.10	杨鹤龄	花纱布业，南通川港镇
第二仓库	主任	盛润林							
	管仓员	胡仲明	51	湖北武昌	1929.6	55	1934.10	佰和裕	杂货店，娘娘殿26号
	无	汪锦堂	52	安徽太平	1929.6	60	1934.8	和兴	纸张号，府东一路82号
	检查	朱省吾	25	湖北汉口	1930.9	28	1934.11	曾松记	木行，小新码头大河街
	检查	郑养吾	20	湖北鄂城	1932.9	18	1931.9	俞秀庭	亦昌油行，方正里焦准盐巷
	练习生	文靖超	20	湖北天门	1930.10	18	1930.10	佰丰升	棉花业，汉口新大路
第三栈甲仓	主任	许子峰	50	湖北鄂城	1932.9	80	1932.9	李炳记	棉花号，汉口福泰栈
	营业员	蔡幼山	35	湖北鄂城	1932.9	35	1932.9	钱福兴	布商，汉阳双街
	营业员	郭少卿	35	湖北鄂城	1932.9	35	1932.9	艾睿记	棉商，四龙寺营业公栈
	无	彭少青	30	湖北黄陂	1929.6	55	1933.10	诚记	山货行，马公庙街
	无	戴云卿	54	安徽旌德	1929.6	63	1928.6	戴佰生	瑞泰长报关行
	收发	王保田	36	湖北汉川	1929.9	28	1932.8	合济	棉商，汉口西关
	收发	刘让之	26	湖北鄂城	1934.10	35	1934.10	贺顺祥荣记	经理英荣公司，汉口回笼柴米公栈
	司祥	杨惠希	22	湖北广济	1933.10	20	1933.10	毛玉记	棉商，青龙街福泰栈
	练习生	何本华	16	湖北鄂城	1932.9	15	1934.10	汇源号	号栈，草印街

资料来源：佚名．汉栈总办事处及各栈员姓名表［A］．LS61-1-0152，武汉：武汉市档案馆，1930.

表 A2　1931 年汉口分行行员加薪情况表（一）　　　单位：元

姓名	现支薪额	进行日期	前次加薪		拟加薪额	共计支额	缘由
			1930.1	1930.7			
周苍柏	400		20			400	
杨云表	300		40		60	360	
李其猷	240	1930.12.1				240	
催幼南	220		20		40	260	
杨福田	160			40	20	180	
陆君毅	150			10	20	170	请升襄理
陈荣海	140		20		10	150	
严椿林	120		10		20	140	停止津贴
张伯耆	120	1930.10.26				120	
朱汝谦	120	1930.6.1			30	150	调宜昌
邬郭纯	110		10		10	120	
劳子隽	110		10		10	120	
杨俊山	100					100	
沈仙桥	100	1929.3.1			10	110	
蔡墨屏	95			15	45	140	办事极勤勉
任仲延	95		10		25	120	停止津贴
周璧儒	90		10		20	110	
余立青	85		15		15	100	
洪传志	85		15		15	100	
周君讦	80			10	5	85	
陈润生	80		5			80	
王友柏	80			10	10	90	
毕丹屏	80			10	20	100	
刘香陔	80	1929.10.21			20	100	
蔡吟秋	75		10		5	80	
萧安丞	70		5		15	90	
邹元良	70		5		5	75	
贺介凡	70	1930.4.29			5	75	
崔勉之	70	1929.9.12			10	80	
严道滋	65		10		15	80	
熊尚扑	65			10	5	70	

资料来源：佚名. 有关人员加薪表、行员成绩报告表留底［A］. LS61-1-0951，武汉：武汉市档案馆，1929.

表 A3　1931 年汉口分行行员加薪情况表（二）　　　单位：元

姓名	现支薪额	进行日期	前次加薪		拟加薪额	共计支额	缘由
			1930.1	1930.7			
程瑞枲	65		10		10	75	
刘同濂	65			10	10	75	
陈德洭	60		5		15	75	
荣瑞椿	60			10	10	70	
胡朗轩	60	1930.11.1				60	
朱永思	60		10		20	80	
戴进书	55			10	5	60	
李勉荪	55		10		10	65	
彭正松	55			10	10	65	
曾庆鹏	50			20（6月起）	5	55	
盛润林	50	1930.2.1			10	60	
李宝珊	50		20		10	60	
余平书	50			10	10	60	
黄重强	50		10		15	65	
刘砥安	50		10		10	60	
高振武	50	1929.8.17			5	55	
王祥生	50			15	5	55	
孙范五	50			10	10	60	
周慰柏	50			20(2月起)	10	60	
胡超德	50	1930.4.23			5	55	
黎虚谷	50	1930.10.23				50	
蔡纯斋	50		20		5	55	
李鉴泉	50			5	5	55	
张镜清	50	1930.5.29			5	55	
王宛熊	45		5		5	50	
熊锡栋	45		5		5	50	
硕高堪	45			10	5	50	
朱仲屏	45			5	5	50	
王在铭	40	1930.7.12			5	45	
张培正	40	1930.6.1			5	45	

　　资料来源：佚名.有关人员加薪表、行员成绩报告表留底［A］.LS61-1-0951，武汉：武汉市档案馆，1929.

表 A4　1931 年汉口分行行员加薪情况表（三）　　　　　　单位：元

姓名	现支薪额	进行日期	前次加薪		拟加薪额	共计支额	缘由
			1930.1	1930.7			
吴少庭	40			10	5	45	
熊兴仁	40			10	10	50	
张寿泉	40		5		5	45	
虞中汝	40		5		5	45	
龚久文	35			5		35	
张光达	35			5	10	45	
程世彰	35		5		15	50	
王槐卿	35			5	10	45	
陈少堂	35			5	5	40	
傅湘丞	35			5	5	40	
余黎明	30	1930.5.8			5	35	
袁厚载	30	1930.8.14				30	
周彭寿	30	1930.10.21				30	
魏布樵	30	1930.10.16				30	
陆高嵩	30	1930.10.31				30	
朱松森	20	1930.11.13				20	
朱松龄	18	1930.10.18				18	

资料来源：佚名. 有关人员加薪表、行员成绩报告表留底［A］. LS61-1-0951，武汉：武汉市档案馆，1929.

表 A5　1931 年汉正街办事处行员加薪情况表　　　　　　单位：元

姓名	现支薪额	进行日期	前次加薪		拟加薪额	共计支额	缘由
			1930.1	1930.7			
刘文钦	120			20	30	150	停止津贴
杨祝三	80	1929.9.21				80	
彭正柏	60			10	15	75	办事勤劳,时至深夜
熊鹤森	50	1929.8.9			10	60	
刘义宾	40	1930.7.1			10	50	
刘幼清	40	1930.7.1			10	50	
杨湘涛	40	1929.812			5	45	
凌霄鸿	35			5	5	40	
包永卓	18	1930.4.28			4	22	

资料来源：佚名. 有关人员加薪表、行员成绩报告表留底［A］. LS61-1-0951，武汉：武汉市档案馆，1929.

表 A6 1931 年沙市支行行员加薪情况表　　　　　　单位：元

姓名	现支薪额	进行日期	前次加薪		拟加薪额	共计支额	缘由
			1930.1	1930.7			
黄元吉	170			20	30	200	停止津贴
李渭川	90		15		20	110	扣除津贴
萧实生	70	1930. 10. 15				70	
张永昌	70		5		10	80	
彭芝航	45			5	5	50	
袁一航	45			5	5	50	
俞善彝	45			10	5	50	
黄申龄	40	1930. 10. 11				40	
童泽生	40	1929. 12			10	50	
袁镜吾	20	1929，2. 1				20	

资料来源：佚名. 有关人员加薪表、行员成绩报告表留底［A］. LS61-1-0951，武汉：武汉市档案馆，1929.

表 A7 1931 年武昌分行行员加薪情况表　　　　　　单位：元

姓名	现支薪额	进行日期	前次加薪		拟加薪额	共计支额	缘由
			1930.1	1930.7			
胡庆生	170			20	30	200	停止津贴
王子文	75			15	10	85	办事勤劳
史济良	65		5		10	75	
王子勤	60		10		10	70	
姚幼轩	50	1930. 5. 23			15	65	办事勤敏
杨开殿	50	1930. 4. 23			15	65	
刘佛森	30	1930. 5. 18			5	35	
邱月卿	30	1930. 5. 9				30	
田宜福	30	1930. 7. 1			5	35	
陈昌明	18	1930. 10. 1				18	

资料来源：佚名. 有关人员加薪表、行员成绩报告表留底［A］. LS61-1-0951，武汉：武汉市档案馆，1929.

表 A8 1930 年汉口堆栈总办事处及各栈员工薪水表　　　　单位：元

汉口堆栈总办事处					
姓名	职务	薪水	姓名	职务	薪水
赵其元	文书	40	林少卿	练习生	6
张慧生	账务	40	黄庆汉	练习生	6
王庚甫	账务	35	周庆增	练习生	6
杨睿九	账务	30	谢杏林	练习生	3
戴林初	账务	20	老陈	茶役	8
宋叔平	账务	40	老罗	厨司	10
陆桂元	查货	40	老甘	下灶	8
余勋武	庶务	30	荣煜昌	昌记管栈员	50
岳家琳	练习生	6	卫家启	汉阳第二栈副头司	
汉口堆栈第一栈					
姓名	职务	薪水			
高燮臣	主管	50			
仲明	管栈	40			
刘汉卿	茶役	20			
汉口堆栈第二栈					
姓名	职务	薪水	姓名	职务	薪水
陈通夫	管栈	40	俞治平	营业	35
牛新铭	账务	14	朱省吾	收发	14
唐宝山	收发	14	周润卿	收发	14
严锯昆	练习生	3	吴中伦	出店	16
汉口堆栈第三栈					
姓名	职务	薪水	姓名	职务	薪水
刘善臣	主任	80	汪锦堂	账务	40
鲁布安	营业	30	袁敦五	营业	30
余品章	盐仓收发	16	汤中苏	收发	12
王统卿	收发	12	谌幼亭	收发	12
祝礼臣	收发	12	陈绍初	收发	12
朱安长	练习生	3	刘远滔	管行	10
喻纪清	管行	8	罗良启	茶役	8
万炳臣	厨司	10			

姓名	职务	薪水	姓名	职务	薪水
陈培之	主管	80	刘滋田	营业	50
刘金安	账务	20	韩燦良	账务	20
陈辅臣	收发	20	徐汉卿	记码	8
陈济卿	练习生	6	张幼生	练习生	3
张道平	练习生	3	余有润	总头目	10
孙桂枝	副头目	5	谢道人	总水码头	7.5
王继承	司役	10	老刘	厨司	10
老李	下灶	10			

汉口堆栈第六栈

姓名	职务	薪水	姓名	职务	薪水
田宪斌	账务	20	丁敬斋	收发	15
林应（火员）	收发	10	李光雄	收发	15
刘子清	收发	15	王龙元	练习生	4
黄新春	练习生	3	李锦卿	练习生	3
老陶	司役	10	邱玉宝	副头目	5

汉口堆栈第七栈

姓名	职务	薪水	姓名	职务	薪水
凌弼臣	主任	80	刘继宗	营业	40
宴少述	营业	20	张庆勋	营业	20
彭步卿	账务	30	王逢春	账务	15
王保田	收发	10	张重轩	司秤	15
蒋友山	记码	20	余华卿	练习生	5
涂华峰	练习生	4	刘以坪	练习生	3
汪庆堂	练习生	3	凌连保	司役	10

资料来源：佚名. 汉口堆栈总办事处来函及职工名册［A］. LS61-1-0147，武汉：武汉市档案馆，1929.

后记

本书是在我的博士论文的基础上修改而成的。重读文稿，论文写作的过程再度浮现在眼前。

2013 年 10 月，我怀抱年仅两个月大的女儿，拖家带口来到四川大学，开始了短暂而又漫长的求学生涯。入学后，我一边学习相关课程，一边思考毕业论文选题。起初，我想沿着硕士论文的研究方向——地方外债史继续深入下去。但在搜集资料过程中，我发现地方外债史涉及面广，资料分散，且不少债务的谈判过程、合同签订及偿还等详细资料无从找寻。考虑到个人的实际情况，我暂时放弃这一选题。此后，我继续阅读文献，并不断思考。在阅读过程中，我发现既有银行史研究存在明显的不平衡性，便产生了研究银行史的想法。在仔细研究相关成果、调查资料和反复思考论证的基础上，我最终选定上海商业储蓄银行汉口分行作为博士学位论文的研究对象，并着手搜集资料，做好前期准备工作。

搜集资料的过程让我深感史学研究的不易。2014 年 10 月，我带着 1 岁的女儿前往武汉查阅资料。武汉市档案馆藏有丰富的、有关汉行的档案资料，让我兴奋不已。经过 3 个月的努力，我搜集了大量的档案资料，满载而归。2015 年 8 月，我又前往上海市档案馆查阅资料，亦收获颇丰。在广泛搜集、反复阅读、充分理解资料的基础上，我开始思考论文结构，谋篇布局，并不断与杨老师交流自己的想法，敲定一个个细节，同时着手写作。写作过程中，我深感自己史学功底不够扎实，学术修养严重不足。我为自己知识的浅薄而苦恼，为自己遇到的困难而踌躇，也为鲜活的史料、瞬间的灵感而兴奋不已。

几经努力，2016 年 7 月底，我基本上完成了博士论文的初稿，并在杨老师的指导下不断修改，直至定稿。在论文即将定稿之际，我没有丝毫完成任务的轻松和喜悦，反而惶恐不安。我知道，在熟悉该领域的专家和学者看来，这篇论文或许还存在诸多不足之处。但我并不因此而沮丧，因为我已充分体验了做研究的艰辛，感受了求知的孤寂，痛并快乐着。我想，认真做一件事不一定非要求得结局圆满，积极向上的态度似乎比结果更重要。正如一句诗所言："我举手向苍穹，并非一定要摘到星月，我只需要这个向上的、永不臣服的姿态。"

良师益友的支持和帮助让原本清苦的求学之路充满了温暖，每每念及此，我常不由自主地眼眶湿润。我庆幸自己运气好，总能遇到好老师。硕士期间，我师从康大寿教授。康老师为人谦和，对学生关怀备至，指导学生写论文更是一丝不苟。他修改过的文稿，我一直保存，每每翻阅，常念师恩难忘。认识杨老师是在研究生一年级时。记得当时杨老师来西华师范大学讲学，我也饶有兴致地前去聆听。杨老师学识渊博，逻辑思维极强，谈吐幽默风趣，给我留下了深刻的印象。硕士毕业后，我就职于四川文理学院。参加工作后，我发现自己从事的工作和期望相去甚远，遂萌生了读博的念头。当我把这一想法告诉康老师后，康老师要我写下自己想要师从的导师，慨然应允为我推荐。在我列举的导师名单上，第一个就是杨老师。

经过两年努力，承蒙杨老师不弃，我如愿成为杨门弟子。我深知自己基础薄弱，又须照顾年幼的女儿，学习时间难以保证。初入师门，我惶恐不安，常担心自己的知识浅薄会有辱师门。杨老师却十分体谅我的处境，并在学习上给予悉心指导，生活上给予无微不至的关心。若没有他的亲切鼓励、精心指导、无私帮助以及适时鞭策，我很难有今天的学术平台。授业 3 年，杨老师倾注了大量的心血。恩师为人谦和、待人真诚、治学严谨、学识渊博、思维活跃，善于因材施教等均深深影响着我，是我学习的楷模。

此外，聆听四川大学历史文化学院陈廷湘、李德英等老师的课让我受益匪浅，收获颇多。四川大学历史文化学院何玉霞老师、刘利容老师在生活方面给了我热情帮助。学习期间，我与唐靖、车人杰、石杰、李沛容等同学相互鼓励，共同进步，结下了深厚的友谊，也常和韩晓燕、黄建平、邹敏等同学探讨学习、生活等问题，相互勉励和宽慰。武汉市档案馆、上海市档案馆的工作人员为我查阅档案资料提供了帮助，四川文理学院、重庆工商大学马克思主义学院的领导和同事给了我较大的支持。

家人的鼓励和支持是我完成学业的保障。为减轻我的压力，爱人罗飞华先生极力支持我脱产学习，自己却每周往返于四川大学和工作单位之间，独自承受完成学业、做好本职工作以及养家糊口的多重压力。从女儿出生起，公公婆婆就承担起照顾孙女、操持家务的重任，若没有他们的默默付出，我很难走到今天。

感谢我的导师，师恩之重，唯愿一生以偿；感念父母，养育之情，岂止一言可表；感恩我的领导和同事，提携之情，弥足珍贵。感谢我的爱人和孩子们，是你们为我打开了美好生活的天窗。

黄传荣

2022 年 6 月